Klinik des metastasierten Malignen Melanoms
Grundlagen · Diagnostik · Therapie

Herausgegeben von
H. D. Böttcher und
R. Kaufmann

Klinik des metastasierten Malignen Melanoms

Grundlagen · Diagnostik · Therapie

50 Abbildungen
und 42 Tabellen

W. Zuckschwerdt Verlag
München · Bern · Wien · New York

Auslieferung W. Zuckschwerdt Verlag GmbH

Deutschland:	Schweiz:	Österreich:	USA:
Brockhaus Kommission	Hans Huber Verlag	Maudrich Verlag	Scholium International Inc
Verlagsauslieferung	Länggassstrasse 76	Spitalgasse 21a	14 Vanderventer Ave
Kreidlerstrasse 9	CH-3000 Bern 9	A-1097 Wien	Post Washington
D-70806 Kornwestheim			11050 New York

Die Deutsche Bibliothek – CIP-Einheitsaufnahme

Ein Titeldatensatz für diese Publikation ist bei Der Deutschen Bibliothek erhältlich.

Printed in Germany by Presse-Druck, Augsburg

ISBN 3-88603-683-9

Inhalt

Vorwort

Wegen seiner ausgeprägten Therapieresistenz haben beim fortgeschrittenen Malignen Melanom konventionelle Behandlungsstrategien wie Chirurgie, Strahlentherapie oder Chemotherapie keinen signifikanten Einfluß auf den Krankheitsverlauf der betroffenen Patienten. Das ist der Grund, warum bedauerlicherweise bis heute keine Standardtherapien für die Behandlung des metastasierten Malignen Melanoms entwickelt werden konnten, die erfolgversprechend sind. Weltweit wird allerdings mit neuen Behandlungskonzepten geforscht, die insbesondere auf der Immuntherapie und gentherapeutischen Ansätzen beruhen. Publikationen zu diesen neuen Therapieansätzen vermehren die Unsicherheit über die richtige palliative Therapie.

Seit 1993 besteht an der Klinik für Strahlentherapie und Onkologie am Klinikum der Johann Wolfgang Goethe-Universität Frankfurt eine Arbeitsgruppe zur palliativen Therapie, die sich darum bemüht, Richtlinien für die Behandlung metastasierter solider Tumoren in der Onkologie zu erarbeiten. Diese multizentrische Arbeitsgruppe ist am 13. 01. 1996 mit dem »1. Bad Nauheimer Radioonkologie-Gespräch zur palliativen Therapie« zum Thema »Klinik der Skelettmetastasen – Grundlagen, Diagnostik und Therapie« erstmals an die Öffentlichkeit getreten. Nunmehr folgte am 10. Januar 1998 das »2. Bad Nauheimer Radioonkologie-Gespräch« zur palliativen Therapie mit dem Thema »Klinik des Metastasierten Malignen Melanoms – Grundlagen, Diagnostik, Therapie«, das ebenso erfolgreich verlief wie die erste Veranstaltung.

Wieder traten als Referenten fast ausschließlich Ordinarien aller mit der Tumortherapie befaßten Fachrichtungen aus dem deutschsprachigen und niederländischen Raum auf. Das Symposion war gut besucht und zeigte bundesweit eine erfreulich positive Resonanz. Auch dieses Mal haben sich die Referenten bereit erklärt, aus ihren Vorträgen Buchbeiträge zu erstellen. Das Ergebnis liegt Ihnen nun mit diesem Buch vor, das das Thema »Metastasiertes Malignes Melanom« aus allen damit befaßten Fachrichtungen, von der Pathologie und Grundlagenforschung über die Diagnostik bis zur Therapie, kompetent und vollständig behandelt. Ich hoffe wiederum, daß der vorliegende Band Ihnen Begleiter und Ratgeber für Ihre tägliche Arbeit sein wird.

H. D. Böttcher
Frankfurt 1999

Verzeichnis der Autoren

Bender, Dr. med. H.
Klinik und Poliklinik für Nuklearmedizin
an der Rheinischen Friedrich-Wilhelm-Universität
Sigmund-Freud-Straße 25, 53127 Bonn

Biersack, Prof. Dr. med. H. J.
Direktor der Klinik und Poliklinik für Nuklearmedizin
an der Rheinischen Friedrich-Wilhelms-Universität
Sigmund-Freud-Straße 25, 53127 Bonn

Böttcher, Prof. Dr. med. H. D.
Direktor der Klinik für Strahlentherapie und Onkologie
Klinikum der Johann Wolfgang Goethe-Universität
Theodor-Stern-Kai 7, 60590 Frankfurt a.M.

Bröcker, Prof. Dr. med. E. B.
Direktorin der Universitäts-Hautklinik
Josef-Schneider-Straße 2, 97080 Würzburg

Christophers, Prof. Dr. med. Dr. h.c. E.
Direktor der Klinik für Dermatologie, Venerologie und Allergologie
Klinikum der Christian-Albrechts-Universität
Schittenhelmstraße 7, 24105 Kiel

Eggermont, Prof. A. M. M., MD, PhD
Department of Surgical Oncology
University Hospital Rotterdam
Daniel den Hoed Cancer Center
301 Groene Hilledijk, 3075 EA Rotterdam, Niederlande

Encke, Prof. Dr. med. A.
Direktor der Klinik für Allgemein- und Gefäßchirurgie
Klinikum der Johann Wolfgang Goethe-Universität
Theodor-Stern-Kai 7, 60590 Frankfurt a.M.

Frohmann, Dr. med. J. P.
Klinik und Poliklinik für Nuklearmedizin
an der Rheinischen Friedrich-Wilhelm-Universität
Sigmund-Freud-Straße 25, 53127 Bonn

Gläser, Dr. med. R.
Klinik für Dermatologie, Venerologie und Allergologie
Universitäts-Hautklinik
Klinikum der Christian-Albrechts-Universität
Schittenhelmstraße 7, 24105 Kiel

Gog, Dr. med. C.
Klinik für Abdominal- und Allgemeinchirurgie
Klinikum der Johann Wolfgang Goethe-Universität
Theodor-Stern-Kai 7, 60590 Frankfurt

Grapow, Dr. med. M. T.
Klinik und Poliklinik für Nuklearmedizin
an der Rheinischen Friedrich-Wilhelm-Universität
Sigmund-Freud-Straße 25, 53127 Bonn

Hamm, Prof. Dr. med. B.
Direktor des Instituts für Diagnostische und Interventionelle Radiologie
Universitätsklinikum Charité der Humboldt-Universität
Schumannstraße 20/21, 10117 Berlin

Hauschild, Dr. med. A.
Oberarzt der Klinik für Dermatologie, Venerologie und Allergologie
Universitäts-Hautklinik
Klinikum der Christian-Albrechts-Universität
Schittenhelmstraße 7, 24105 Kiel

Hess, Prof. Dr. Dr. med. C. F.
Direktor der Abteilung für Strahlentherapie und Radioonkologie
Georg-August-Universität
Robert-Koch-Straße 40, 37075 Göttingen

Kaufmann, Prof. Dr. med. R.
Geschäftsführender Direktor
Zentrum der Dermatologie und Venerologie
Klinikum der Johann Wolfgang Goethe-Universität
Theodor-Stern-Kai 7, 60590 Frankfurt a.M.

Linhart, Dr. med. C.
Dermatologische Klinik I
Klinikum der Johann Wolfgang Goethe-Universität
Theodor-Stern-Kai 7, 60590 Frankfurt a.M.

Lorenz, Prof. Dr. med. M.
Oberarzt der Klinik für Allgemein- und Gefäßchirurgie
Klinikum der Johann Wolfgang Goethe-Universität
Theodor-Stern-Kai 7, 60590 Frankfurt a.M.

Sänger, Dr. med. P.
Klinik für Abdominal- und Allgemeinchirurgie
Klinikum der Johann Wolfgang Goethe-Universität
Theodor-Stern-Kai 7, 60590 Frankfurt a.M.

Schadendorf, Prof. Dr. med. D.
Klinische Kooperationseinheit für Dermatoonkologie (DKFZ)
an der Hautklinik des Klinikums Mannheim
Medizinische Fakultät der Universität Heidelberg
Theodor-Kutzer-Ufer 1, 68135 Mannheim

Schwipper, Dr. med. V.
Abteilung für Gesichts- und Plastische Chirurgie
Fachklinik Hornheide an der Universität Münster
Dorbaumstraße 300, 48157 Münster/Hornheide

Staib-Sebler, Dr. med. E.
Klinik für Abdominal- und Allgemeinchirurgie
Klinikum der Johann Wolfgang Goethe-Universität
Theodor-Stern-Kai 7, 60590 Frankfurt a.M.

Tilgen, Prof. Dr. med. W.
Direktor der Universitäts-Hautklinik und Poliklinik
Universitätskliniken des Saarlandes
Kirrberger Straße, 66421 Homburg/Saar

Tilkorn, Dr. med. H.
Ärztlicher Direktor der Fachklinik Hornheide
Leiter der Abteilung für Gesichts- und Plastische Chirurgie
Fachklinik Hornheide an der Universität Münster
Dorbaumstraße 300, 48157 Münster/Hornheide

Uhl, Dr. med. K.
Universitäts-Hautklinik und Poliklinik
Universitätskliniken des Saarlandes
Kirrberger Straße, 66421 Homburg/Saar

Vetter, Dr. med. G.
Klinik für Abdominal- und Allgemeinchirurgie
Klinikum der Johann Wolfgang Goethe-Universität
Theodor-Stern-Kai 7, 60590 Frankfurt a.M.

Wannenmacher, Prof. Dr. Dr. med. M.
Direktor der Abteilung Klinische Radiologie und Poliklinik
Radiologische Universitätsklinik
Klinikum der Ruprecht-Karls-Universität
Im Neuenheimer Feld 400, 69120 Heidelberg

Weiss, Dr. med. E.
Abteilung für Strahlentherapie und Radioonkologie
Georg-August-Universität
Robert-Koch-Straße 40, 37075 Göttingen

Werner, Dr. med. R.
Dermatologische Klinik I
Klinikum der Johann Wolfgang Goethe-Universität
Theodor-Stern-Kai 7, 60590 Frankfurt a.M.

Wiese, Dr. med. T.
Institut für Diagnostische und Interventionelle Radiologie
Universitätsklinikum Charité der Humboldt-Universität
Schumannstraße 20/21, 10117 Berlin

Wolter, Dr. med. M.
Dermatologische Klinik I
Klinikum der Johann Wolfgang Goethe-Universität
Theodor-Stern-Kai 7, 60590 Frankfurt a.M.

Zimmermann, Dr. med. M.
Oberarzt am Zentrum der Anästhesiologie und Wiederbelebung
Johann Wolfgang Goethe-Universität
Theodor-Stern-Kai 7, 60590 Frankfurt a.M.

Einleitung: Das Maligne Melanom

Das Maligne Melanom liefert wie keine andere Geschwulst so häufigen Diskussionsstoff im Hinblick auf mögliche Therapieoptionen. Ein alarmierender Anstieg der Erkrankung ist die Folge des verstärkten Sonnenbadens und dem Wunsch nach Bräune und gesunder Farbe. Dabei stellt die verstärkte Sonnenbestrahlung den Hauptrisikofaktor dar, ein Risiko, das sich auch vermeiden läßt.

Die Chancen der Heilung bei einem Melanom sind am größten bei Früherkennung. Ein Tumor, der durch Selbstbeobachtung erkennbar ist und der sofortigen operativen Behandlung zugeführt werden kann, zeigt die größten Chancen auf dauerhafte Heilung. Epidemiologische Untersuchungen konnten zeigen, daß Prävention und Früherkennung die entscheidenden Faktoren für eine effektive Behandlung und damit einer Verbesserung der Prognose des Malignen Melanoms sind. So muß der Früherkennung die größte Aufmerksamkeit geschenkt werden. Fachgerechte Operation und optimale Nachbeobachtung sind der Garant für die relativ besten Ergebnisse.

Eine Vielfalt von Studien, vornehmlich mit zytostatischen Substanzen, sind in den letzten 20 Jahren beim metastasierten Melanom durchgeführt worden. Eine entscheidende Verbesserung der Ergebnisse ist durch diese Studien nicht erzielt worden. Der Einsatz der Strahlentherapie, sei es im Sinne der Vorbestrahlung oder der Nachbestrahlung nach Operation, ist unterschiedlicher Deutung unterworfen. Die adjuvante Strahlentherapie des Melanoms an den Extremitäten durch endolymphatische Radionuklidtherapie mit ^{32}P wurde wieder verlassen. Die Bedeutung der Strahlentherapie liegt wohl primär in der Behandlung von Metastasen, wobei im Vordergrund die Hirnmetastasen stehen. Aber auch Patienten mit Skelett- sowie Weichteil- und Lymphknotenmetastasen profitieren von der Strahlentherapie, die jedoch letztendlich ausschließlich eine palliative therapeutische Maßnahme ist.

Dem Veranstalter ist es gelungen, Experten zum Thema zu versammeln, die mit ausgezeichneten Vorträgen eine Standortbestimmung ermöglicht haben. Das vorliegende Buch faßt die Vorträge mit eingearbeiteter Diskussion in übersichtlicher Form zusammen.

Prof. Dr. Dr. M. Wannenmacher
Heidelberg 1999

Zur Biologie des Hautmelanoms

Eva B. Bröcker
Universitäts-Hautklinik Würzburg

Die Inzidenz des Hautmelanoms ist in diesem Jahrhundert dramatisch angestiegen. Zur Zeit rechnet man mit 10–12 Neuerkrankungen pro 100 000 Einwohner im Jahr in Deutschland. In anderen Regionen der Welt, z.B. Israel und Australien, ist die Inzidenz drei- bis vierfach höher, in Ländern mit dunkelhäutiger Bevölkerung sehr viel niedriger. Die bekannten Risikofaktoren für die Melanomentwicklung setzen sich zusammen aus genetischer Disposition, Umwelteinflüssen (UV) und immunologischen Faktoren. Ein extrem hohes Melanomrisiko (etwa 2000fach erhöht im Vergleich zur Normalbevölkerung) haben Patienten mit Xeroderma pigmentosum (XP), bei denen DNA-Reparaturenzyme defizient sind. Die Melanome bei XP-Patienten sind überwiegend vom Lentigo maligna-Typ, was ein Hinweis auf ihre Induktion durch UV-Licht ist. Patienten mit multiplen, familiär oder sporadisch auftretenden ungewöhnlich großen Naevi mit histologischen Besonderheiten, sog. dysplastischen Naevi, haben ein ca. 30fach erhöhtes Melanomrisiko im Vergleich zur Normalbevölkerung. Menschen mit dysplastischen Naevi und Melanomfällen in der Familie haben ein etwa 150fach erhöhtes Risiko, im späteren Leben ein Melanom zu entwickeln. Ein Gen für familiäre Melanome bzw. die assoziierten dysplastischen Naevi ist bisher nicht identifiziert worden. Viele Autoren haben jedoch Anzeichen einer spontanen genetischen Instabilität bei diesen Patienten gefunden (15, 22). In neuerer Zeit gibt es Hinweise, denenzufolge der kurze Arm des Chromosoms 9 ein Melanom-Suszeptibilitätsgen enthält, das auch bei der Melanomprogression eine Rolle spielt (8).
Der wichtigste exogene Faktor für die Melanomgenese ist die UV-Exposition (14). Unterschiedliche Wellenlängen des Ultraviolettlichtes verursachen unterschiedliche DNA-Schäden. UV-B (290–320 nm) regt das DNA-Molekül direkt an, wobei vor allem Pyrimidin-Dimere entstehen. Auch UV-A (320–400 nm) kann DNA-Schäden induzieren, allerdings indirekt durch DNA-Photoprodukte (20). Tierexperimentelle Hinweise legen nahe, daß auch UV-A Melanome induzieren kann (24), neueste epidemiologische Daten sprechen für einen melanominduzierenden Einfluß von Sonnenbänken (die überwiegend UV-A emittieren; *P. Autier*, per-

sönliche Mitteilung). Praktisch wichtig sind ältere epidemiologische Daten, die zeigen, daß für die Melanomentstehung eine intensive intermittierende UV-Belastung – im besonderen Maße in früher Kindheit – entscheidend ist. UV-B-abschirmende, d.h. einen Sonnenbrand verhindernde Lichtschutzmittel sind nicht in der Lage, die Melanomgefahr zu beseitigen, im Gegenteil sprechen neuere epidemiologische Daten für einen negativen Einfluß derartiger Sonnenschutzmittel (2, 19). UV-Bestrahlung in vivo führt nicht nur zu morphologischen und immunphänotypischen Veränderungen der Melanozyten (25, 26), sondern auch zu Schäden der epidermalen Langerhans-Zellen und somit vermutlich zu einer temporären Störung der immunologischen Abwehr. Eine quantitative Verminderung epidermaler Langerhans-Zellen über melanozytären Naevi durch den Einfluß des Sonnenlichts wurde kürzlich in einer binationalen deutsch-israelischen Studie gezeigt (3). Schwerere generalisierte Störungen der Immunabwehr, z.B. bei iatrogener Immunsuppression nach Organtransplantation, führen außer zu epithelialen Hauttumoren ebenfalls gehäuft zur Entwicklung von Naevi und Melanomen. Melanome bei Immunsupprimierten entstehen offenbar besonders häufig auf präexistenten Naevi. Abbildung 1 zeigt ein invasives Melanom auf einem Naevus, das sich ein Jahr nach einer Nierentransplantation bei einem 45jährigen Patienten entwickelt hat. Dermatologische Kontrolluntersuchungen sollten deshalb in das Nachsorge-Untersuchungsprogramm nach Organtransplantationen aufgenommen werden.

Die Immunreaktion ist der »letzte Schritt« in der Abwehr bösartiger Tumoren, nachdem zellinhärente Abwehrmechanismen (DNA-Reparatur, Tumorsuppressorgene, Apoptose) versagt haben. Das klinische Korrelat einer immunologischen Tumorabstoßung ist beim Primärmelanom das in etwa 20% der Fälle sichtbare Phänomen der Spontanregression.

Im Laufe der Progression des Primärmelanoms von einem oberflächlich wachsenden, kaum metastasierungsfähigen Tumor bis hin zu einem inva-

Abbildung 1

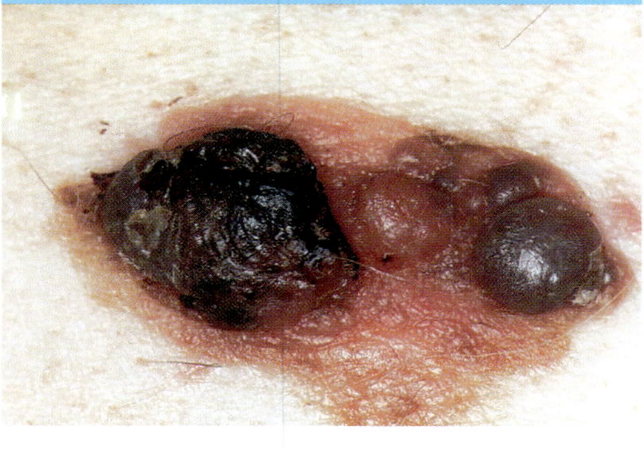

Superfiziell spreitendes Melanom, Clark Level IV, Tumordicke 4,5 mm, ein Jahr nach Nierentransplantation, Immunsuppression mit Kortikosteroid und FK 506.

siven Tumor mit hochgradiger Metastasierungspotenz vollziehen sich tiefgreifende biologische Änderungen der Tumorzellen, die vor allem auf genetische Instabilität zurückzuführen sind. So kommt es schrittweise zum Verlust oder Gewinn verschiedener Oberflächenrezeptoren (16), die mit Invasions- und Metastasierungspotenz assoziiert sind (6, 17, 18, 13), sowie zu Fähigkeiten, das Immunsystem zu »überlisten« (4, 21). Das Melanom, im Prinzip ein immunogener Tumor, für den seit Jahrzehnten eine Reihe immuntherapeutischer Maßnahmen versucht werden, entwickelt im Verlauf der lokalen und systemischen Progression immer neue Mechanismen, das noch funktionierende Abwehrsystem des Patienten zu unterlaufen. Dazu gehört der Verlust an MHC-Klasse-I-Antigenen (12), die aberrante Expression von MHC-Klasse-II-Antigenen (7) und ICAM-1 (16), die Sekretion von Interleukin-10 (9, 10) und Störungen der Signaltransduktion in tumorinfiltrierenden Lymphozyten (5). Für die Metastasierung besonders entscheidend scheinen Adhäsionsrezeptoren der Integrinfamilie zu sein, die von Melanomzellen im Verlauf der Tumorprogression zunehmend exprimiert werden (1, 17, 11, 23).

Zusammenfassend kann man feststellen, daß die letzten Jahrzehnte intensiver Forschung über einen Tumor, der durch heilbare frühe Stadien, aber auch durch geradezu bizarr anmutende Metastasierungspotenz gekennzeichnet ist, wichtige tumorbiologische Kenntnisse erbracht haben. Unsere Hoffnung ist, daß diese Kenntnisse sich eines Tages erfolgreich in der Therapie niederschlagen mögen.

Literatur

1 Albelda SM, Mette SA, Elder DE, Stewart RM, Damjanovich L, Herlyn M, Buck CA (1990) Integrin distribution in malignant melanoma: Association of the ß3 subunit with tumor progression. Cancer Res 50: 6757–6764

2 Autier P, Dore JF, Cesarini JP, Boyle P (1997) Should subjects who used psoralen suntan activators be screened for melanoma? Epidemiology and Prevention Subgroup, EORTC Melanoma Cooperative Group EORTC Prevention Research Division. Ann Oncol 8: 435–437

3 Azizi E, Schwaaf A, Lazarov A, Shifer O, Lublin A, Pavlotsky F, Trau H, Lusky A, Engelberg S, Topaz M, Bröcker EB (1999) Decreased density of epidermal dendritic cells in melanocytic nevi – The role of in vivo sun exposure. Melanoma Res (in press)

4 Becker JC, Bröcker EB (1997) Immunology of melanoma. In: Altmeyer P, Hoffmann K, Stücker M (eds) Skin cancer and UV radiation. Springer Berlin, Heidelberg, pp 691–699

5 Becker JC, Terheyden P, Bröcker EB (1997) Molecular basis of T-cell dysfunction in melanoma. Melanoma Res 7 (suppl): 19–26

6 Bröcker EB, Suter L, Brüggen J, Ruiter DJ, Macher E, Sorg C (1985) Phenotypic dynamics of tumor progression in human malignant melanoma. Int J Cancer 36: 29–35

7 Bröcker EB, Suter L, Sorg C (1984) HLA-DR antigen expression in primary melanomas of the skin. J Invest Dermatol 82: 244–247

8 Cannon-Albright LA, Godgar DE, Meyer LJ, Lewis CM, Anderson DE, Fountain JW, Hegi ME, Wiseman RW, Petty EM, Bale AE et al (1992) Assignment of a locus of familial melanoma, MLM, to chromosome 9p13–22. Science 258: 1148–1152

9 Dummer W, Becker JC, Leverkus M, Moll T, Bröcker EB (1995) Elevated serum levels of Interleukin-10 in patients with metastatic malignant melanoma. Melanoma Res 5: 67–68

10 Dummer W, Bastian B, Ernst N, Schänzle C, Schwaaf A, Bröcker EB (1996) Interleukin-10 production in malignant melanoma: preferential detection of IL-10-screting tumor cells in metastatic lesions. Int J Cancer 66: 607–610

11 Felding-Habermann B, Mueller BM, Romerdahl C, Cheresh DA (1992) Involvement of integrin α_V gene expression in human melanoma tumorigenicity. J Clin Invest 89: 2018–2022

12 Ferrone S, Marincola FM (1995) Loss of HLA class I antigens by melanoma cells. Immunol Today 16: 487–494

13 Friedl P, Maaser K, Klein CE, Niggemann B, Krohne G, Zänker KS (1997) Migration of highly aggressive MV3 melanoma cells in 3-D collagen lattices results in local matrix reorganization and shedding of a2 and ß1 integrins and CD44. Cancer Res 57: 2061–2070

14 Garbe C, Krüger S, Stadler R, Guggemoos-Holzmann I, Orfanos CE (1989) Markers and relative risk in a German population for developing malignant melanoma. Int J Dermatol 28: 517–523

15 Hecht F, Hecht BK (1988) Chromosome rearrangements in dysplastic nevus syndrome predisposed to malignant melanoma. Cancer Genet Cytogent 35: 73–78

16 Holzmann B, Bröcker EB, Lehmann JM, Ruiter DJ, Sorg C, Riethmüller G, Johnson JP (1987) Tumor progression in human malignant melanoma: Five stages defined by their antigenic phenotypes. Int J Cancer 39: 466–471

17 Klein CE, Steinmayer TH, Kaufmann D, Weber L, Bröcker EB (1991) Identification of a melanoma progression antigen as integrin VLA-2. J Invest Dermatol 96: 281–284

18 Klein CE, Dressel D, Steinmayer T, Mauch C, Eckes B, Krieg T, Bankert RB, Weber L (1991) Integrin a2ß1 is upregulated in fibroblasts and highly aggressive melanoma cells in three-dimensional collagen lattices and mediates the reorganization of collagen fibrils. J Cell Biol 115: 1427–1436

19 Robinson JK, Rigel DS, Amonette RA (1997) Trends in sun exposure knowledge, attitudes, and behaviors: 1986 to 1996. J Am Acad Dermatol 37: 179–186

20 Rünger TH, Bröcker EB (1995) Genetische Faktoren bei der Entstehung und Progression maligner Melanome. Hautarzt 46: 394–399

21 Rünger TM, Klein CE, Becker JC, Bröcker EB (1994) The role of genetic instability, adhesion, cell motility, and immune escape mechanisms in melanoma progression. Curr Opin Oncol 6: 188–196

22 Sanford KK, Tarone RE, Parshad R, Tucker M, Green MH, Jones GM (1987) Hypersensitivity to G-2 chromatid radiation damage in familial dysplastic nevus syndrome. Lancet 14: 1111–1115

23. Seftor REB, Seftor EA, Gehlsen KR, Stetler-Stevenson WG, Brown PD, Ruoslathti E, Hendrix MJC (1992) Role of the $\alpha_V\beta_3$ integrin in human melanoma cell invasion. Proc Natl Acad Sci USA 89: 1557–1561

24 Setlow RB, Grist E, Thompson K, Woodhead AD (1993) Wavelengths effective in induction of malignant melanoma. Proc Natl Acad Sci USA 90: 6666–6670

25 Schwaaf A, Bonmann E, Azizi E, Hamm H, Ohali A, Bröcker EB (1991) Evidence that a 200 kD glycoprotein M-2-10-15 on melanocytic cells is associated with in vivo sun exposure. Arch Dermatol Res 283: 51

26 Tronnier M, Alexander M, Wolff HH (1997) Adhesion molecule expression in normal skin and melanocytic lesions. Role of UV-irradiation and architectural characteristics in nevi. J Cutan Pathol 24: 278–285

Radiologische Diagnostik des metastasierten Malignen Melanoms

B. Hamm, T. Wiese
Institut für Diagnostische und Interventionelle Radiologie,
Universitätsklinikum Charité der Humboldt-Universität, Berlin

Das Maligne Melanom ist der bösartigste aller Hauttumoren, bekannt für seine Aggressivität und seine Tendenz, in sämtliche Organe des Körpers zu metastasieren (17). Bei steigender Inzidenz mit jährlich ca. 30 000 neuen Fällen macht das Maligne Melanom 1–3% aller Krebserkrankungen in den USA aus (3, 6, 14, 17, 19, 21). Initial präsentiert sich die große Mehrheit (61–90%) der Patienten mit lokal begrenzter Erkrankung im Stadium I und II (4, 16), 30% der Patienten aber kehren später mit Rezidiven bzw. Metastasierung zurück (16), weit überwiegend mit Metastasierungen in mehrere Organsysteme (3, 17).
Das Maligne Melanom (MM) metastasiert durch direkte Ausdehnung, durch lymphogene oder durch hämatogene Aussaat (5, 19). Über die Häufigkeit der Metastasierung des MM in die verschiedenen Organsysteme informiert Tabelle I.

Tabelle I. Häufigkeit der Metastasierung des MM (in Prozent) nach Organsystemen.

Organ	*Das Gupta* (5)	*Patel* (17)
Lymphknoten	keine Angabe	73,6
Lunge	70	71,3
Leber	68	58,3
Zentrales Nervensystem	39	54,6
Knochen	keine Angabe	48,6
Nebenniere	50	46,8
Gastrointestinaltrakt	58	43,5

Die frühe radiologische Diagnostik des MM ist der Schlüssel zu einem geeigneten Therapiemanagement mit früherer chirurgischer oder adjuvanter Therapie mit dem Ziel einer besseren Prognose (1, 13).
Die mittlere Überlebensrate aller Patienten mit MM beträgt 24 Monate (17), bei Patienten mit systemischer Organbeteiligung sinkt die Prognose schnell auf eine mittlere Überlebenszeit von 3 bis 6 Monaten (17). Dagegen ist bei Patienten mit Malignem Melanom und Metastasierung in den Gastrointestinaltrakt durch aggressive chirurgische Therapie eine Verbes-

serung der Prognose mit einer mittleren Überlebensdauer von 31 Monaten nach kompletter Resektion von GI-Metastasen (14) erreicht worden. Den zusammenarbeitenden Klinikern und Radiologen stellt sich die Frage nach dem geeigneten diagnostischen Verfahren bei Patienten mit Malignem Melanom. Grundsätzlich sollte ein Screening-Verfahren auf Metastasierung nicht-invasiv, schnell und einfach durchführbar und kostenverträglich sein und dabei eine hohe Sensitivität bei ausreichender Spezifität aufweisen (7).

Grundsätzlich sind folgende Fragen zu beantworten (7):

- Sind metastasenverdächtige Läsionen nachweisbar? Wenn ja, wieviele Läsionen werden gesehen (Sensitivität)?
- Wie sind die Läsionen zu charakterisieren: benigne? maligne (Spezifität)?
- Welche Therapiemöglichkeiten lassen sich nach dem Staging abschätzen?

Metastasierung in die Lymphknoten

Der Nachweis von abdomineller bzw. pelviner Lymphadenopathie bei Patienten mit Malignem Melanom korreliert mit dem Clark-Level des Primärtumors. Bei einem Clark-Level III finden sich in 24% der Fälle Lymphknotenmetastasen, bei einem Clark-Level IV in 23% und bei einem Clark-Level V in 75% der Fälle (8).

In der Diagnostik einer Lymphknotenmetastasierung bei Malignem Melanom wird heute überwiegend die CT eingesetzt. Die CT-Diagnostik erreicht hierbei nach Literaturangaben eine Sensitivität von ca. 70% und eine Spezifität von ca. 83% (8). Die Lymphographie im Vergleich zeigt eine geringere Spezifität von 62% bei einer vergleichbaren Sensitivität (8).

Die Ultraschalluntersuchung von Abdomen und Becken zeigt in der Untersuchung okkulter Lymphknotenmetastasen des MM im Vergleich zur CT vermehrt falsch-positive Ergebnisse und damit eine geringere Spezifität (4).

Im Vergleich zum nuklearmedizinischen Verfahren der Gallium-Szintigraphie zeigt die CT in der Diagnostik okkulter Lymphknotenmetastasen eine höhere Sensitivität bei geringerer Spezifität (4).

Metastasierung in die Lungen

Respiratorisches Versagen ist mit etwa 40% die häufigste Todesursache bei Patienten mit Malignem Melanom (5). Eine Verbesserung der Prognose durch Resektion von Metastasen erfordert eine exakte Diagnostik zur Operabilität (5, 11).

Generell wird die CT-Untersuchung des Thorax als die beste Methode zur Diagnostik von Lungenmetastasen angesehen (8) mit besseren Ergebnissen für die Spiral-CT im Vergleich zum Inkremental-CT.
Heaston fand aus einer Gruppe von 42 Patienten mit einem Malignen Melanom und hohem Risiko für eine Metastasierung bei 20 Patienten Lungenmetastasen. Die konventionelle Tomographie der Lunge erkannte bei demselben Patientenkollektiv bei 16 Patienten Lungenmetastasen, während die konventionelle Röntgen-Thoraxuntersuchung mit elf erkannten Lungenmetastasen die niedrigste Sensitivität erreichte (3, 8, 11).
Kostrubiak berichtete, daß die CT-Untersuchung der Lunge bei Patienten mit Malignem Melanom in etwa der Hälfte der Fälle (50,8%) eine Änderung des Tumor-Stagings und in einem Viertel (26%) der Fälle eine Änderung der Therapieentscheidung erbrachte (3, 8).
Dabei ist die Erscheinung der Lungenmetastasen im CT sehr variabel. Häufig sind sogenannte »feeding vessels« zu erkennen, die als Ausdruck der hämatogenen Metastasierung in die Lungenmetastasen führen (8).
Aufgrund der höheren Sensitivität der CT im Vergleich zu den konventionellen Verfahren empfiehlt *Heaston* ein Routine-Thorax-CT bei allen Patienten mit hohem Metastasierungsrisiko (11).

Metastasierung in die Leber

Die kritische Nachweisgrenze von Leberläsionen wird mit einer Größenausdehnung unter 1 cm angegeben. Im CT bleiben 30–50% dieser Läsionen unentdeckt (7). Die CT-Darstellung der Lebermetastasen ist variabel und birgt stets die Gefahr der Verwechslung mit benignen Leberläsionen (3, 8). MM-Lebermetastasen können als multiple oder einzelne Läsionen im CT auftreten. Die Größenausdehung reicht von 5 mm bis > 15 cm.
Metastasen eines Malignen Melanoms sind in der Regel solid, können jedoch auch größere Nekroseareale aufweisen und zum Teil ein zystisches Erscheinungsbild bieten. Bei zystischen Läsionen ist der Nachweis von soliden Komponenten differentialdiagnostisch wegweisend. Da Metastasen des MM hypervaskularisiert sein können, sollte die Spiral-CT-Untersuchung sowohl in der arteriellen als auch portalvenösen Phase der Kontrastmittelapplikation durchgeführt werden (3, 8). Der Vorteil der Computertomographie gegenüber der Kernspintomographie liegt in der gleichzeitigen Erfassung anderer Metastasen, z.B. in den Nebennieren, dem Pankreas oder den Nieren (7).
Die CT-Portographie (CTAP) besitzt die höchste Sensitivität aller bildgebenden Verfahren im Nachweis von Leberläsionen, es handelt sich jedoch um ein invasives Verfahren, das die Katheterisierung der Arteria mesenterica superior bzw. Arteria lienalis zur Voraussetzung hat. Gleichzeitig ist

die CT-Portographie von einer hohen Rate falsch-positiver Befunde (bis zu 30%) behaftet. Die CTAP ist heute noch die Methode der Wahl vor einer Leberteilresektion (z.B. Metastasen eines Kolonkarzinoms). Da die Resektion von Lebermetastasen eines Malignen Melanoms in Anbetracht des generalisierten Tumorstadiums selten indiziert ist, wird die CTAP beim metastasierten Malignen Melanom kaum eingesetzt.
Bei kernspinntomographischen Untersuchungen ist als Besonderheit des Malignen Melanoms zu berücksichtigen, daß Melanin einen paramagnetischen Effekt hat. Im Ergebnis zeigen sich melanotische Metastasen des MM hyperintens im T1- und hypo- bis isointens im T2-gewichteten Bild (24). Amelanotische Metastasen sind kernspintomographisch von Metastasen anderer Primärtumoren nicht zu unterscheiden.
Aufgrund des besseren Weichteilkontrastes sind Metastasen kernspintomographisch besser als mit der konventionellen (inkremental) CT zu erfassen (7). Möglicherweise läßt sich die Detektion gerade unter 1 cm durchmessender Metastasen durch den Einsatz gewebespezifischer Kontrastmittel in der MRT (z.B. Eisenpartikel oder hepatobiliäre Kontrastmittel) weiter optimieren. Klinische Studien zum metastasierten Melanom stehen diesbezüglich noch aus. Ein entscheidender Vorteil der MRT gegenüber der CT liegt in der besseren differential-diagnostischen Beurteilung solitärer Leberläsionen (z.B. Hämangiom versus Metastase).
Die Ultraschalluntersuchung ist ein kostengünstiges Verfahren, das die Untersuchung des gesamten Abdomens ermöglicht. Sie eignet sich gut zum initialen Screening, zur Größenbestimmung von Leberläsionen und somit auch zur Therapiekontrolle. Problematisch sind bis zu 26% nicht aussagefähiger Untersuchungen des Abdomens aufgrund von Darmgasüberlagerungen.
Die intraoperative Sonographie eignet sich bei hoher Sensitivität gut zur Diagnostik kleiner Metastasen, die der Palpation des Chirurgen entgehen, sie wird jedoch beim metastasierten Malignom selten eingesetzt.

Metastasierung in das Gehirn

ZNS-Komplikationen – in erster Linie durch intrakranielle Blutungen – sind die zweithäufigste Todesursache bei Patienten mit MM (3).
In der CT präsentieren sich Hirnmetastasen des MM als Läsionen mit homogenem ringförmigem Enhancement nach Kontrastmittelgabe und mit vasogenem Ödem (3). Hirnmetastasen des MM sind dabei oft multiple und beide Hemisphären betreffend. Akute hämorrhagische Metastasen zeigen ein charakteristisches Bild in der nativen CT (3, 5).
Im Vergleich zur CT bietet die MRT bei Metastasen des Malignen Melanoms eine bessere Darstellung subakuter und chronischer Blutungen und erlaubt eine exaktere Diagnostik mit höherer Sensitivität an Hirnstamm,

Meningen und Rückenmark. Aus diesen Gründen ist heute die MRT die Methode der Wahl zur Diagnostik von Hirnmetastasen des MM (3).
In der MRT zeigen, wie oben beschrieben, melanotische Metastasen des MM einen eigenen paramagnetischen Effekt, wodurch die T1- und T2-Relaxationszeiten verkürzt werden. Im Ergebnis erlaubt die MRT heute eine Differenzierung zwischen hämorrhagischen und nicht-hämorrhagischen bzw. den melanotischen und amelanotischen Metastasen des MM und zeigt damit eine hohe Spezifität (2).

Metastasierung in die Knochen

Am häufigsten betreffen Knochenmetastasen des Malignen Melanoms das Achsenskelett. Die Rippen sind in 38–48% der Knochenmetastasen befallen (8, 9).
Knochenmetastasen des Malignen Melanoms sind in 98% der Fälle osteolytisch und liegen medullär (3, 5). In der Mehrheit der Fälle präsentieren sich Metastasen des MM daher radiologisch als geographische osteolytische Läsionen. Daneben sind permeative oder gemischtförmige Läsionen nachzuweisen. Eine signifikante Periostreaktion an der Läsion findet sich ebenso wie eine Randsklerose selten (3, 9).
In über der Hälfte der Fälle (58%) einer ossären Metastasierung bei MM sind pathologische Frakturen nachweisbar, häufig in Kombination mit Weichteilschwellungen (9).
Die konventionelle Radiographie erkennt ossäre Metastasierung erst spät, wenn mindestens die Hälfte der Knochensubstanz zerstört ist bzw. bei einer kortikalen Destruktion (geringe Sensitivität). Die Sensitivität der konventionellen Radiographie wird mit 7–8% angegeben (18). Zudem ist die konventionell radiologische Darstellung von Metastasen des MM relativ unspezifisch und ähnelt anderen osteolytischen Metastasen (9).
Das CT weist Knochenmetastasen bei 11–17% der Patienten mit Malignem Melanom nach (8, 18). In der CT stellen sich die Metastasen wie in der konventionellen Radiograhie unspezifisch als osteolytische, meist geographische Läsionen, seltener als Mottenfraß- oder permeative Läsionen dar, wobei die CT Metastasen schon ab einem Verlust von 15–20% der Knochensubstanz nachzuweisen vermag (18).
Die MRT ist die Methode mit hoher Sensitivität und Spezifität in der Diagnostik von Knochenmetastasen des MM. Die Metastasen zeigen ein charakteristisches abnormes Knochenmarksignal, lange bevor CT oder konventionelle Radiographie Veränderungen am Knochen zeigen (3).
Die Knochenszintigraphie ist ein kostengünstiges Verfahren in der Diagnostik von Knochenmetastasen des MM mit der Möglichkeit, in einer Untersuchung das gesamte Skelett zu untersuchen. Die Methode ist jedoch weniger spezifisch als CT und MRT (3). *Patten* wies darauf hin, daß

die Knochenszintigraphie Läsionen nicht nachweist, deren eigenes Wachstum zu schnell oder zu langsam abläuft, um eine signifikante Knochenreaktion hervorzurufen (18).

Gastrointestinale Metastasierung des Malignen Melanoms

Der Ort der häufigsten Metastasierung des MM im GI-Trakt ist aufgrund der überwiegend hämatogenen Tumorfiliarisierung der Dünndarm (5). In absteigender Häufigkeit der weiteren GI-Metastasierung werden Magen (26%), Kolon (22%) und Ösophagus (4%) befallen (5). Auch im Falle der Metastasierung des MM in den GI-Trakt ist die Diskrepanz zwischen klinischer und autoptischer Diagnose groß. Klinisch werden in weniger als einem Zehntel der Fälle Metastasen im Dünndarm diagnostiziert (3, 10, 13, 14, 21).

Häufig werden GI-Metastasen in der Endoskopie nicht diagnostiziert, da die Läsionen am häufigsten im Dünndarm auftreten und intramural wachsen (14).

Abdominelle MM-Metastasen stellen sich in der konventionellen Kontrastmittel- bzw. Doppelkontrast-Röntgen-Untersuchung variabel dar: Metastasierung in der Submukosa imponiert als abgerundete oder polypoide Läsionen, Metastasen mit zentraler Ulzeration zeigen ein Kontrastmitteldepot im Schleimhautdefekt, das Target oder Bull's eye-Zeichen. Daneben finden sich MM-Metastasen als intramurale bzw. intraluminale Tumorknoten. Als indirektes Zeichen einer Metastasierung wird die Invagination gesehen (3, 20, 21).

Bei Dünndarmbefall finden sich als weitere radiologische Zeichen ein Verlust der physiologischen Fältelung des Darmes sowie eine Hypoperistaltik mit verlängerter KM-Passagezeit in den betroffenen Darmabschnitten (20). Bei infiltrativem Metastasenwachstum mit Stenosierung des Darmlumens sind die Metastasen mit primären Karzinomen zu verwechseln (20), das Auftreten multipler Läsionen spricht für einen metastatischen Befall.

Die Wahl der konventionellen Röntgendiagnostik richtet sich nach der Lokalisation der Symptome: Doppelkontrasteinlauf des Kolons, Dünndarm-KM-Passage, Doppelkontrastuntersuchung des Magens.

Die Metastasen stellen sich im CT uncharakteristisch dar und sind nur schwer von Adenokarzinomen, Lymphomen oder Metastasen anderer Primärtumore zu unterscheiden (3, 8).

In der CT können neben Hohlorganmetastasen auch die mesenterialen, omentalen oder peritonealen Metastasen diagnostiziert werden, die in den Kontrastmittelstudien nicht nachgewiesen werden (13, 14). In den Kontrastmittelstudien dagegen werden kleine polypoide Läsionen besser aufgedeckt, die sich häufig einem CT-Nachweis entziehen (14).

Tabelle II. CT-Darstellung abdomineller Metastasen des MM (13).	
Intraluminale Tumormasse:	intraluminale Läsion, markiert von KM oder Luft
Ulzerierende Läsionen:	KM-Ansammlung in der Tumormasse oder in der Unterbrechung der Mukosa-Kontur
Diffuse Infiltration:	diffuse intraluminale Verdickung der Darmwand
Tumorimplantation im Darm:	Tumormasse mit Impression anliegender Darmschlingen

McDermott empfiehlt bei allen Patienten mit Malignem Melanom und abdomineller Symptomatik konventionelle KM-Studien (Dünndarm-Kontrastmittel-Passage im Doppelkontrast oder Kontrastmitteleinlauf im Doppelkontrast bei Kolon). Bei diagnostisch negativen Studien sollte eine CT-Untersuchung angeschlossen werden (14).

Subkutane Metastasierung des Malignen Melanoms

Das CT zeigt eine hohe Sensitivität bei der Diagnostik von MM-Metastasen aufgrund des hohen Dichtekontrastes der Metastasen im Vergleich zum subkutanen Fettgewebe (3).
Die Metastasen zeigen sich im CT mit gut definierten Grenzen, mit homogener oder inhomogener Dichte oder Zeichen einer zentralen Nekrose und Weichteil-Dichtewerten von 10 bis 40 HU (19). Mehr als die Hälfte (56%) der Metastasen finden sich im Zusammenhang mit dem Primärtumor entlang der regionalen Lymphdrainage (19).
Die Ultraschalluntersuchung eignet sich zur Abklärung suspekter Palpationsbefund in Verbindung mit sonographiegesteuerter Biopsieentnahme und zur Verlaufskontrolle unter Therapie (16).

Empfehlungen zum diagnostischen Procedere

Der Einsatz bildgebender Verfahren bei Patienten mit Malignem Melanom dient in erster Linie dem Nachweis bzw. Ausschluß einer Metastasierung.
Dabei werden in der Literatur bei allen Patienten mit dem Verdacht auf ein fortgeschrittenes Stadium eines Malignen Melanoms folgende diagnostische Verfahren empfohlen:

1. CT-Thorax, Abdomen und Becken zur Diagnostik pulmonaler, hepatischer oder abdomineller Metastasierung sowie metastatischer Lymphadenopathie;

2. MRT-Untersuchung zur Diagnostik eines ZNS-Befalls;
3. Kontrastmittel- bzw. Doppelkontrast-Rö.-Untersuchung bei abdomineller Symptomatik;
4. Knochenszintigraphie (hohe Sensitivität) zur Diagnostik der ossären Metastasierung bei allen symptomatischen Patienten mit Stadium I und II sowie ausnahmslos bei allen Patienten im Stadium III plus evtl. MRT-Untersuchung (3, 9).

Der Einsatz der Nuklearmedizin zum Staging des MM wird kontrovers diskutiert. *Steinert* berichtete über eine hohe Sensitivität von bis zu 92% bei ebenfalls hoher Spezifität von bis zu 77% im Staging des MM mit Ganzkörper-Positronen-Emissions-Tomographie und 2-[F18]-Fluoro-2-desoxy-D-Glukose. Er empfahl dieses Verfahren zum Staging von Patienten mit bekanntem metastasiertem MM und bei Patienten mit hohem Risiko einer Metastasierung (23).

Abbildung 1

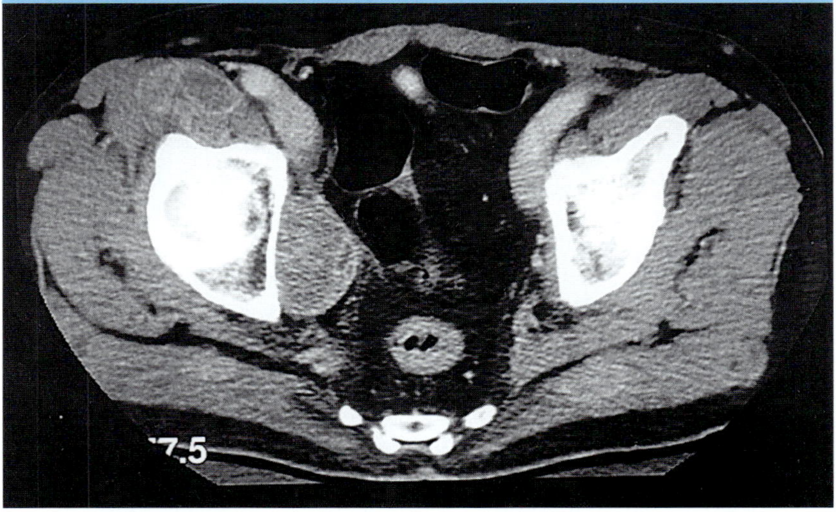

Ausgedehnte Lymphknotenmetastasen rechts inguinal und iliakal extern.

Abbildung 2 A | Abbildung 2 B

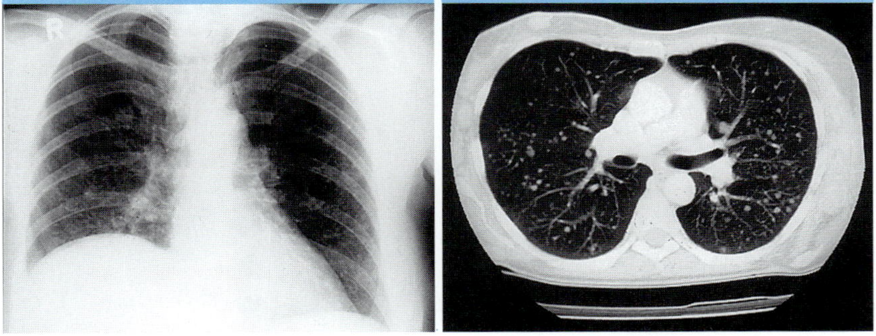

Dissiminierte kleinknotige Lungenmetastasen, dargestellt in der Röntgenübersicht (A) sowie mittels Spiral-CT (B).

Abbildung 3 A | Abbildung 3 B

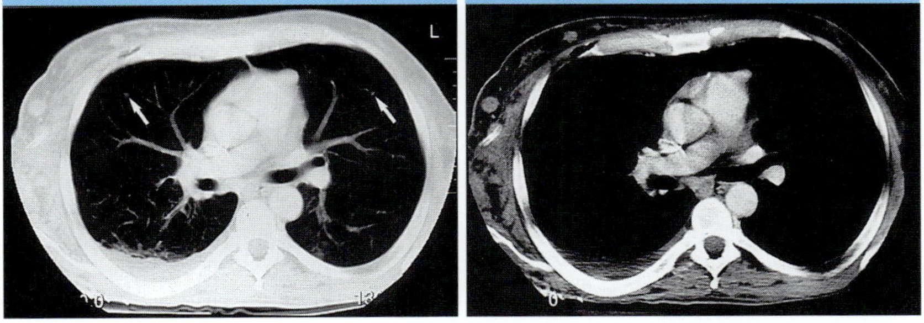

Computertomographischer Nachweis von zwei kleinen Metastasen (Pfeile) in beiden Lungen (A = Lungenfenster), welche in der Röntgenübersicht nicht zu erfassen waren; zusätzlicher Nachweis mehrerer subkutaner Metastasen der Thoraxwand (B = Weichteilfenster).

Abbildung 4 A | Abbildung 4 B

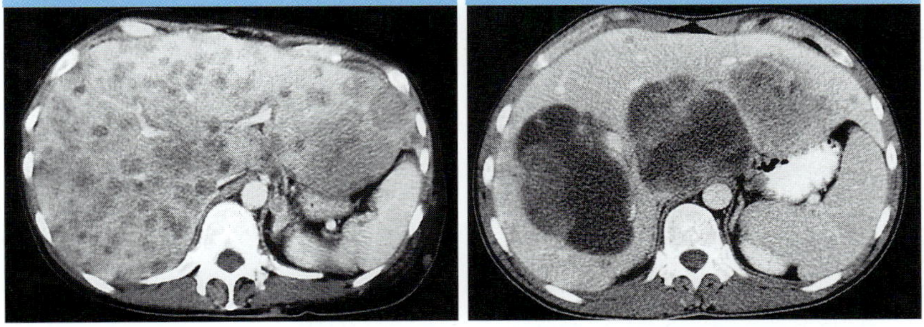

Lebermetastasen mit sehr unterschiedlichem Erscheinungsbild, dargestellt während der portalvenösen Untersuchungsphase (A = zusätzlicher Nachweis einer Metastasierung in die linke Nebenniere sowie subkutan, B = teilweise zystischer Aspekt der Lebermetastasen).

Abbildung 5

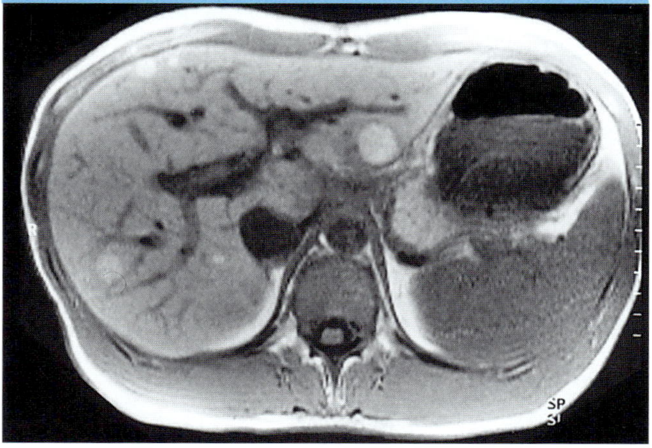

Kernspintomographisches Bild (T1-gewichtet) von Lebermetastasen eines MM, wobei die hohe Signalintensität der Metastasen auf den Melaningehalt der Tumoren hinweist.

Abbildung 6 A

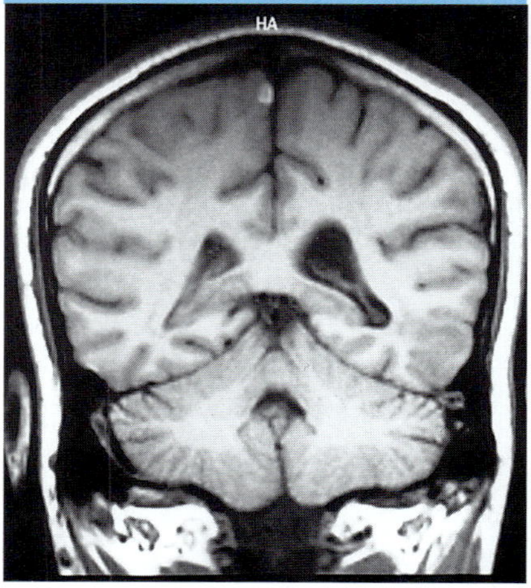

Abbildung 6 B

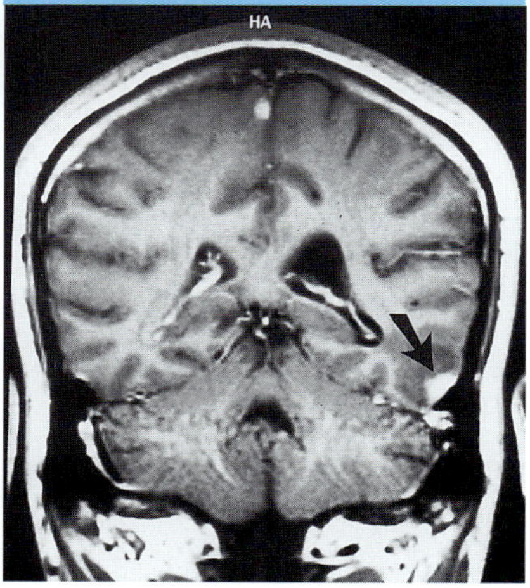

Zerebrale Metastasen eines MM. Frontale T1-gewichtete MR-Bilder vor (A) und nach (B) intravenöser Kontrastmittelapplikation. Eine melaninhaltige Metastase hoch parietal rechts zeigt sich bereits in der Nativuntersuchung signalintensiv, während eine zweite Metastase links temporal (Pfeil) erst nach Kontrastmittelapplikation vollständig erfaßt werden kann.

Abbildung 7 A

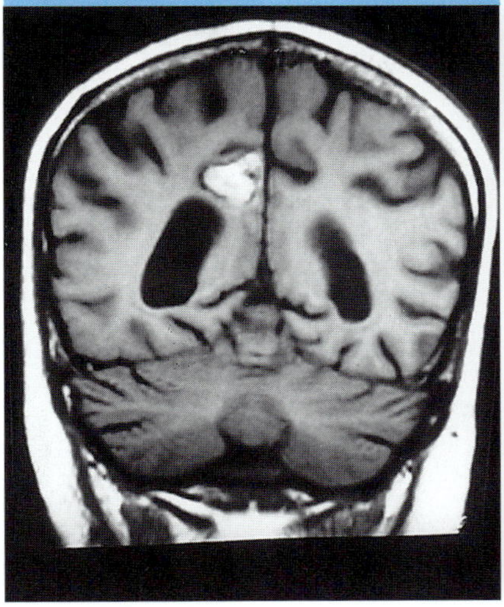

Abbildung 7 B

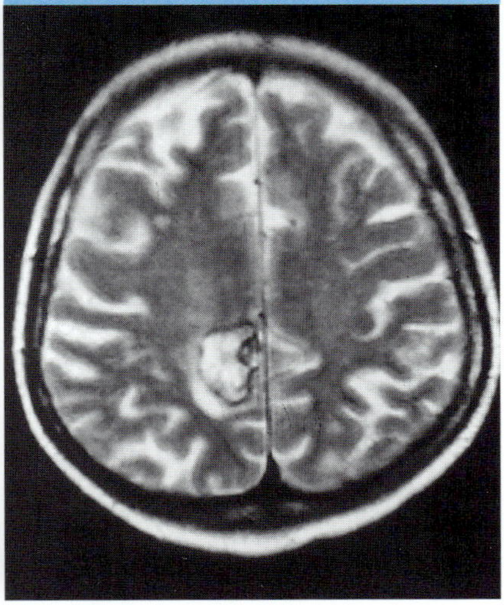

Kernspintomographische Bilder einer subakut eingeblutete Metastase (A = T1-gewichtet frontal; B = T2-gewichtet transversal). Man beachte den signalarmen Saum als Zeichen der Hämosiderinablagerung.

Abbildung 8 A

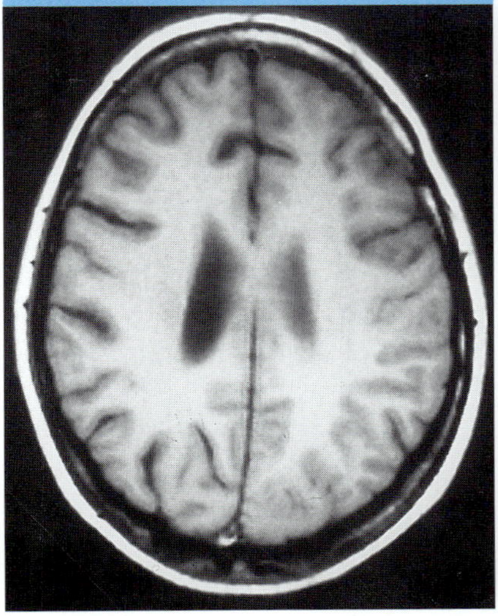

Abbildung 8 B

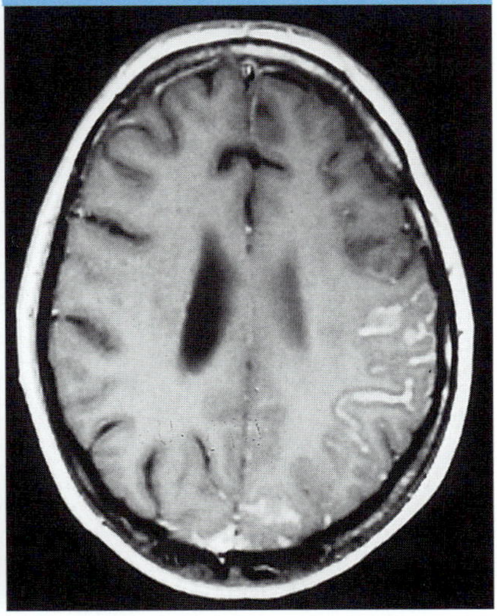

Meningiosis carcinomatosa, dargestellt im T1-gewichteten MR-Bild vor (A) und nach (B) Kontrastmittelapplikation.

Abbildung 9

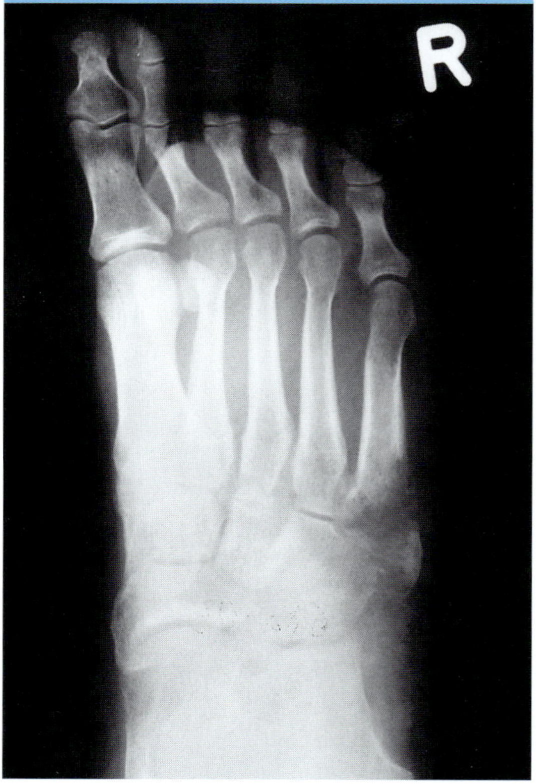

Osteolytische Metastase in der Basis des Metatarsale V.

Abbildung 10

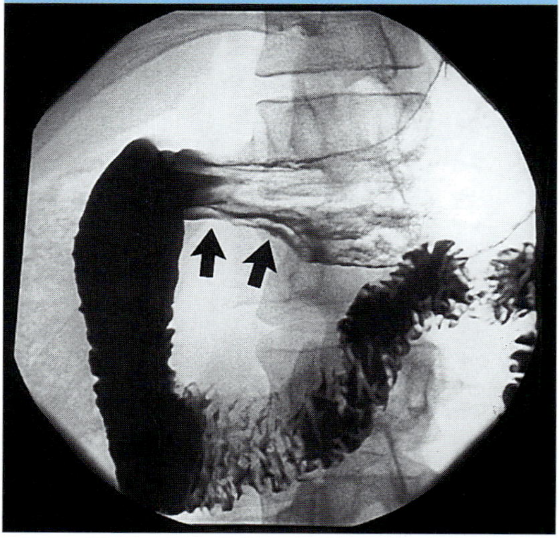

Intramurale Manifestation eines MM im Antrum des Magens (Pfeile) ohne Ulzeration der Schleimhaut.

Abbildung 11

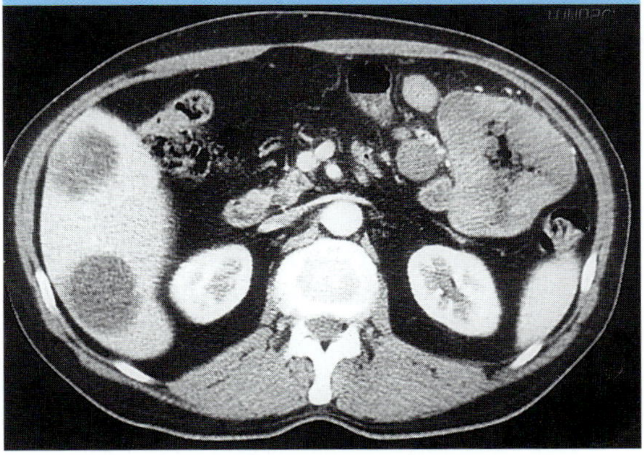

Massive intramurale Tumormanifestation eines MM im Jejunum sowie Metastasen im Mesenterium (nebenbefundlich: zystische Lebermetastasen).

Abbildung 12

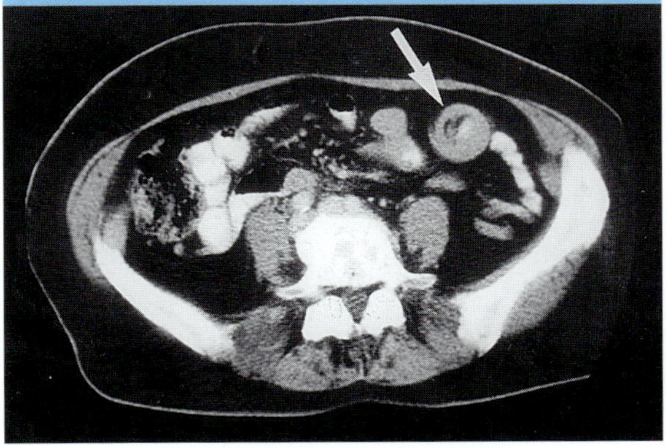

Dünndarminvagination (Pfeil) durch gastrointestinale Manifestation eines MM. (Man beachte das invaginierte fettgewebehaltige Mesenterium.)

Literatur

1 Adam YG, Efron G (1983) Clinical Reviews: Cutaneous malignant melanoma: Current views on pathogenesis, diagnosis, and surgical management. Surgery 93, 4: 481–494

2 Atlas SW, Grossman RI, Gomori JM et al (1987) MR imaging of intracranial metastatic melanoma. J Comput Assist Tomogr 1: 577–582

3 Berman C, Reintgen D (1993) Radiologic imaging in malignant melanoma: a review. Semin Surg Oncol 9: 232–238

4 Buzaid AC, Sandler AB, Maani S (1993) Role of computed tomography in the staging of primary melanoma. J Clin Oncol 11: 638–643

5 Das Gupta T, Brasfeld R (1964) Metastatic melanoma, a clinicopathological study. Cancer 17: 1323–1339

6 Doiron MJ, Bernardino ME (1981) A comparison of noninvasive imaging modalities in the melanoma patient. Cancer 47: 2581–2584

7 Ferrucci JT (1990) Liver tumor imaging: Current concepts. AJR 155: 473–484

8 Fishman EK, Kuhlman JE, Schuchter LM, Miller JA, Magid, D (1990) CT of malignant melanoma in the chest, abdomen and musculoskeletal system. RadioGraphics 10: 603–620
9 Fon GT, Wong WS, Gold RH, Kaiser LR (1981) Skeletal metastases of melanoma: Radiographic, scintigraphic, and clinical review. AJR 137: 103–108
10 Goldstein HM, Beydoun MT, Dodd GD (1977) Radiologic spectrum of melanoma metastatic to the gastrointestinal tract. Am J Roentgenol 129: 605–612
11 Heaston DK, Putman CE, Rodan BA, Nicholson E, Ravin CE, Korobkin M, Chen JTT, Seigler HF (1983) Solitary pulmonary metastases in high-risk melanoma patients: A prospective comparison of conventional and computed tomography. AJR 141: 169–174
12 Heiken JP, Weyman PJ, Lee JKT, Balfe DM, Picus D, Brunt EM, Flye MW (1989) Detection of focal hepatic masses: prospective evaluation with CT, delayed CT, CT during arterial portography, and MR imaging. Radiology 171: 47–51
13 Kawashima A, Fishman EK, Kuhlman JE, Schuchter LM (1991) CT of malignant melanoma: patterns of small bowel and mesenteric involvement. J Comput Assist Tomogr Vol 15, 4: 570–574
14 McDermott VG, Low VHS, Keogan MT, Lawrence JAL, Paulson EK (1996) Malignant melanoma metastatic to the gastrointestinal tract. AJR 166: 809–813
15 Merine D, Fishman EK, Jones B, Siegelman SS (1987) Enteroenteric intussusception: CT findings in nine patients. AJR 148: 1129–1132
16 Nazarian LN, Alexander AA, Rawool NM, Kurtz AB, Maguire, HC, Mastrangelo (1996) Malignant melanoma: impact of superficial US on management. Radiology 199: 273–277
17 Patel JK, Didolkar MS, Pickren JW, Moore RH (1978) Metastatic pattern of malignant melanoma: a study of 216 autopsy cases. Am J Surg 135: 807–810
18 Patten RM, Shuman WP, Teefey S (1990) Metastases from malignant melanoma to the axial skeleton: A CT study of frequency and appearance. AJR 155: 109–112
19 Patten RM, Shuman WP, Teefey S (1989) Subcutaneous metastases from malignant melanoma: prevalence and findings on CT. AJR 152: 1009–1012
20 Plavsic B, Robinson AE (1990) Variations in gastrointestinal melanoma metastases. Acta Radiol 31: 493–495
21 Reintgen DS, Thompson W, Garbutt J, Seigler HF (1984) Radiologic, endoscopic, and surgical considerations of melanoma metastatic to the gastrointestinal tract. Radiology 95, 6: 635–639
22 Shirkhoda A, Albin J (1987) Malignant melanoma: correlating abdominal and pelvic CT with clinical staging. Radiology 165: 75–78
23 Steinert HC, Huch Böni RA, Buck A, Böni R, Berthold T, Marincek B, Burg G, von Schulthess GK (1995) Malignant melanoma: staging with whole-body positron emission tomography and 2-[F-18]-Fluoro-2-deoxy-D-glucose. Radiology 195: 705–709
24 Takashi M, Kohda H (1992) Diagnostic utility of magnetic resonance imaging in malignant melanoma. J Am Acad Dermatol 27: 51–54

Klinische Bedeutung von Radioimmunszintigraphie und Positronen-Emissionstomographie in der Diagnostik von Malignen Melanomen

H. Bender, M. T. Grapow, J. P. Frohmann, H. J. Biersack
Klinik und Poliklinik für Nuklearmedizin und Klinik und Poliklinik für Dermatologie, Rheinische Friedrich-Wilhelms-Universität, Bonn

Einleitung

Das sicherste und genaueste Diagnoseverfahren des Malignen Melanoms, zumindest bei der Erkennung des Primärtumors, ist und bleibt das geübte Auge des erfahrenen Klinikers (1). Beim Verdacht auf ein Melanom und zur Sicherung der Diagnose sollte eine vollständige operative Entfernung des Tumors mit histologischer Aufarbeitung folgen. Als kritische Grenze wird eine Infiltrationstiefe nach *Breslow* von < 0,75 mm angesehen, bei der keine Metastasierung zu erwarten ist (2, 3).
Die Ausbreitungsdiagnostik bei primären Melanomen soll 1. den Nachweis von möglichen Metastasen, 2. der Darstellung der Lymphabflußwege und 3. der Dokumentation des Ausgangsbefundes dieses hochmalignen Tumors dienen. Sie umfaßt eine Ganzkörperuntersuchung inklusive der Haut und Schleimhäute, diverse Blutuntersuchungen, Lymphknotensonographie der drainierenden Regionen, Röntgen-Thorax und Oberbauchsonographie. Als zusätzliche Maßnahmen werden abhängig vom Primärstadium eine CT-Untersuchung (Schädel/Thorax/Abdomen), Knochenszintigraphie, Melanomszintigraphie, MRT und/oder FDG-PET empfohlen. Präoperativ ist daneben auch eine Lymphabflußszintigraphie bei Primärtumoren am Stamm, Kopf und proximalen Extremitäten indiziert.

Melanom-assoziierte Antigensysteme

Voraussetzung einer spezifischen Diagnostik ist das Vorhandensein von typischen Veränderungen einer Tumorzelle im Vergleich zu einer normalen Zelle. Die Möglichkeit der Herstellung von monoklonalen Antikörpern (4) haben es ermöglicht, eine Reihe von melanom-assoziierten Antigenen zu identifizieren. Hiervon haben im wesentlichen vier Antigene, die extrazellulär auf der Zellmembran von Melanomzellen exprimiert werden, eine gewisse klinische Bedeutung gewonnen. Neben diagnostischen Untersuchungen, waren bzw. sind sie noch heute Gegenstand therapeutischer Bemühungen:

1. das p97-Antigen, ein Glykoprotein mit 97 kD, das Sequenzhomologien mit dem Transferrin hat (5);
2. das High-Molecular-Weight Melanoma-Associated-Antigen (HMW-MAA), ein Chondroitin-sulfatiertes Proteoglykan-Glykoprotein, mit einem Molekulargewicht von mehr als 500 kD;
3. das Glykolipid GD3, das der Gruppe der Ganglioside zugerechnet wird, und
4. das Gangliosid GD2, das sich vom GD3 nur durch das Vorhandensein von N-azetyl-Galaktosaminzuckerresten unterscheidet

Klinische Bedeutung der Immunszintigraphie

Mehrere klinische Pilotstudien mit unterschiedlichen melanom-affinen mAk haben im wesentlichen folgende Ergebnisse erbracht:

1. Die insgesamte Anreicherung von mAk im Tumorgewebe ist relativ gering (<< 1% der injizierten Dosis pro Gramm Tumor) und liegt deutlich unter dem, was man in Tierexperimenten beobachtet hat (30–50% der injizierten Dosis pro Gramm Tumor);
2. die Anreicherung ist nicht uniform, sondern sehr heterogen;
3. in nur 40–80% der Läsionen läßt sich eine Anreicherung nachweisen;
4. die Nachweisgrenze von Tumoren mittels externer Szintigraphie liegt in der Regel bei > 1–1,5 cm;
5. Fragmente zeigen im Vergleich zum intakten Ak szintigraphisch günstigere Eigenschaften (z.B. höherer Bildkontrast, verminderte Antigenität, bei mehrfacher Applikation seltener Induktion von HAMA/HAHA).

Abgesehen von begrenzten klinischen Studien ist bis heute nur ein Antikörper kommerziell zur Radioimmunszintigraphie erhältlich, der gegen das HMW-MAA gerichtete Tecnemab-K-1 (Sorin).

Tecnemab-K-1

Hierbei handelt es sich um eine Mischung von Fab- und F(ab')2-Fragmenten des murinen mAk 225.28S. Der verfügbare mAk-Kit erlaubt eine Markierung mit Tc-99m. Das HMW-MAA läßt sich immunhistochemisch an mehr als 90% maligner Melanomzellen nachweisen (6) und bietet sich deshalb zur Melanomdiagnostik an. Die Wirksamkeit des Antikörpers wurde in zwei Multizenterstudien belegt (7, 8). In unserer Klinik wird der mAk routinemäßig als Teil des primären Tumor-Staging bei Hochrisikopatienten (Breslow > 1,5 mm, Clark-Level > II) einge-

setzt. Die retrospektive Auswertung von mehr als 300 Patienten (9) ergab bei der patientenorientierten Betrachtung eine Sensitivität, Spezifität und Genauigkeit von 80%, 81% bzw. 81%. Der positive und der negative Voraussagewert lag bei 75% bzw. 85%. Bei der läsionsorientierten Betrachtung fand sich eine Sensitivität, Spezifität und Genauigkeit von 72%, 75% bzw. 73%. Der positive und der negative Voraussagewert lag hier bei 77% bzw. 70% (*Grapow* und *Bender*, unveröffentlichte Daten). Auch wurden deutliche Unterschiede im Nachweis der Metastasenlokalisation beobachtet: In-transit-Metastasen 69%, axilläre Lymphknoten 83%, zervikale Lymphknoten 79%, inguinale und iliakale Lymphknoten 79%, aber Lunge 67%, Leber 38%, Knochen 29% (*Grapow* und *Bender*, unveröffentlichte Daten). Der Grund dieser Ergebnisse ist in der Bioverteilung des mAk zu finden, der deutlichen (unspezifische) Anreicherungen im Knochenmark, Leber, Nieren, Darm und Blase zeigt, wodurch die Beurteilung des Abdomens eingeschränkt ist. Der wesentliche Nutzen liegt demnach in der Beurteilung von zervikalen, axillären und inguinalen Lymphknoten, insbesondere, wenn diese vergrößert sind und morphologische Verfahren keine sichere Diagnose erbringen (9).
Weiterhin scheint der Befund der Immunszintigraphie mit der Überlebensprognose zusammenzuhängen. Patienten mit einer positiven Immunszintigraphie zeigten ein Sterberate von 20% pro 40 Monaten und eine mittleren Überlebenswahrscheinlichkeit von ca. 80 Monaten. Im Gegensatz dazu fanden sich bei Patienten mit einer positiven Immunszintigraphie eine Sterberate von nur 10% pro 40 Monaten, wobei nach ca. 80 Monaten mehr als 75% der Patienten noch am Leben waren (*Grapow* und *Bender*, Manuskript in Vorbereitung).
Die mehrmalige Applikation von mAk zu diagnostischen Zwecken scheint nicht nur sicher zu sein, d.h. es treten keine bzw. seltene unerwünschte Nebenwirkungen (Entwicklung von HAMA (9) oder allergischen Reaktionen) auf, sondern hat möglicherweise einen positiven Einfluß auf das Überleben (siehe »Spezifische Immuntherapie mit monoklonalen Antikörpern beim Malignen Melanom«, S. 124).

Single-chain-Antikörper

Nachdem beim Einsatz von mAk-Fragmenten, im Gegensatz zum kompletten Immunglobulin, gewisse positive Eigenschaften sowohl in der Diagnostik (z.B. höhere Quotienten von Tumor-zu-Hintergrund, bessere, wenn auch geringere Penetration in den Tumor) als auch in der Therapie beobachtet wurden, konzentrieren sich die Bemühungen auf die Entwicklung noch kleinerer Fragmente. Hier sind besonders die sogenannten Einzelketten-Antikörper (single chain antibodies; scFv-Fragmente) zu

nennen. Diese bestehen nur noch aus der Antikörperbindungsregion, die von der leichten und schweren Kette der variablen Region gebildet wird. Die relevanten Peptidabschnitte der leichten und schweren Kette sind über ein Verbindungsstück (engl. linker) so verbunden, daß die sterischen Eigenschaften der originären Bindungsregion erhalten bleiben. Ein nicht unwesentlicher Vorteil von scFv-mAk besteht in der gentechnischen In-vitro-Herstellung, durch die 1. eine Kontamination mit humanen oder animalen Viren oder selbst-replizierenden RNA/DNA-Fragmenten minimiert wird und 2. die Erzeugung von unterschiedlichen mAk-Molekülen über den Einsatz von sogenannten »libraries« um Potenzen gesteigert werden kann.
Erste Patientenuntersuchungen mit dem scFv des mAk 225.28S scheinen eine höhere Avidität zum Tumor und günstigere Eigenschaften in der Bioverteilung beim Vergleich mit dem Tecnemab-K-1 zu belegen (*Bender* und *Ferrone*, unveröffentlichte Daten).

Positronen-Emissionstomographie

Die Positronen-Emissionstomographie (PET) ist ein nuklearmedizinisches Schnittbildverfahren, das durch den Einsatz von [^{18}F]-Fluorodesoxyglukose (FDG) insbesondere im Bereich der Onkologie eine zunehmende Bedeutung gewinnt (Übersicht bei (11)). FDG wird analog der Glukose von spezifischen Glukosetransportern zellulär aufgenommen und von der Hexokinase zum FDG-6-Phosphat (FDG-6P) phosphoryliert. Im Gegensatz zum Glukose-6P wird FDG-6P nicht weiter verstoffwechselt und kann aufgrund der polaren Struktur die Zelle nicht mehr verlassen. Es liegt somit ein aktiver Trapping-Mechanismus vor. Obwohl Glukose für alle Zellen als wichtiger Energielieferant dient, zeigen verschiedene Malignome eine Reihe von Veränderungen, die eine signifikante Steigerung der Glukoseutilisation im Vergleich zu normalen Geweben (z.B. Leber, Muskel) bewirken: erhöhte Expression von Glukosetransportern, höher-affine Glukosetransporter, verstärkte Hexokinaseaktivität, reduzierte oder fehlende Phosphataseaktivität und bevorzugte anaerobe Glykolyse (12–16). Weiterhin scheint die Glukose/FDG-Utilisation eng mit der Proliferationsrate zu korrelieren (17, 18), d.h., in teilungsaktiven Tumoren (z.B. Melanom, Plattenepithelzellkarzinome) werden in der Regel deutlich höhere Anreicherungen gefunden als in differenzierten Karzinomen (z.B. Schilddrüsen-Ca.). Physiologisch hohe FDG-Anreicherungen werden im Gehirn (Glukose ist primärer und praktisch ausschließlicher Energielieferant), im Myokard postprandial (insulinabhängige Glukoseutilisation) und den Harnwegen (Niere und Blase; fehlende Rückresorption von FDG nach der glomerulären Filtration) beobachtet (14, 19). Ebenso findet sich in entzündlichen Veränderungen (abhängig vom Grad der Entzündung) und bei regenerativen Prozessen eine vermehrte FDG-Aufnahme (20).

Klinische Bedeutung der FDG-PET

Mehrere klinische Studien belegen die Sensitivität von FDG-PET beim Staging von Melanomen (Übersicht bei (11)) unter Studienbedingungen. Unsere eigenen Erfahrungen mit FDG-PET unter Routinebedingungen belegen den Nutzen dieser Methode zum Staging von Melanomen in Hochrisikopatienten (21, 22). Bei 50 von 96 prospektiv untersuchten Patienten (Breslow > 0,75 mm, Clark-Level > II) konnte FDG-PET das Vorliegen von Tumorgewebe (Metastasen) korrekt ausschließen. Bei 46 Patienten wurden insgesamt 214 Areale mit einer vermehrten Anreicherung beobachtet, wobei 57 eine moderate (kontrollbedürftige) und bei 72 eine intensive (malignitätstypische) FDG-Akkumulation zeigten. Eine intensive FDG-Aufnahme war in der Regel mit dem Vorliegen von Tumorgewebe assoziiert (66 richtig positiv, 6 falsch positiv; Sensitivität 97%, Spezifität 96%). Im Gegensatz dazu fand sich bei einer moderaten FDG-Aufnahme in der Regel kein Tumor (50 von 57). Alle verifizierten Tumorläsionen zeigten eine intensive FDG-Anreicherung unabhängig von der Lokalisation (z.B. Lymphknoten, Leber, Knochen). Die Diagnostik von Hirnmetastasen ist aufgrund der kortikalen Glukoseaufnahme deutlich eingeschränkt.

FDG-PET im Vergleich mit CT/MRT

Ein direkter Vergleich von FDG-PET mit morphologischen, bildgebenden Verfahren (CT, MRT) des o.g. Patientenkollektivs zeigte einen deutlichen Vorteil in der Beurteilung einer möglichen Lymphknotenbeteiligung. Bei 12 von 26 Fällen sagte nur FDG-PET das Vorhandensein (n = 8) bzw. das Fehlen (n = 4) von Lymphknotenmetastasen richtig voraus. Im Gegensatz dazu wurde durch CT/MRT allein nur bei 4 der 26 Fälle eine Lymphknotenbeteiligung erkannt. Beim kombinierten Einsatz beider Methoden wurde bei dieser Patientengruppe in nur vier Fällen ein falsch-negativer und in einem Fall ein falsch-positiver Befund erhoben. Beim Nachweis von Organmetastasen war kein wesentlicher Unterschiede zwischen FDG-PET und CT/MRT zu beobachten, wenngleich aufgrund der Ganzkörperuntersuchung beim FDG-PET Metastasen häufig zuerst erkannt wurden, die sich später auch durch z.B. CT verifizieren ließen.

FDG-PET und Immunszintigraphie

Ein direkter Vergleich von FDG-PET mit dem Tc-99m-markierten mAk 225.28S (Tecnemab-K-1; Sorin) ergab eine deutlich höhere Sensitivität der FDG-PET (21). Von 77 FDG-positiven Läsionen waren nur 33 antikörper-positiv. Dabei identifiziert die Immunszintigraphie nur ca. zwei Drittel der verifizierten Lymphknotenmetastasen und deutlich weniger als die Hälfte aller Organmetastasen (Leber, Lunge, Knochen). FDG-PET zeichnet sich insgesamt durch eine signifikant höhere Sensitivität aus und erlaubt auch einen sicheren Nachweis von Organmetastasen sowie von Metastasen im Abdominalbereich. Weiterhin ist das FDG-PET aufgrund des hohen Bildkontrastes und einer deutlich besseren Auflösung (> 7 mm vs. > 1–1,5 cm) der Immunszintigraphie deutlich überlegen.

Schlußfolgerungen

Neben den klassischen Staging-Methoden (klinische Untersuchung, Ultraschall, Röntgen, CT, MRT, diverse szintigraphische Methoden etc.) hat sich der Einsatz von hochspezifischen mAk trotz einer tumor-assoziierten Antigenexpression aufgrund mäßiger Bildqualität, limitierter Sensitivität und der Kosten bisher nicht durchgesetzt. Trotzdem ist die Entwicklung von Single-chain-mAk, mit einer höheren Antigenaffinität und günstigeren Bioverteilung vielversprechend.

Der Einsatz des unspezifischen Tracers FDG beim PET hat sich aufgrund der hohen Sensitivität beim Staging von Hochrisikopatienten als vorteilhaft erwiesen. Sofern sich diese Erfahrungen auch im Routinebetrieb belegen lassen, können in Zukunft zusammen mit CT/MRT weit mehr als 90% der Metastasen zum Zeitpunkt der Erstdiagnostik und in der Verlaufsdiagnostik sicher identifiziert werden. Die Langzeitergebnisse der daraus resultierenden therapeutischen Maßnahmen bleiben abzuwarten.

Literatur

1 Grin CM, Kopf AW, Welkovich B, Bart RS et al (1990) Accuracy in the clinical diagnosis of malignant melanoma. Arch Dermatol 127: 763–772
2 Veronesi U, Cascinelli N, Bufalino R (1976) Evaluation of the risk of multiple primaries in malignant cutaneous melanoma. Tumori 62: 127–235
3 Soong SJ (1992) A computerized mathematical model and scoring system for predicting outcome in patients with localized melanoma. In: Balch CM, Houghton A, Sober AJ, Milton GW, Soong SJ (eds) Melanoma. JB Lippincott, Philadelphia, pp 200–212
4 Köhler G, Milstein C (1975) Continuous cultures of fused cells secreting antibody of predefined specificity. Nature 256: 459–497
5 Rose TM, Plowman GD, Teplow DB et al (1986) Primary structure of the human melanoma-associated antigen p97 (melanotransferrin) deducted from the mRNA sequence. Proc Soc Natl Acad Sci USA 83: 1261–1263

6 Imai K, Ferrone S (1981) Characterization of monoclonal antibodies to human melanoma-associated antigens. J Natl Cancer Inst 66: 489–496
7 Siccardi AG, Burragi GL, Callegaro L et al (1986) Multicenter study of immunoscintigraphy with radiolabeled monoclonal antibodies in patients with melanoma. Cancer Res 46: 4817–4819
8 Salk D and the Multicenter Study Group (1988) Technetium-labeled monoclonal antibodies for imaging metastatic melanoma: Results of a multicenter clinical trial. Semin Oncol 15: 608–618
9 Schomburg AG, Briele B, Bender et al (1993) Radioimmunodetection of melanoma. Diagnostic Oncology 3: 101–107
10 Bender H, Grapow M, Schomburg A et al (1997) Effects of diagnostic application of monoclonal antibody on survival in melanoma patients. Hybridoma 16: 65–68
11 Biersack HJ, Bender H, Ruhlmann J et al (1997) FDG-PET in clinical oncology: Review and evaluation of results of a private clinical PET center. In: Freeman LM (eds) Nuclear Medicine Annual 1997. Lippincott-Raven Publishers, Philadelphia
12 Warburg O (1930) The metabolism of tumours. London, England, Constabel
13 Brown RS, Wahl RL (1993) Overexpression of Glut-1 glucose transporter in human breast cancer. An immunohisto-chemical study. Cancer 72: 2979–2985
14 Gallagher BM, Fowler JS, Gutterson NI (1989) Metabolic trapping as a principle of radiopharma-ceutical design: Some factors responsible for the biodistribution of 2-deoxy-2-[18F]fluoro-D-glucose. J Nucl Med 30: 1154–1161
15 Hacker HJ, Vollmer G, Chiquet Ehrismann R et al (1991) Changes in the cellular phenotype and extracellular matrix during progression of estrogen-induced mesenchymal kidney tumors in Syrian hamsters. Virchows Arch B Cell Pathol Incl Mol Pathol 60: 213–223
16 Yang G, Dong Y, Du W et al (1995) Ultrastructural cytochemistry of human gastric cancer: electron microscopic observations of five organellae marker enzymes. Chin Med J Engl 108: 859–863
17 Haberkorn U, Strauss LG, Reisser Ch (1991) Glucose uptake, perfusion and cell proliferation in head and neck tumors: Relation of positron emission tomography to flow cytometry. J Nucl Med 32: 1548–1555
18 Kim CG, Yang DJ, Kim EE et al (1996) Assessment of tumor cell proliferation using [18F]fluorodeoxyadenosine and[18F]fluoroethyluracil. J Pharm Sci 85: 339–344
19 Gallagher BM, Fowier JS, Gutterson NI et al (1978) Metabolic trapping as a principle of radiopharmaceutical design: Some factors responsible for the biodistribution of 2-deoxy-2-[18F]fluoro-D-glucose. J Nucl Med 19: 1154–1161
20 Brown RS, Leung JY, Fisher SJ et al (1996) Intratumoral distribution of tritiated fluorodeoxyglucose in breast carcinoma: 1. Are inflammatory cells important? J Nucl Med 36: 1854–1861
21 Bender H, Hamad K, Frohmann JP et al (1996) Staging of malignant melanoma: Value of whole-body FDG-PET and radioimmunoscintigraphy. Eur J Nucl Med 23: 1106A
22 Bender H, Frohmann JP, Grapow M et al (1997) Value of whole-body FDG-PET in the routine staging of malignant melanoma. J Nucl Med 38: 112A

Diagnostische Sicherung von Haut- und Lymphknotenmetastasen

R. Kaufmann, C. Linhart, R. Werner, M. Wolter
Zentrum für Dermatologie und Venerologie,
Klinikum der Johann Wolfgang Goethe-Universität, Frankfurt/M.

Stadieneinteilung, Prognose und Klinik

TNM-Klassifikation von Haut- und Lymphknotenmetastasen

Haut- und Lymphknotenmetastasen sind die häufigste Filiarisierungsform maligner Melanome. Sie können lokoregional und als Fernmetastasen in Erscheinung treten. Nach der TNM-Stadieneinteilung (Tabelle I) betreffen sie das Stadium III (lokoregional) und IV (Fernmetastasen) (16, 24).

Tabelle I. TNM-Stadien des Melanoms; Eingruppierung von Haut-/Lymphknotenmetastasen.

Stadium I	pT1, 2	N0	M0
Stadium II	pT3	N0	M0
Stadium III	pT4[a]	N0	M0
	jedes pT	N1, 2[b]	M0
Stadium IV	jedes pT	jedes M	M1[c]

[a]pT4B = Satellitenmetastasen
[b]N2b = In-transit-Metastasen
[c]M1a = Haut-/Lymphknotenfernmetastasen

Abgesehen vom sog. Lokalrezidiv treten Hautmetastasen als Satellitenmetastasen (innerhalb von 2 cm in Tumorumgebung, pT4b), als In-transit-Metastasen (mehr als 2 cm vom Primärtumor entfernt, aber nicht jenseits der regionären Lymphknoten, N2b) oder aber als Fernmetastasen (M1a) in Erscheinung. Im Stadium der lokoregionalen Absiedlung (Stadium III) sinkt die 10-Jahresüberlebenschance auf unter 30%, im Stadium der Fernmetastasierung (Stadium IV) beschränkt sich das Langzeitüberleben hingegen auf Einzelfälle, wobei Hautfiliae generell eine günstigere Prognose aufweisen als andere Metastasenlokalisationen (16, 25). Ungünstig sind allerdings frühzeitiges Auftreten der Hautmetastasen nach Ersttumordiagnose, junges Patientenalter, subkutane Ausbreitung und histologisches Fehlen einer Stromareaktion (19).

Regionäre Lymphknotenmetastasen unterscheiden sich prognostisch hinsichtlich der Ausdehnung und der Anzahl der befallenen Knoten (13, 15). Sie werden im Stadium III als N1 (< 3 cm Ausdehnung) oder N2 (> 3 cm Ausdehnung) eingruppiert. Mit ihrem Auftreten sinkt die 10-Jahresüberlebenschance auf unter 20% (13, 16, 32). Lymphknotenbefall jenseits der regionären Lymphknoten wird den Fernmetastasen zugerechnet (M1a). Wie die Hautfiliae haben sie im Vergleich zu anderen Metastasenlokalisationen eine günstigere Prognose.

Klinik von Haut- und Lymphknotenmetastasen

Die klinische Diagnostik von Haut und Lymphknotenmetastasen kutaner maligner Melanome ist in der Regel bei entsprechender Anamnese, typischer Lokalisation und charakteristischer makromorphologischer Ausprägung des Bildes einfach. Insbesondere Satellitenformation und

Abbildung 1

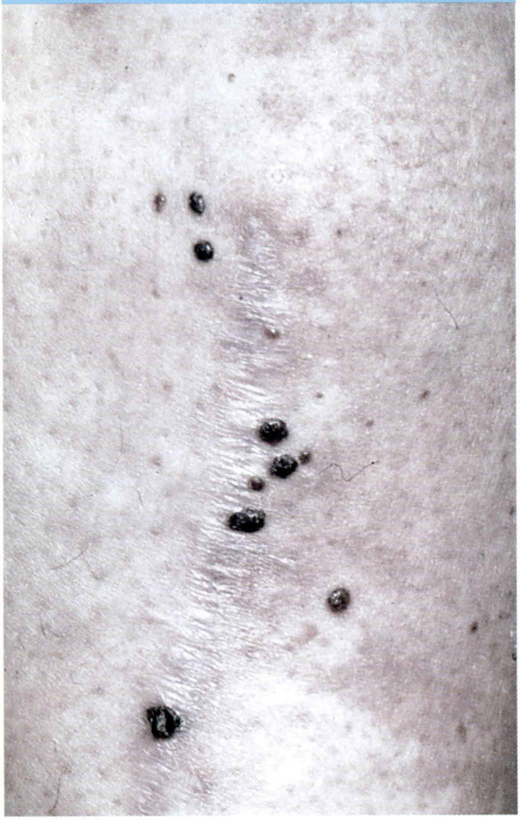

Satellitenmetastasen im Bereich der alten Narbenregion.

Abbildung 2 A | Abbildung 2 B

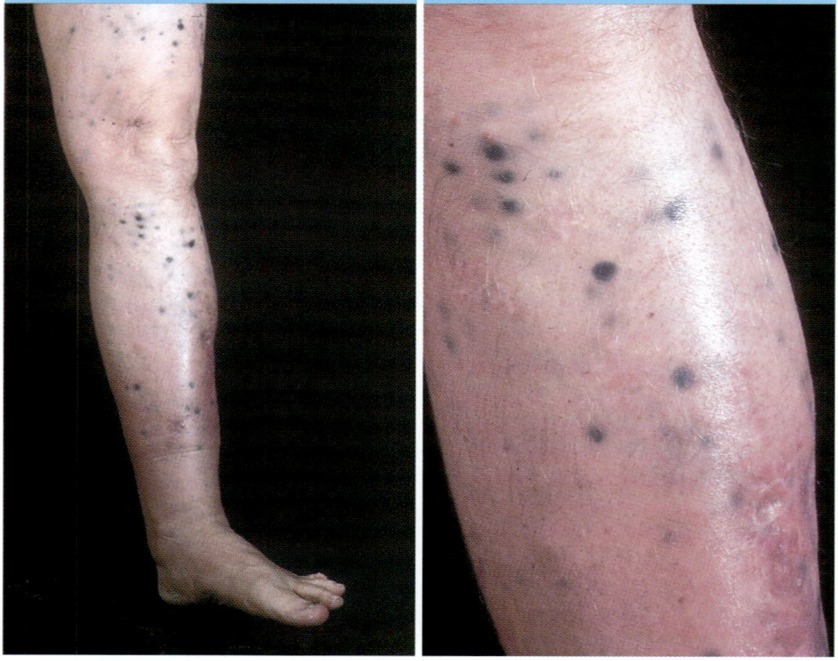

Typische In-transit-Metastasen, disseminiert im Extremitätenverlauf multiple kutane blauschwarze Papeln; A = Übersicht, B = Detail.

In-transit-Metastasen (Abbildungen 1 und 2) sind bereits blickdiagnostisch leicht zu erkennen. Die Abgrenzung von Satellitenmetastasen (in der Regel multipel, klein) und einem sog. Lokalrezidiv (4, 14) ist dann problematisch, wenn beide gemeinsam auftreten, von der therapeutischen Konsequenz her jedoch irrelevant. Ein Pseudomelanom (Nävusregenerat mit melanomähnlicher Histologie) nach knapper Nävusexzsion ist gelegentlich von einem Rezidiv eines voroperierten fälschlicherweise als benigne eingestuften Melanoms abzugrenzen (42). Ebenso sind bei Hautmetastasen unabhängige Zweitmelanome (multiple primäre Melanome) differentialdiagnostisch mit in Betracht zu ziehen.

Nicht immer jedoch treten Melanomfiliae lokoregional nach wenigen Jahren als schwarzblaue Papeln und Knoten oder als bereits palpatorisch auffällige steinharte Lymphknotenwucherungen in Erscheinung. Wenngleich die meisten Melanommetastasen innerhalb der ersten drei Jahre nach Entfernung des Primärtumors manifest werden, sind spät auftretende Filiae nicht ungewöhnlich und deren Manifestation nach über 20 Jahren möglich (30). Insbesondere bei kutanen Metastasen kön-

nen atypische Lokalisationen (27, 41), ungewöhnliche klinische oder histologische Erscheinungsformen (11, 21, 49) oder amelanotische Knoten Schwierigkeiten in der initialen klinischen Zuordnung bereiten, ja auch zahlreiche harmlose kutane Neubildungen imitieren. Im Falle der klinisch palpatorischen Lymphknotenbeurteilung sind insbesondere postoperativ reaktive Veränderungen, Hämatome oder Serome zu erwägen.
In etwa 3–5% der metastasierten Fälle läßt sich ein Primärtumor überhaupt nicht nachweisen (spontanregressives Melanom) (5, 7, 29, 35). Derartige Verläufe wurden auch bei den insgesamt ohnehin seltenen Melanomen im Kindes- und Adoleszentenalter beschrieben (38). In diesen Fällen mit okkulter resp. unbekannter Ausgangsgeschwulst können sowohl Haut- als auch Lymphknotenmetastasen erstmals auf das Melanom hinweisen, Metastasen anderer Neoplasien sind differentialdiagnostisch auszuschließen (36). Die Prognose entspricht derjenigen bei lokoregionaler Metastasierung (44, 46).

Histologie von Haut- und Lymphknotenmetastasen

Die histologische Beurteilung kutaner und subkutaner Metastasen hat wie die klinisch makromorphologische Befundung mitunter zahlreiche Differentialdiagnosen zu berücksichtigen. Insbesondere bei unbekanntem Primärtumor sind andere Neoplasien als Ursprung in Betracht zu ziehen. Bei epidermotropen Metastasen sind unabhängige Zweitmelanome zu berücksichtigen. Bei intraepithelialer Ausbreitung metastatischer Zellen kann dies ausgesprochen schwierig sein (2). Ebenso lassen z.B. amelanotische, spindelzellige, oder anaplastisch undifferenzierte Knoten eine breite Palette an Möglichkeiten offen. Im Falle der Lymphknotenmeta-

Abbildung 3

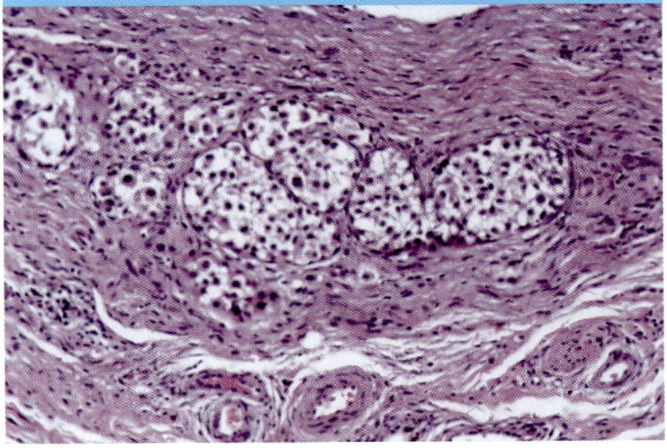

Lymphknotenfilia; feingeweblicher Befund mit Metastasennestern im Bereich des Randsinus.

Abbildung 4

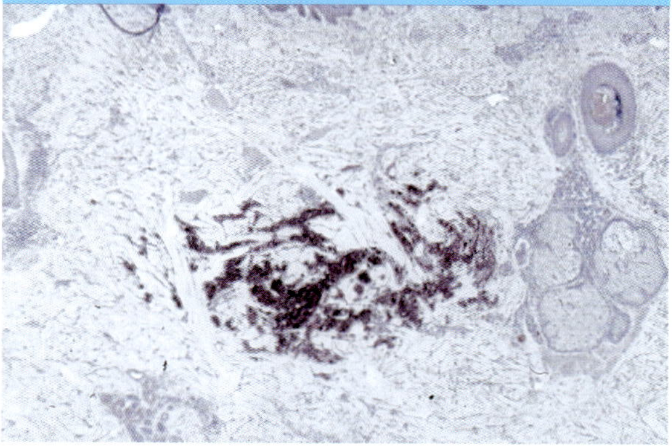

Immunhistologische Darstellung der S100-Färbung mittels Immunperoxidase; deutliche Expression auf allen Melanomzellen einer kleinen Satellitenmetastase.

stase (Abbildung 3) sind auch intranodale Nävuszellnester in Erwägung zu ziehen, die im Gegensatz zur Metastase aber nicht den Randsinus besiedeln (10).
In Zweifelsfällen dient die immunhistologische Differenzierung der weiteren Klärung. Zahlreiche Marker werden zur immunophänotypischen Abgrenzung gegenüber malignen Zellproliferationen unterschiedlicher Herkunft eingesetzt. Typisch für Melanommetastasen ist die Expression von S100 (22), das eine hohe Sensitivität für Melanomzellen, aber eine geringe Spezifität besitzt. So färben sich auch normale Melanozyten, epidermale Langerhans-Zellen und zahlreiche weitere Zellen an. Als sensitiverer monoklonaler Antikörper steht in der Routinediagnostik daher HMB45 im Vordergrund (Abbildung 4), der ein onkofetales Antigen (gp100) unreifer Melanosomen erkennt (23, 43) und als Marker aktivierter Melanozyten gilt (45). Die Färbungen haben eine relativ hohe Spezifität und sind bei etwa 90% der Zellen in Tumoranteilen positiv. Falschpositive Reaktionen epithelialer Zellverbände auf HMB45 wurden auch auf Besonderheiten der Herstellung kommerzieller Antikörper zurückgeführt (9).
Nicht immer sind die immunhistologischen Konstellationen jedoch eindeutig (20, 28, 37). Selten kann beispielsweise HMB45 fehlen, umgekehrt aber auch einmal das für Zellen epithelialer Herkunft typische Zytokeratin auf Melanomzellen exprimiert werden (3, 31).

Diagnostische Optionen bei Haut- und Lymphknotenmetastasen

Die zum Nachweis von Haut- und Lymphknotenmetastasen gebräuchlichen Techniken sind in Tabelle II zusammengestellt. Sie werden nachfolgend gesondert kurz erörtert und abschließend in ein Gesamtkonzept zur schrittweisen differenzierten Stufendiagnostik eingebracht.

Tabelle II. Diagnostische Möglichkeiten.

	Hautmetastasen	Lymphknotenmetastasen
Klinik	Inspektion, Palpation	Palpation
Bildgebende Techniken	hochauflösende Sonographie	Ultraschall, CT, PET
Bioptische Techniken	bioptische Exzision	FNAC, sentinel node biopsy, Exstirpation

Ultraschalluntersuchung von Haut- und Lymphknotenmetastasen

Sowohl in der Diagnostik subkutaner Metastasen als auch in der Detektion von Lymphknotenfiliae ist die konventionelle Ultraschalldiagnostik routinemäßiger Bestandteil der Staging-Untersuchungen (12). Einen weiteren Einsatz im Rahmen der Metastasendiagnostik eröffnet die sonographisch gezielt gesteuerte Lymphknotenpunktion zur Gewinnung einer Zytologie. Moderne Ultraschallgeräte mit hochauflösender B-Bildsonographie (in der Regel 7,5 MHz Schallkopf) erlauben die Darstellung von Hautmetastasen ab ca. 3–5 mm Durchmesser und von Lymphknoten ab etwa 5 mm Größe. Die farbkodierte Duplexsonographie ermöglicht zusätzlich eine Darstellung intranodaler Perfusionsverhältnisse. Die Technik dient auch der Ausbreitungsdiagnostik, ermöglicht objektive Größenvergleiche bei sequentiellen Untersuchungen und ist in den meisten Fällen geeignet, reaktive Prozesse differentialdiagnostisch abzugrenzen. Im Gegensatz zu entzündlich-reaktiv veränderten Knoten sind metastasensuspekte Lymphknoten eher abgerundet, unscharf begrenzt, weisen ein

Abbildung 5

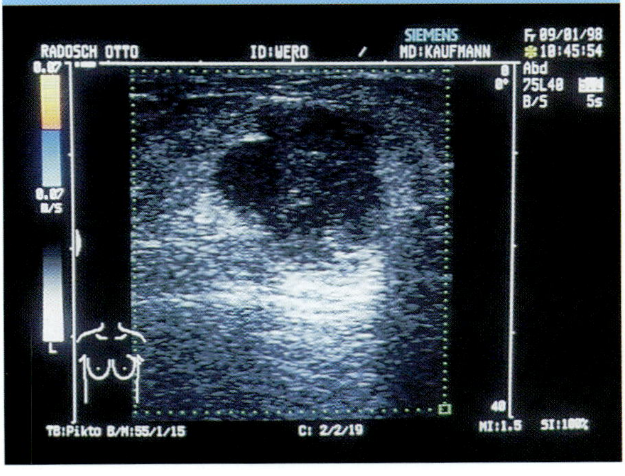

Lymphknotenmetastase axillär links, duplexsonographischer Befund.

echoarmes inhomogenes Zentrum auf und zeigen einen deutlich verbreiterten Randsaum (Abbildung 5). Farbduplexsonographisch imponieren periphere Perfusionsmuster oder auch Perfusionsausfälle.

Hochfrequente Sonographie der Haut

Der hochauflösende 20MHz-Ultraschall ermöglicht die Untersuchung metastasensuspekter corialer-subkutaner Knoten (18). Sinnvoll ist diese Diagnostik allerdings in erster Linie zur Größenbestimmung und Verlaufsdiagnostik (Evaluierung konservativer Therapiemaßnahmen), jedoch nicht in der differentialdiagnostischen Abgrenzung zu anderen kutanen oder subkutanen Neubildungen. Lediglich in der Zuordnung zystischer Prozesse kann sie in Einzelfällen hilfreich sein.

Computertomographie (CT) peripherer Lymphknotenstationen

Computertomographische Untersuchungen können ergänzend zur Ultraschalldiagnostik peripherer Lymphknoten-/Weichteilmetastasierungen insbesondere bei der Beurteilung einer Filiarisierung im Kopf-Halsbereich indiziert sein. Ansonsten dienen sie bei lokoregionaler Metastasierung weniger der initialen Metastasensuche in peripheren Lymphknoten als vielmehr der präoperativen Abschätzung der exakten topographischen Ausdehnung des metastatischen Prozesses. Insbesondere ist die Computertomographie geeignet, eine etwaige zusätzliche metastatische Aussaat in nachgeschaltete juxtaregionäre Knoten aufzuzeigen, bei deren Befall die Behandlungsstrategie entsprechend des Metastasierungsmusters zu ändern wäre.

Positronen-Emissionstomographie (PET)

Die Untersuchung peripherer Lymphknotenstationen mittels der Positronen-Emissionstomographie ist im Gegensatz zu allen sonstigen bildgebenden Verfahren auch unabhängig von morphologisch faßbarem Tumorwachstum geeignet, Melanommetastasen aufgrund ihrer gesteigerten Glukosemetabolisierung darzustellen (8). Nach einer Erhebung an 100 unserer vergleichend zu konventionellen Staging-Methoden mittels Ganzkörper-Fluor-18-FDG-PET untersuchten Patienten zeigte sich insbesondere für Lymphknotenmetastasen eine signifikant höhere Sensitivität als in der entsprechen Ultraschall-Diagnostik (zervikale Knoten: 100% vs. 67%; periphere Knoten: 97% vs. 51%) (40). Diese Technik dient daher der Früherkennung klinisch okkulter Metastasen, die sich der Palpation oder auch der Ultraschalldiagnostik entziehen. In mehreren Fällen konnten wir bei Hochrisikopatienten Lymphknotenmetastasen bereits in der okkulten Phase erkennen und einer frühzeitigen Entfernung zuführen. Die Spezifität des Verfahrens in der Beurteilung von Lymphknotenbefunden kann allerdings durch die ebenfalls vorhandene Reaktivität entzündlicher Veränderungen eingeschränkt sein.

Exzision und Histologie

Bioptische Exzision metastasensuspekter Hautläsionen und Exstirpation suspekter Lymphknoten dienen letztlich der histologischen und erforderlichenfalls immunhistologischen Diagnosesicherung (s.o.).

Feinnadelaspirationszytologie (FNAC)

Insbesondere in der Diagnostik von Lymphknotenmetastasen kann die ultraschallgesteuerte Technik der FNAC (6) rasch und elegant einen metastatischen Befall in der Hand des mit der Technik und der Beurteilung von zytologischen Befunden Geübten ermöglichen. Auch hier kann in Zweifelsfällen die Immunzytologie mittels S-100 und HMB-45 hilfreich sein (34) (Abbildung 6).

Sentinel node biopsy

Diese dient der Früherkennung von Mikrometastasen im ersten drainierenden Lymphknoten und zur Entscheidung über die Notwendigkeit einer Lymphadenektomie, die sich bei positivem Befund im lokoregionalen Lymphknotengebiet anschließen würde (26, 33). Sie wird zunehmend bei Hochrisikopatienten mit dickeren Primärtumoren eingesetzt und kann diesen die Morbidität einer unnötigen elektiven Lymphadenektomie bei fehlender Mikrometastasierung ersparen. Sie setzt als zusätzliches diagnostisches Instrumentarium die präoperative Markierung der Lymphabflußverhältnisse mittels Szintigraphie voraus, die auch im Rahmen der Kontinuitätsdissektionen bei Rumpfmelanomen zur Klärung der präferentiellen Abflußwege Anwendung findet (1, 50), nicht aber der Metastasendiagnostik dient. Der erste sich anfärbende und der drainierenden Lymphknotengruppe vorgeschaltete Lymphknoten (Schildwächterknoten) wird auf der Haut markiert und anschließend intraoperativ mittels Gammasonde aufgesucht. Bei positiver Histologie folgt die Lymphadenektomie. In bisherigen Studien zur »sentinel node biopsy« sind bei Patienten mit dickeren Primärtumoren (> 0,76 mm) etwa ein Fünftel der

Abbildung 6 A

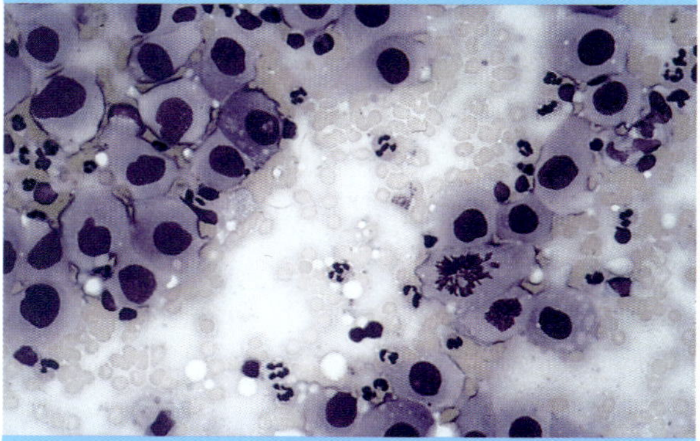

Abbildung 6 B

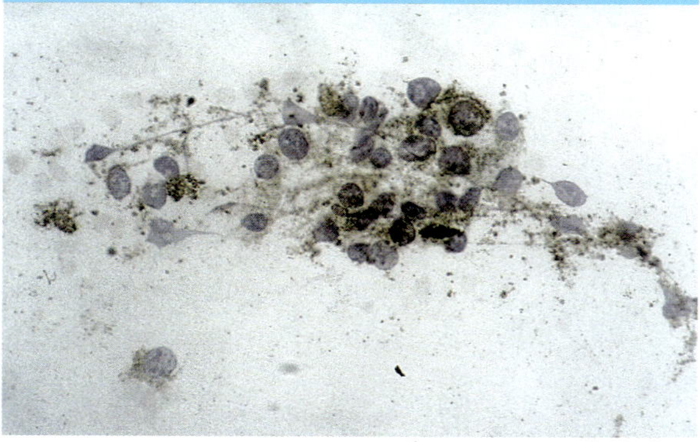

Befund einer Feinnadelaspirationszytologie;
A = typische Melanomzellen einer Lymphknotenmetastase;
B = immunzytologische Reaktivität mit HMB-45.

exstirpierten Schildwächterknoten metastatisch befallen (39, 47). Unter diesen Patienten finden sich wiederum nur bei etwa jedem Fünften positive nachgeschaltete Lymphknoten im Rahmen der angeschlossenen Lymphadenektomie, ein Hinweis für einen sequentiellen metastatischen Befall mit primärer Absiedelung in den markierten »sentinel nodes«. In knapp 2% der Fälle werden diese allerdings »übersprungen«, und es zeigen sich positive lokoregionalen Lymphknoten bei fehlendem Befall der szintigraphisch markierten Schildwächterknoten. Möglicherweise läßt sich mit Hilfe dieser Technik zukünftig eine Zielgruppe von Patienten selektionieren, die definitiv von der Lymphadenektomie profitiert. Andererseits mag sie dazu dienen, im Sinne einer Staging-Untersuchung Patienten möglichst exakt für adjuvante Therapiestudien zu definieren. Bei negativer Histologie wird neuerdings auch versucht, mit Hilfe von aus dem Lymphknotengewebe gewonnenen Einzelzellsuspensionsuntersuchungen (17) oder aber mittels der Polymerasekettenreaktion zum Nachweis der Tyrosinase-mRNA (RT-PCR-Technik) aus Lymphknotengewebeextrakten (48) metastatische Zellen aufzuspüren.

Diagnostische Vorgehensweise im Einzelfall

Die Frage der Diagnostik von Haut- und Lymphknotenmetastasen ergibt sich einerseits bei neu aufgetretenen Knoten, andererseits im Rahmen der Staging-Untersuchungen nach Erstdiagnose und weiterhin im Gefolge der sich anschließenden Tumornachsorgediagnostik. Während die Notwendigkeit zur Abklärung bestimmter Metastasenzielorgane (z.B. ZNS, Knochen) nur bei bestimmten Hochrisikokonstellationen oder nach klinischer Symptomatik besteht, ist die Suche nach Haut-/Weichteil- und Lymphknotenfiliae stets fester Bestandteil einer jeden Untersuchung des Melanompatienten.
Für die Erkennung von Haut-/Weichteilmetastasen ist die sorgfältige Inspektion, insbesondere aber die Palpation der Narbenregion, der abfließenden Lymphwege und des übrigen Integumentes unerläßlich. Ebenso sind alle möglichen regionären und juxtaregionären Lymphknotenstationen abzutasten. Das weitere Vorgehen richtet sich insbesondere bezüglich der Intensität der Lymphknotendiagnostik nach der Risikobewertung des Primärtumors (Schema 1). Bei Patienten mit niedrigem Metastasierungsrisiko (dünne Melanome) beinhalten das Routine-Staging und die Nachsorgeuntersuchung eine Ultraschalldiagnostik der Lymphknoten,

Schema 1. Diagnostisches Procedere zum Nachweis von Lymphknotenfiliae bei Melanom.

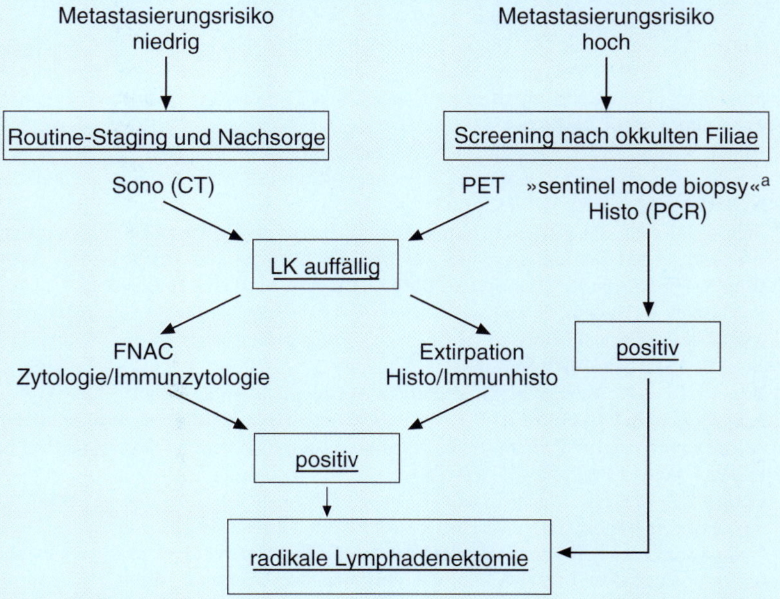

[a] im Rahmen kontrollierter Studien

welches in Zweifelsfällen durch weiterführende Diagnostik ergänzt werden können. Bei auffälligem Befund kann mittels FNAC oder bioptischer Klärung eine zytologische resp. histologische Untersuchung erfolgen. Bei Patienten mit Hochrisikomelanomen wäre hingegen optional eine Suche nach okkulten Metastasen entweder im Rahmen einer PET-Diagnostik (die gleichzeitig auch ein Screening anderer Organe bei Ganzkörperuntersuchung beinhaltet) oder aber in Verbindung mit einer »sentinel node biopsy« in Betracht zu ziehen. Letztere sollte allerdings nur im Rahmen kontrollierter Studien Einsatz finden, da ihr Vorteil für den Patienten ebenso unerwiesen ist wie derjenige elektiver operativer Lymphknotenentfernungen.

Literatur

1 Altmeyer P, Luther H (1997) Lymphabflußszintigraphie des malignen Melanoms. In: Garbe C, Dummer R, Kaufmann R, Tilgen W (Hrsg) Dermatologische Onkologie. Springer, Heidelberg, pp 305–309

2 Abernethy JL, Soyer HP, Kerl H, Jorizzo JL, White WL (1996) Epidermotropic metastasic melanoma simulating melanoma in situ. A report of 10 examples from two patients. Am J Surg Pathol 20: 253–257

3 Achilles E, Schröder S (1994) Zytokeratin-Positivität bei malignen Melanomen – Fallgrube bei der immunhistologischen Differentialdiagnose okkulter Neoplasien. Pathologe 15: 235–241

4 Aitken DR, James AG, Carey CC (1984) Local cutaneous recurrence after conservative excision of malignant melanoma. Arch Surg 119: 643–646

5 Anbari KK, Schuchter LM, Bucky LP, Mick R, Synnestvedt M, Guerry D, Hamilton R, Halpern C (1997) Melanoma of unknown primary site: presentation, treatment, and prognosis – a single institution study. University of Pennsylvania Pigmented Lesion Study Group. Cancer 79: 1816–1821

6 Angeli S, Koelma IA, Fleuren GJ, Van Steenis GJ (1988) Malignant melanoma in fine needle aspirates and effusions. An immunocytochemical study using monoclonal antibodies. Acta Cytol 32: 707–712

7 Balm AJ, Kroon BB, Hilgers FJ, Jonk A, Mooi WJ (1994) Lymph node metastases in the neck and parotid gland from an unknown primary melanoma. Clin Otolaryngol 19: 161–165

8 Böni R, Huch-Böni RA, Steinert H, Burg G, Buck A, Marincek B, Berthold T, Dummer R, Voellmy D, Bailmer B, von Schulthess GK (1995) Staging of metastatic melanoma by whole body positron emission tomography using 2-fluorine-18-fluoro-2-deoxy-D-glucose. Br J Dermatol 132: 556–562

9 Bonetti F, Pea M, Martignoni G, Mombello A, Colombari R, Zamboni G, Scarpa A, Piubello Q, Bacchi CE, Gown AM (1991) False positive immunostaining of normal epithelia and carcinomas with ascites fluid preparations of antimelanoma monoclonal antibody HMB45. Am J Clin Pathol 95: 454–459

10 Carson KF, Wen DR, Li PX, Lana AM, Bailly C, Morton DL, Cochran AJ (1996) Nodal nevi and cutaneous melanomas. Am J Surg Pathol 20: 834–840

11 Collina G, Losi L, Taccagni GL, Maiorana A (1997) Myxoid metastases of melanoma: report of three cases and review of the literature. Am J Dermatopathol 19: 52–57

12 Dill-Müller D, Kautz G (1997) Lymphknotensonographie. In: Garbe C, Dummer R, Kaufmann R, Tilgen W (Hrsg) Dermatologische Onkologie. Springer, Heidelberg, pp 310–317

13 Drepper H, Biess B, Hofherr B, Hundeiker M, Lippold A, Otto F, Padberg G, Peters A, Wiebelt H (1993) The prognosis of patients with stage III melanoma. Prospective long-term study of 286 patients of the Fachklinik Hornheide. Cancer 71: 1239–1246
14 Drzewiecki KT, Andersson AP (1995) Local melanoma recurrences in the scar after limited surgery for primary tumor. World J Surg 19: 346–349
15 Evans RA (1995) Elective lymph node dissection for malignant melanoma: the tumor burden of nodal disease. Anticancer Res 15: 575–579
16 Garbe C, Schaumburg-Lever Gundula (1997) Klinik und Histologie des malignen Melanoms. In: Garbe C, Dummer R, Kaufmann R, Tilgen W (Hrsg) Dermatologische Onkologie. Springer, Heidelberg, pp 247–270
17 Heller R, Becker J, Wasselle J, Baekey P, Cruse CW, Cox C, King B, Wood H, Reintgens DS (1992) Detection of occult lymph node metastases in malignant melanoma. Ann Plast Surg 28: 74–77
18 Hoffmann K, Freitag M, Hoffmann A, el Gammal S, Altmeyer P (1997) Hochfrequente Sonographie in der dermatologischen Onkologie. In: Garbe C, Dummer R, Kaufmann R, Tilgen W (Hrsg) Dermatologische Onkologie. Springer, Heidelberg, pp 290–304
19 Hofmann-Wellenhof R, Woltsche-Kahr I, Smolle J, Kerl H (1996) Clinical and histological features of poor prognosis in cutaneous metastatic melanomas. J Cut Pathol 23: 199–204
20 Ingvar C, Jakobsson B, Brodin T, Jonsson PE, Strand SE (1990) Tumor antigen heterogeneity within melanoma metastases – an evaluation by immunohistochemistry. Anticancer Res 10: 219–223
21 Itin PH, Lautenschlager S, Buechner SA (1995) Zosteriform metastases in melanoma. J Am Acad Dermatol 32: 854–857
22 Kapila K, Kharbanda K, Verma K (1991) Cytomorphology of metastatic melanoma – use of S100 protein in the diagnosis of amelanotic melanoma. Cytopathol 2: 229–237
23 Kapur RP, Bigler SA, Skellys M, Gown AM (1992) Anti-melanoma monoclonal antibody HMB45 identifies an oncofetal glycoconjungate associated with immature melanosomes. J Histochem Cytochem 40: 207–212
24 Kaufmann R, Weber L, Rodermund OE (1989) Kutane Melanome. Klinik und Differentialdiagnose. Editiones Roche, Basel, pp 44–54
25 Kaufmann R, Proebstle T, Sterry W (1995) Malignes Melanom. In: Zeller WJ, Zur Hausen H (Hrsg) Onkologie – Grundlagen, Diagnostik, Therapie, Entwicklungen. ecomed, Erlangen, V 21.8: 1–12
26 Kaufmann R (1997) Recent developments in melanoma surgery. In: Altmeyer P, Hoffmann K, Stücker M (eds) Skin cancer and UV-radiation. Springer, Heidelberg New York, pp 1166–1173
27 Landes E, Vranes M (1982) Ungewöhnliche Metastasenbildung bei einem Patienten mit nodulärem Melanom. Z Hautkr 57: 1006–1008
28 Leong AS, Wannakrairot P (1992) A retrospective analysis of immunohistochemical staining in identification of poorly differentiated round and spindle cell tumors – results, reagents and costs. Pathology 24: 245–260
29 Lookingbill DP, Spangler N, Helm KF (1993) Cutaneous metastases in patients with metastatic carcinoma: a retrospective study of 4020 patients. J Am Acad Dermatol 29: 228–236
30 Kofler, R, Rieger E, Soyer HP, Smolle J, Kerl H (1994) Spätmetastasierung kutaner maligner Melanome. Hautarzt 45: 145–148
31 Miettinen M, Franssila K (1989) Immunohistochemical spectrum of malignant melanoma. The common presence of keratins. Lab Invest 61: 623–628
32 Milliotes G, Albertini J, Berman C, Heller R, Messina J, Glass F, Cruse W, Rapaport D, Puleo C, Fenske N, Petsoglou C, Deconti R, Lyman G, Reintgen D (1996) The tumor biology of melanoma nodal metastases. Am Surg 62: 81–88
33 Morton DL, Wen DR, Wong JH et al (1992) Technical details of intraoperative lymphatic mapping for early stage melanoma. Arch Surg 127: 392–399

34 Nasiell K, Tani E, Skoog L (1991) Fine needle aspiration cytology and immunocytochemistry of metastatic melanoma. Cytopathol 2: 137–147
35 Nasri S, Namzie A, Dulguerov P, Mickel R (1994) Malignant melanoma of cervical and parotid lymph nodes with an unknown primary site. Laryngoscope 104: 1194–1198
36 Offidani A, Simonetti O, Cellini A, Giangiacomi M, Brandozzi G, Minardi D, Muzzonigro G (1997) Skin metastases from prostate cancer associated with malignant melanoma. Cutis 59: 278–280
37 Ordonez NG, Ji XL, Hickey RC (1988) Comparison of HMB45 monoclonal antibody and S100 protein in the immunohistochemical diagnosis of melanoma. Am J Clin Pathol 90: 385–390
38 Pappo AS, Kuttesch JF, Kaste SC, Parham DM, Rao BN, Pratt CB (1995) Malignant melanocytic lesions of unknown primary site in children and adolescents. Med Ped Oncol 24: 315–320
39 Reintgen D, Rapaport D, Tanabe KK, Ross M (1997) Lymphatic mapping and sentinel node biopsy in patients with malignant melanoma. J Florida Med Assoc 84: 188–193
40 Rinne D, Baum RP, Hör G, Kaufmann R (1997) Primary staging and follow-up of high-risk melanoma patients by whole-body F-18 FDG positron emission tomography: results of a prospective study in 100 patients. Cancer (im Druck)
41 Salmon-Ehr V, Esteve E, Cambie MP, Serpier H, Kalis B (1996) Métastases cutanées de mélanome située sur une cicatrice de prise de greffe. Ann Dermatol Venereol 123: 194–195
42 Sexton M, Sexton CW (1991) Recurrent pigmented melanocytic nevus. A benign lesion, not to be mistaken for malignant melanoma. Arch Pathol Lab Med 115: 122–126
43 Schaumburg-Lever G, Metzler G, Kaiserling E (1991) Ultrastructural localization of HMB45 binding sites. J Cut Pathol 18: 432–435
44 Schlagenhauff B, Stroebel W, Ellwanger U, Meier F, Zimmermann C, Breuninger H, Rassner G, Garbe C (1997) Metastatic melanoma of unknown primary origin shows prognostic similarities to regional metastatic melanoma: recommendations for initial staging examinations. Cancer 80: 60–65
45 Skelton HG, Smith KJ, Barrett TL, Lupton GP, Graham JH (1991) HMB-45 staining in benign and malignant melanocytic lesions. A reflection of cellular activation. Am J Dermatopathol 13: 543–550
46 Sutherland CM, Chmiel JS, Bieligk S, Henson DE, Winchester DP (1996) Patient characteristics, treatment, and outcome of unknown primary melanoma in the United States for the years 1981 and 1987. Am Surg 62: 400–406
47 Thompson JF, McCarthy WH, Bosch CM, O'Brien CJ, Quinn MJ, Paramaesvaran S, Crotty K, McCarthy SW, Uren RF, Howman-Giles R (1995) Sentinel lymph node status as an indicator of the presence of metastatic melanoma in regional lymph nodes. Melanoma Res 5: 255–260
48 Wang X, Heller R, VanVoorhis N, Cruse CW, Glass F, Fenske N, Berman C, Leo-Messina J, Rappaport D, Wells K (1994) Detection of submicroscopic lymph node metastases with polymerase chain reaction in patients with malignant melanoma. Ann Surg 220: 768–774
49 Wieselthier JS, White WL (1996) Cutaneous metastasis of ocular malignant melanoma. An unusual presentation simulating blue nevi. Am J Dermatopathol 18: 289–295
50 Winter H, Bellmann KP, Audring H, Küchler I, Garbe C (1995) Prognoseverbesserung durch Kontinuitätsdissektion nach Lymphabstromszintigraphie bei Rumpfmelanomen. In: Winter H, Bellmann KP (Hrsg) Operative Dermatologie – Möglichkeiten und Grenzen. Springer, Berlin, pp 251–258

Histologische Sicherung und chirurgische Therapie von Organmetastasen beim Malignen Melanom

A. Encke, P. Sänger
Klinik für Allgemein- und Gefäßchirurgie,
Klinikum der Johann Wolfgang Goethe-Universität Frankfurt/M.

Die histologische Sicherung von Metastasen geschieht definitionsgemäß durch eine Biopsie. Diese Biopsie kann eine Punktions- oder eine Exzisionsbiopsie sein. Der Zugang bei Organmetastasen kann ultraschallgesteuert, CT-gesteuert, thorakoskopisch im Bereich der Lungen, laparoskopisch im Bereich des Bauches oder auch durch Laparotomie erfolgen. Eine Feinnadelbiopsie mit zytologischer Untersuchung ist nicht ausreichend und die Schnellschnittdiagnostik des Malignen Melanoms problematisch.
Bei Organmetastasen handelt es sich in der Regel um ein bereits fortgeschrittenes Stadium der Melanomerkrankung. Ob die Diagnostik, wie gerade geschildert, hier in jedem Fall durchgeführt werden muß, hängt wesentlich von den gegebenen therapeutischen Optionen ab. Diese müssen nicht nur die chirurgische Sicht, sondern gemeinsam mit dem Dermatologen auch das onkologische Gesamtkonzept und die Prognose des Patienten berücksichtigen. Die 5-Jahresüberlebensrate beträgt bei regionaler Metastasierung 60%, bei Vorliegen von Fernmetastasen nur noch 16% (1). Allerdings sind klinisches Bild und Verlauf beim metastasierten Melanom gegenüber anderen Tumoren sehr unterschiedlich und verlangen deshalb auch bei jedem Patienten eine individuelle Indikationsstellung. Beispielhaft ist eine Patientin, bei der 15 Jahre nach Ersterkrankung (Aderhautmelanom) eine isolierte Lebermetastase auftrat. Die Patientin hat nach Leberresektion viele Jahre ohne Metastasierung gelebt und ist dann an Altersschwäche verstorben. – Bei einer 80jährigen Patientin wurde der endoskopisch diagnostizierte blutende Magentumor durch BII-Resektion langfristig geheilt. Dies sind Zufallsbefunde, die jeder Chirurg vorzuweisen hat, die aber nicht durch systematische Vor- oder Nachuntersuchungen frühzeitig entdeckt werden können.
Das Melanom kann in jedes Organ oder Gewebe metastasieren. Die klinisch und autoptisch häufigsten Lokalisationen zeigt Tabelle I (1). Häufigste Todesursache sind Lungen- und Hirnmetastasen (2, 3). Die für eine Operation oder andere Maßnahmen zur Verfügung stehende Zeitspanne zwischen der Entdeckung einer isolierten Organmetastase und diffuser Aussaat ist äußerst kurz. In der Regel ist nur eine palliative Behandlung

möglich. Der Einsatz chirurgischer Maßnahmen muß dabei bezüglich Nutzen und Risiko für den Patienten (Operationstrauma, Hospitalisierung, Schmerzen) wohl überlegt sein.

Tabelle I. Häufigkeit klinisch und autoptisch nachgewiesener Organmetastasen des Malignen Melanoms in Prozenten.

Organ	Klinisch	Autopsie
Haut (s.c. + Lymphknoten)	42–59	50–75
Lunge	18–36	70–87
Leber	14–20	54–77
Hirn	12–20	36–54
Knochen	1–17	23–49
Intestinum	1– 7	26–58
Herz	< 1	40–45
Pankreas	< 1	38–53
Nebennieren	< 1	36–54
Nieren	< 1	35–48
Schilddrüse	< 1	25–39

Tabelle II zeigt eine Übersicht der klinischen Symptome und der initialen und apparativen Untersuchungsmethoden bei den einzelnen Organmanifestationen. Zur speziellen Diagnostik von Organmetastasen gehören aus chirurgischer Sicht Sonographie, CT, MRT und PET, die uns wichtige morphologische Hinweise geben.

Tabelle II. Klinische Symptome, initiale Untersuchung und apparative Diagnosesicherung bei den verschiedenen Organmanifestationen des Malignen Melanoms.

Metastasen-sitz	Symptome	Initiale Untersuchungen	Bestätigung durch
Lunge	meist keine (evtl. Dyspnoe, Husten, Hämoptyse)	Röntgen-Thorax	CT
Leber	Gewichtsverlust, Anorexie, Oberbauchschmerz	AP↑, LDH↑, körperliche Untersuchung: Lebergröße oder Aszites	Lebersonographie, CT
Haut, subkutan	neue Knoten	körperliche Untersuchung	Biopsie
GI-Trakt	Hämatemesis, Melaena, Verstopfung, Bauchschmerz	körperliche Untersuchung, Hämoccult	Kontrast-Röntgen, Endoskopie
Hirn	Kopfschmerz, Taubheitsgefühl, motorische Schwäche	Anamnese und körperliche Untersuchung	CT Gehirn
Knochen	umschriebener Schmerz	AP↑	Knochen-Scan, Röntgen
Nieren, Blase	Hämaturie	Urinanalyse	I.v.-Pyelogramm, Zystoskopie

Die medianen Überlebenszeiten nach Metastasenresektion einzelner Organe liegen zwischen 15 und 23 Monaten mit einer großen Spanne (Tabelle III) (4, 5). Die Leber ist in dieser Aufstellung nicht aufgeführt, da sie als vorwiegend portales Schlüsselorgan nur sehr selten eine echte Chance für die chirurgische Entfernung einer isolierten Melanommetastase bietet.

Tabelle III. Mediane Überlebenszeiten (Monate) nach Metastasenresektion Maligner Melanome (103 Patienten).

Metastasensitz	Patienten	Überlebenszeit	
		Median	Spanne
Subkutan oder L.n.n.	64	23	3–180
Lunge	26	16	1–132
Hirn	16	15	1– 84
Gastrointestinal	9	18	4–192
Knochen	2	–	1– 61
Hals	1	–	9

Lungenmetastasen von Melanomen treten zu einem Drittel solitär und zu zwei Dritteln multipel auf (6, 7). Generell ist die Lungenresektion bei Metastasen heute ein ungefährlicher, risikoarmer Eingriff. Wir scheuen uns auch nicht, multiple Läsionen thorakoskopisch oder offen chirurgisch zu entfernen. Bei hinreichendem V. a. eine isolierte Metastasierung eines Melanoms in die Lunge ist deshalb auch deren Entfernung ein gerechtfertigter Eingriff. Tabelle IV und Abbildung 1 zeigen die Ergebnisse der chirurgischen Therapie von Lungenmetastasen verschiedener Tumoren (8). Das Melanom schneidet dabei mit einer medianen Überlebenszeit von 21,4 Monaten und einer 3-Jahresüberlebensrate von 13% deutlich schlechter ab als andere Tumoren (9). Dennoch rechtfertigen die Ergebnisse m. E. auch beim Melanom die Metastasenresektion der Lunge. Von anderen Autoren werden noch günstigere Ergebnisse mitgeteilt, was aber allein selektionsbedingt durch die unterschiedliche Indikationsstellung zur Operation erklärt wird.

Tabelle IV. Resektionsergebnisse bei Lungenmetastasen verschiedener Primärtumoren (Thoraxchirurgische Klinik Heidelberg-Rohrbach 1985–1994).

Primärtumor	n	Median (Mo.)	5-J-ÜLR (%)
Hodenkarzinom	88	n. def.	n. def.
Mammakarzinom	50	52,6	46,1
Kolorektales Karzinom	91	50,2	42,1
Nierenzellkarzinom	95	44,0	43,2
Osteosarkom	60	25,7	43,7
Weichteilsarkom	59	45,8	35,0
Melanom	18	21,4	13,0 (3 J.)

Abbildung 1

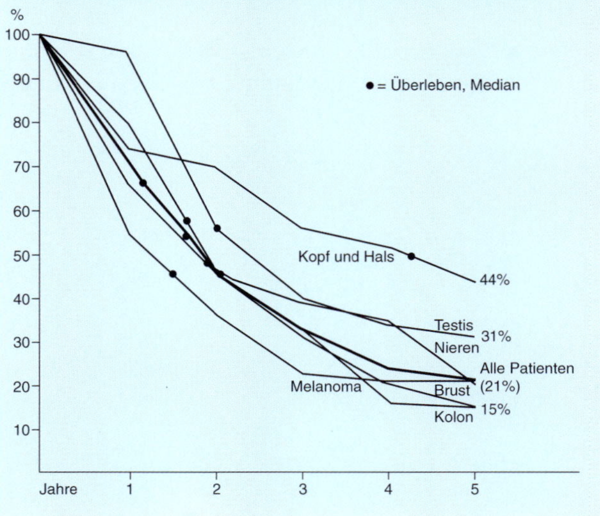

Actuarielle Überlebenskurven nach Resektion von Lungenmetastasen bei 188 Patienten (Memorial Sloan-Kettering Cancer Center). – Aus: *McCormack* et al. Chest 73: 163 (1978).

Die zweithäufigste Organmanifestation sind Hirnmetastasen (10, 11), die in einer vergleichenden klinischen und autoptischen Untersuchung als Erstmanifestation in 13%, im späteren klinischen Verlauf in 45% und autoptisch bei 75% der Patienten gefunden wurden (12). Neben dem Melanom sind Mamma- und Bronchialkarzinom als Primärtumoren führend. Die Indikationsstellung zur Operation muß individuell erfolgen. In aller Regel handelt es sich um einen palliativen Eingriff, der bei Solitärbefunden und nur ausnahmsweise bei multiplen Metastasen und günstigem Sitz in nicht eloquenten Regionen des Gehirns unter palliativen Gesichtspunkten erfolgen kann. Hier ist also eine sehr strenge Indikationsstellung

Abbildung 2

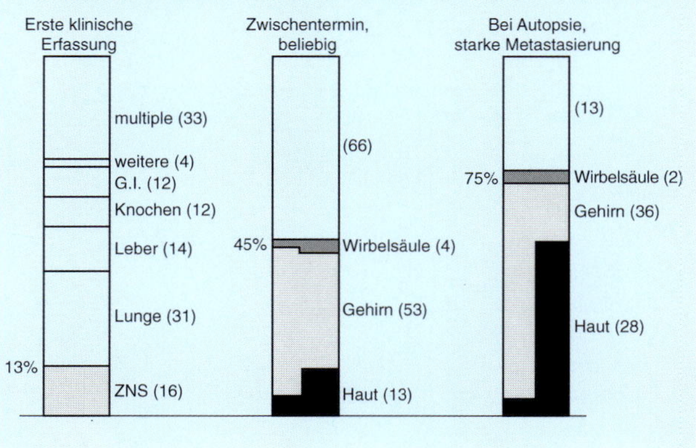

Häufigkeit von ZNS-Metastasen maligner Melanome (n = 122 Patienten und 53 Autopsien). Beim ersten Auftreten eines Rezidivs finden sich ZNS-Metastasen in 13%, im weiteren klinischen Verlauf in 45% und bei der Autopsie in 75% der Patienten. – Aus: *Amer* et al. Cancer 42: 660 (1978).

Abbildung 3

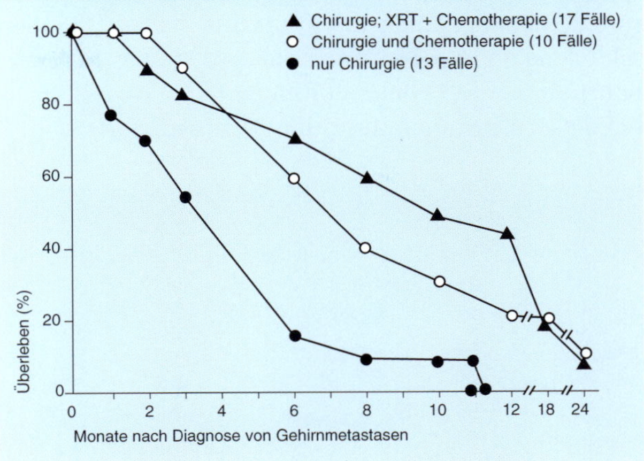

Actuarielle Überlebenskurven bei 40 Patienten mit palliativer Resektion von Hirnmetastasen Maligner Melanome (M.D. Anderson Hospital and Tumor Institute) – Aus: *Fell D.A.* et al. Neurosurgery 7: 238 (1980).

angezeigt. Die Kombination von Operation, Bestrahlung und Chemotherapie scheint die Ergebnisse etwas zu verbessern (Abbildung 3) (13). Gastrointestinale Metastasen sind relativ häufig (Tabelle V) (3, 9, 14, 15). Sie finden sich intramural und werden in der Regel durch eine Blutung, einen intraluminalen Tumoreinbruch oder eine Ileussymptomatik entdeckt. Häufigste klinische Manifestation ist der Dünndarm. Da gastrointestinale Melanommetastasen häufig zu lokalen Komplikationen führen können, bedürfen sie aus dieser Indikation in der Regel einer chirurgischen Therapie durch Resektion.

Tabelle V. Klinische und autoptische Verteilung von gastrointestinalen Melanommetastasen in Prozenten.

Metastasensitz	Klinisch *Goldstein* (67 Patienten)	Autopsie *Das Gupta, Einhorn, Patel* (412 Patienten)
Ösophagus	7	3– 9
Magen	24	7–26
Duodenum	19	k. A.
Jejunum und Ileum	48	26–58
Kolon und Rektum	5	14–28
Gallenblase oder -gänge	3	4–15
Mesenterium und Netz	18	k. A.

k. A. = keine Angabe

Überraschend ist die geringe in der Literatur mitgeteilte Erfolgsrate von Leberresektionen bei Melanommetastasen (Tabelle VI). Wir selbst haben in unserem großen leberchirurgischen Krankengut in den letzten zehn

Jahren nur vier Patienten mit isolierter Metastasierung eines Melanoms in die Leber gesehen, von denen zwei operiert werden konnten. Dies entspricht den Angaben der Literatur. Neben der Resektion werden verschiedene andere Therapiekonzepte erprobt, die noch nicht abschließend beurteilt werden können (Tabelle VII) (16, 17). Eine Strahlentherapie ist bei dieser Organmanifestation nicht indiziert.

Tabelle VI. Resektionsergebnisse bei isolierten Lebermetastasen Maligner Melanome.

Autor	Jahr	n	Überleben (Monate) Mittel/Median	Überlebensrate (%) 2J/5J	Mortalität Intraop./ periop.	Rezidivfreie Überlebenszeit (Monate)
Foster	78	13	18/10	18/9	7,7/–	–
Foster, Lundi	81	12	–	17/8	–	–
Foster	90	19	–	21,4/7,1	–	–
Lemmens[a]	94	3	–	–	–	–
Wolf	91	1	68	–	–	68
Ekberg	86	3	19	–	–	–
Iwatsuki[a]	88	2				
Stoelben	95	2	24 und 144			
Hohenberger	95	4	1 Pat. > 21			
Metzger	97	1	> 108			> 108
Lorenz[b]	97	26		–/7,7	–	–

[a]Ergebnis der Leberresektion aus Mischstatistik
[b]Literaturzusammenstellung

Tabelle VII. Verschiedene Therapieansätze zur Behandlung von Lebermetastasen Maligner Melanome.

Resektion von Solitärmetastasen
(Chemo-) Embolisation
Chemotherapie (i.v, i.a., i.p.)
Immuntherapie (Zytokine, LAK-Zellen)
Kombinierte Immuntherapie, Kombination Interferon mit Chemotherapeutika (DITC, Cis-Platin, BCNU und Tamoxifen)
Keine Strahlentherapie

Abbildung 4 zeigt die Häufigkeitsverteilung von Skelettmetastasen beim Malignen Melanom (18, 19). Bei dieser Manifestation gehört die chirurgische Therapie zur Vermeidung von Frakturen, Beseitigung von Schmerzen und Wiederherstellung der Gehfähigkeit des Patienten zum unbedingten palliativen Armentarium. Es gibt keine Überlebensdaten zur Knochenmetastasenchirurgie. Dies erübrigt sich auch angesichts der wichtigen palliativen Bedeutung dieser Eingriffe.

Abbildung 4

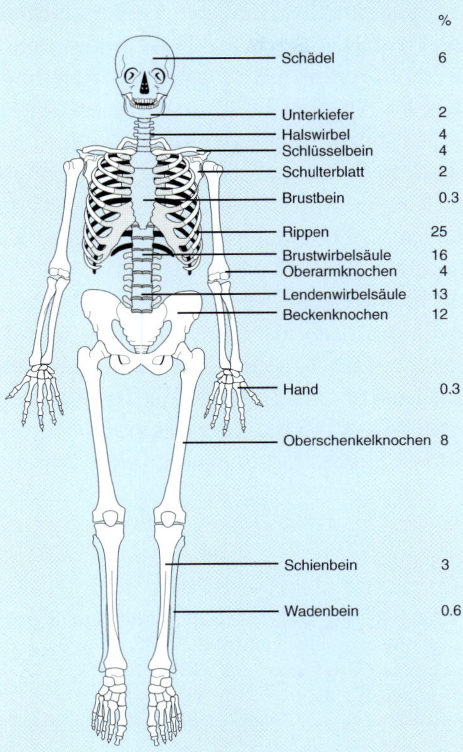

Prozentuale Häufigkeit von Skelettmetastasen beim Malignen Melanom.

Zusammenfassung

Beim metastasierten Malignen Melanom gehört die chirurgische Therapieplanung in das onkologische Gesamtkonzept und muß deshalb interdisziplinär, vor allem mit dem Dermatologen, festgelegt werden. Palliative Maßnahmen, die bisher generell zu wenig Beachtung finden, spielen beim metastasierten Melanom eine große Rolle. Die Risikofaktoren der Erkrankung, die Co-Morbidität des Patienten und seine verbleibende Lebensqualität sind bei der Entscheidung zu einer chirurgischen Maßnahme von großer Bedeutung. So sehen wir immer wieder ausgedehnte lokale Metastasierungen, z.B. der Thoraxwand und der Axilla oder Leiste, wo größere chirurgische Eingriffe gescheut werden. Gerade bei diesen Patienten sind aber palliative Resektionen mit einer Vorbeugung oder Beseitigung von Tumorperforationen, Ulzerationen und Einschränkungen der betroffenen Extremität für den Patienten durchaus hilfreich. Ich plä-

diere deshalb für eine großzügige Indikationsstellung, gelegentlich auch unter Inkaufnahme lokaler Wundheilungsstörungen.
Abschließend möchte ich beispielhaft über einen Patienten berichten, den ich erstmals 1988 wegen eines nodulären Melanoms des Oberarms (pT4, Nx, Mx, Tumordicke 5 mm) operiert habe. Er nahm keine Tumornachsorge in Anspruch und erschien erst nach zehn Jahren wieder mit einer Metastase der rechten Axilla. Bei ansonsten völliger Beschwerdefreiheit ergab die Durchuntersuchung eine Lungenmetastasierung und eine sehr große, symptomfreie Metastase des BWK 10 mit drohender Perforation und Querschnittslähmung. Der Patient wurde an Axilla und Wirbelsäule operiert und ist 11 Monate postop. nicht tumor-, aber beschwerdefrei.
Die histologische Sicherung von Organmetastasen Maligner Melanome ist diagnostisch nur sinnvoll, wenn sich daraus therapeutische Optionen ergeben. Hervorgehoben werden muß der wichtige palliative Beitrag der Chirurgie in der Behandlung des Gesamtkrankenbildes. Palliative Eingriffe haben bei geringer perioperativer Letalität und Morbidität großen Einfluß auf die Lebensqualität des Patienten.

Literatur

1 Balch CH, Milton G (Hrsg) (1998) Cutaneous melanoma. Clinical management and treatment results worldwide. QMP, St. Louis
2 Budman DR, Camacho E, Wittes RE (1978) The current causes of death in patients with malignant melanoma. Eur J Cancer 14: 327
3 Patel JK, Didolkar MS, Pickren JW, Moore RH (1978) Metastatic pattern of malignant melanoma: A study of 216 autopsy cases. Am J Surg 135: 807
4 Feun LG, Gutterman J, Burgess MA, Hersh EM, Mavligit G, McBride CM, Benjamin RS, Richman SO, Murphy WJ, Bodey GP, Brown BW, Mountain CF, Leavens ME, Freireich EJ (1982) The natural history of resectable metastatic melanoma (stage IV A melanoma). Cancer 50: 1656
5 McCormack PM et al (1978) Pulmonary resection in metastatic carcinoma. Chest 73: 163
6 Chen JTT, Dahmash NS, Ravin Ce, Heaston DK, Putman Ce, Seigler HF, Reed JC (1981) Metastatic melanoma to the thorax: Report of 130 patients. Am J Roentgenol 137: 293
7 Webb WR, Gamsu G (1977) Thoracis metastasis in maliguant melanoma: A radiographic survey of 65 patients. Chest 71: 176
8 Schirren J, Muley Th, Dienemann H, Vogt-Moykopf I (1997) Chirurgische Therapie von Lungenmetastasen – Behandlungskonzept, Ergebnisse und prognostische Faktoren – Bremer Krebskongreß
9 Einhorn LH, Burgess MA, Vallejos C, Bodey GP, Frei E III, Freireich EJ, Gottlieb JA (1974) Prognostic correlations and response to treatment in advanced metastatic malignant melanoma. Cancer Res 34: 1995
10 Aronson SM, Garcia JH, Aronseon BE (1964) Metastatic neoplasms of the brain: Their frequency in relation to age. Cancer 17: 558
11 Vieth RG, Odom GL (1965) Intracranial metastases and their neurosurgical treatment. J Neurosurg 23: 375
12 Amer MH et al (1978) Malignant melanoma and central nervous system metastases. Incidence, diagnosis, treatment and survival. Cancer 42: 660

13 Fell DA, Leavens ME, McBride CM (1980) Surgical versus nonsurgical management of metastatic melanoma of the brain. Neurosurgery 7: 238
14 Goldstein HM, Beydoun MT, Dodd GD (1977) Radiologic spectrum of melanoma metastatic to the gastrointestinal tract. Am J Roentgenol 129: 605
15 Das Gupta TK, Bransfield RD (1964) Metastatic melanoma of the gastrointestinal tract. Arch Surg 88: 969
16 Bedikian AY, Legha SS, Mavligit G, Carrasco CH, Khorana S, Plager C (1995) Treatment of uveal melanoma metastatic to the liver. Cancer 76: 1665–1670
17 Keilholz U, Scheibenbogen C, Brado M, Georgi P, Mclachlan D, Brado B, Hunstein W (1994) Regional adoptive immunotherapy with Interleukin-2 and Lymphokine-activated killer (LAK) cells for liver metastases. Eur J Cancer 30A: 103–105
18 Fon GT, Wong WS, Gold RH, Kaiser LR (1981) Skeletal metastases of melanoma: Radiographic scintigraphic, and clinical review. Am J Roentgenol 137: 103
19 Stewart WR, Gelberman RH, Herrelson JM, Seigler HF (1978) Skeletal metastases of melanoma. J Bone Joint Surg 60A: 645

Der molekularbiologische und serologische Nachweis von Melanommetastasen in der Routinediagnostik des Malignen Melanoms

A. Hauschild, R. Gläser, E. Christophers
Klinik für Dermatologie, Venerologie und Allergologie,
Klinikum der Christian-Albrechts-Universität, Kiel

Einleitung

Unter Tumormarkern versteht man tumorassoziierte Erkennungsmoleküle (z.B. Proteine oder Peptide), die sich durch unterschiedliche Methoden nachweisen lassen und einen möglichst hohen Wert für das Screening, die Differentialdiagnostik, das Routine-Staging oder auch das Therapie-Monitoring von Tumorpatienten besitzen. Der klinische Wert derartiger Tumormarker hängt entscheidend von deren Spezifität (möglichst wenig falsch-positive Resultate) aber auch der Sensitivität (möglichst wenig falsch-negative Resultate) ab. Eine weitere zu beachtende Größe bei der Beurteilung von Tumormarkern ist der sogenannte »prädiktive Wert« eines Markers, der eine Art Validitätskontrolle darstellt (1, 2). Leider erfüllt auch heute unter allen bekannten Markern für die verschiedenen Tumorentitäten kein Marker die Idealvorstellung einer 100%igen Spezifität sowie einer gleichfalls hohen Sensitivität, die idealerweise auch 100% betragen sollte. Vielleicht erreicht das prostataspezifische Antigen (PSA) – ein relativ organspezifischer Marker, der einen breiten Einsatz in der Routine beim Prostatakarzinom eingenommen hat – am ehesten die Kriterien eines unabhängigen wertvollen Tumormarkers. Leider ist auch der PSA-Spiegel im Blut bei nichtmalignen Erkrankungen, wie z.B. der Prostatahyperplasie, erhöht, so daß aus einer Erhöhung des PSA-Spiegels nicht automatisch ein Hinweis auf eine Malignität resultiert (3).

In einem Übersichtsreferat zum allgemeinen Wert von Tumormarkern in der klinischen Onkologie ohne besondere Betonung des Malignen Melanoms kommt *Hossfeld* 1996 zu dem Schluß, daß es sehr viele nutzlose Tumormarker gibt und leider würde nicht immer hinterfragt werden, ob die Bestimmung des Tumormarkers wirklich eine valide Aussage bezüglich der Prognose oder des weiteren Therapie-Procederes für die Patienten zuläßt. Als Beispiel führt *Hossfeld* an, daß bekannt ist, daß eine gesunde Person, bei der dreizehn Tumormarker im Blut bestimmt werden, eine Chance von nur 51% hat, auch als wirklich »gesund« klassifiziert zu werden. Somit würden fast 50% falsch-positive Resultate durch eine derarti-

ge Multimarkerbestimmung zustande kommen (4, 5). Ein weiterer Faktor sind die teilweise erheblichen Kosten, die durch eine Tumormarkerbestimmung im Blut entstehen.
Im folgenden soll in einem Überblick zu dem Wert der derzeit in der Routine und auch experimentell eingesetzten Tumormarker beim Malignen Melanom Stellung genommen werden.
Zum Screening von Primärtumoren des Melanoms wird allgemein kein serologischer Tumormarker benötigt, da das Maligne Melanom bei der klinischen Inspektion durchweg sicher erkannt wird. Somit erfordert die Erstdiagnose des Primärtumors vor der nachfolgenden Exzision keine invasive Diagnostik. Andererseits wäre in hohem Maße wünschenswert, klinisch nicht feststellbare Mikro- oder Makrometastasen des Melanoms durch Tumormarker zu entdecken. In der Vergangenheit haben zahlreiche serologische Marker eine Assoziation zur Tumorlast beim fernmetastasierten Melanom gezeigt. Einen allgemein akzeptierten Einsatz in der täglichen Routine würden die untersuchten Marker jedoch nur dann haben, wenn sie auch in multivariaten statistischen Analysen verglichen mit konventionellen Methoden der Diagnostik (z.B. klinische Untersuchungen oder radiologisches Staging) einen unabhängigen Stellenwert aufweisen könnten.
Zu den melanom-assoziierten Substanzen, die durch Tumorzellen synthetisiert und/oder sezerniert werden, gehören die Gruppe der Zytokine, die Familie der Adhäsionsmoleküle, die melanom-assoziierten Antigene und auch melanin-assoziierte Metaboliten.

Zytokine

Interleukin-8 (IL-8)

Scheibenbogen und Mitarbeiter (6) konnten zeigen, daß erhöhte Serumspiegel von Interleukin-8 bei Melanompatienten mit fortgeschrittenen metastasierten Melanomen in einem ELISA-Assay gemessen werden können. Außerdem konnte diese Arbeitsgruppe eine signifikante Korrelation zur Größe und Zahl der Tumoren herstellen, so daß der IL-8-Spiegel im Serum als ein Parameter für die Tumorlast gelten kann (6). Allerdings muß angemerkt werden, daß Interleukin-8 keineswegs ausschließlich von Melanomzellen produziert wird, sondern auch von einer Reihe weiterer Zellentitäten. Aus diesem Grunde ist davon auszugehen, daß bei der Spezifitätskontrolle einer IL-8-Bestimmung bei einer Reihe von entzündlichen Erkrankungen ebenfalls erhöhte Werte gemessen werden, so daß die Spezifität als gering einzustufen ist. Deshalb konnte sich dieser Marker bisher nicht in der klinischen Routine beim Melanom durchsetzen.

Interleukin-10 (IL-10)

Bei 104 unbehandelten Melanompatienten konnten *Dummer* und Mitarbeiter zeigen, daß die Interleukin-10-Serumspiegel stadiumabhängig unterschiedlich sind. Bei den Patienten im Stadium IV (Fernmetastasierung) zeigten 29 der 40 untersuchten Patienten im ELISA-Test einen erhöhten Wert (7). Bewertet man den klinischen Nutzen einer Interleukin-10-Bestimmung im Blut, so erscheint ebenso wie beim IL-8 die Spezifität des Interleukin-10 nicht hoch genug, um als Melanommarker routinefähig zu sein. Auch Patienten mit nichtmalignen Erkrankungen können erhöhte Serumwerte aufweisen.

Adhäsionsmoleküle

Interzelluläres Adhäsions-Molekül (ICAM-1)

Die bisher publizierten Ergebnisse zur ICAM-1 Bestimmung im Serum erbrachten äußerst kontroverse Resultate. Als Testverfahren wurde jeweils der ELISA-Test verwendet. *Altomonte* und Mitarbeiter (8) fanden bei 95% der untersuchten Melanompatienten erhöhte ICAM-1-Konzentrationen in einer gewissen Stadienabhängigkeit. Die Arbeitsgruppe um *Viac* konnte in einer eigenen Untersuchung hingegen keine statistischen Unterschiede zwischen den ICAM-1 Konzentrationen bei Primärmelanomen im Vergleich zu den metastasierten Patienten feststellen. Bei einer Reihe entzündlicher Prozesse können ohnehin bei Serumbestimmungen von ICAM-1 erhöhte Werte festgestellt werden, so daß Resultate von positiven ICAM-1-Bestimmungen im Serum nur schwer verwertbar sind. Bei einer Reihe von Melanompatienten, die mit den üblichen in der Melanomtherapie verwendeten Zytokinen, wie z.B. Interferon-alpha oder Interleukin-2, behandelt werden, könnte auch die immunstimulierende Behandlung selbst falsch-positive Resultate induzieren. Durch die oben genannten Zytokine können nämlich per se die ICAM-1-Serumwerte erhöht sein, so daß bei einem erhöhten ICAM-1-Wert im Rahmen des Therapie-Monitorings nicht automatisch auf einen Progreß der Grunderkrankung (metastasiertes Melanom) geschlossen werden kann. Auch die ICAM-1-Bestimmung hat sich in der klinischen Routine weder in der Nachsorge noch im Staging durchsetzen können.

Melanom-assoziierte Antigene

Neuronenspezifische Enolase (NSE)

Seit vielen Jahren ist der Wert der neuronenspezifischen Enolase-(NSE-) Bestimmung im Serum als Tumormarker bei endokrinen Tumoren bekannt. Insbesondere endokrin-aktive kleinzellige Bronchialkarzinome und Neuroblastome produzieren neuronenspezifische Enolase (NSE), die sich im Serum nachweisen läßt. Während *Hornef* und Mitarbeiter (10) in einer eigenen Untersuchung zum Melanom erhöhte NSE-Serumspiegel ausschließlich bei Patienten im Stadium der Fernmetastasierung fanden, konnten andere Untersucher keine statistischen Differenzen zwischen NSE-Spiegeln und den einzelnen Tumorstadien erkennen (11, 12). *Wibe* und Kollegen konnten zeigen, daß Melanompatienten mit einem über dem Cut-off-Wert gelegenen NSE-Spiegel eine mediane Überlebenszeit von nur drei Monaten haben, Patienten mit einem »Normalwert« für NSE hingegen eine mediane Überlebenszeit von zwölf Monaten (13).
Die Ergebnisse von *Wibe* konnten wir in unserem eigenen Labor reproduzieren. Im Rahmen einer großen klinischen Untersuchung wurde gezeigt, daß 40 von 84 Patienten im Stadium der Fernmetastasierung NSE-positiv im Serum sind, aber die Mehrheit der Patienten zeigte die NSE-Erhöhung erst wenige Monate vor dem Tod (unveröffentlichte Daten). Somit ist der klinische Wert einer NSE-Bestimmung im Serum eher gering, da es sich um einen Marker handelt, der offensichtlich erst spät im Verlauf der Metastasierung nachweisbar ist und somit keinerlei Bedeutung für eine Therapiestrategie oder auch die Einleitung von diagnostischen Staging-Untersuchungen besitzt.

Lipidgebundene Sialinsäure (LASA-P)

Die lipidgebundene Sialinsäure läßt sich auf Membranen verschiedener Tumorzellen nicht nur beim Melanom nachweisen. In einer klinischen Studie untersuchte die Arbeitsgruppe um *Reintgen* (14) den klinischen Wert einer LASA-P-Bestimmung im Plasma im Vergleich zu einer NSE-Bestimmung im Serum. Während NSE weder sensitiv (27%) noch spezifisch (77%) beim Melanom zu sein schien, zeigten sich als Indikator für ein metastasierendes Malignes Melanom bei 65% der Patienten erhöhte LASA-P-Werte. Bei 13 Patienten fand sich im Rahmen des Follow-up zunächst eine LASA-P-Erhöhung, bevor Metastasen im Durchschnitt neun Monate später auftraten. Es soll aber kritisch angemerkt werden, daß die Spezifität (76%) äußerst niedrig ist und somit auch die LASA-P-Bestimmung nicht routinefähig erscheint. Außerdem ist bis heute kein kommerziell erhältlicher Test zur Bestimmung der lipidgebundenen Sialinsäure im Plasma erhältlich. Die gleiche Arbeitsgruppe berichtete weiterhin über eine Untersuchung, in der LASA-P mit der Bestimmung des Proteins S100B im Serum von Melanompatienten verglichen wurde (15). In dieser Analyse zeigte sich die S100-Bestimmung hinsichtlich ihres klinischen Wertes deutlich überlegen.

S100B-Protein

Den Begriff »S100« prägte *Moore* (16) in der Erstbeschreibung eines kalziumbindenden Proteins, das aus Rinderhirn stammte und bei neutralem pH in 100% Ammoniumsulphat löslich war. Heute weiß man, daß die S100-Proteinfamilie mehrere Subgruppen besitzt, von denen nur die Untereinheit S100B durch einen kommerziell erhältlichen Kit (Sangtec 100B IRMA® bzw. Sangtec 100-L/A) in der Routine bestimmt werden kann.
Eine deutsche (17) und eine schweizerische Arbeitsgruppe (18) sammelten Serumproben von 126 bzw. 73 Melanompatienten und konnten erhöhte S100-Spiegel in einer stadiumabhängigen Verteilung feststellen (Stadium I/II: 1,3%/4,0%; Stadium III: 8,7%/21,4%; Stadium IV: 73,9%/79,4%).
Diese Resultate, die eine hohe Sensitivität des S100B Tumormarkers im Stadium der Fernmetastasierung nahelegen, werden unterstützt durch umfangreiche Untersuchungen einer Stockholmer Arbeitsgruppe (19) an 643 Melanompatienten. Hier zeigt sich ein statistisch hoch signifikanter Unterschied zwischen S100B-positiven im Vergleich zu S100B-negativen Patienten im Serum hinsichtlich der Überlebenszeit. Die schwedische Arbeitsgruppe sieht den S100B-Test im Serum als einen unabhängigen prognostischen Faktor für Melanompatienten an und legt somit die Bestimmung in der Routine nahe.
In einer weiteren Studie an 270 Patienten kommen *Miliotes* und Kollegen zu dem Schluß, daß die S100B-Bestimmung im Serum sowohl ein signifikanter Prädiktor für ein Rezidiv als auch für die Gesamtüberlebenszeit ist (15). Die Autoren empfehlen eine prospektive Untersuchung während angewandter Therapiestudien bei Patienten, die nach den vorliegenden Staging-Untersuchungen »tumorfrei« sind und einen engmaschigen Follow-up benötigen.
Eigene Untersuchungen unterstützen die in der Literatur überwiegend positive Darstellung der S100B-Bestimmung im Serum. So konnten wir in den letzten zwei Jahren bei einer Bestimmung an mehr als 2000 Serumproben von Melanompatienten zeigen, daß S100B im Vergleich zu allen anderen Tumormarkern, die bis jetzt verwendet wurden, eine höhere Spezifität und vor allem auch höhere Sensitivität aufweist (unveröffentlichte Daten). Dennoch muß betont werden, daß mit dem immunoradiometri-

schen Assay (IRMA) offensichtlich keine Erkennung von Mikrometastasen gelingt, sondern überwiegend eine Makro-Metastasierung aufgezeigt werden kann.
Durch den seit 1997 auf dem Markt befindlichen Sangtec 100B-LIA-mat (Luminoimmunometrischen Assay) kann die Sensitivität aber offensichtlich noch erhöht werden, und die Ergebnisse unserer Arbeitsgruppe und auch anderer deutscher Arbeitsgruppen (unveröffentlichte Daten) legen nahe, daß durch die höhere Sensitivität eine frühere Detektion von (Mikro-)Metastasen möglich ist. Allerdings müssen noch größere Studien durchgeführt werden, um zu zeigen, ob die S100B-Bestimmung im Serum zumindestens gleichwertig mit konventionellen Staging-Verfahren und einer klinischen Untersuchung ist. Dies wäre zu fordern, um zu propagieren, daß die S100-Bestimmung in die Nachsorge von allen Hochrisiko-Melanompatienten integriert werden sollte.
Unabhängig davon kann festgestellt werden, daß nach allen vorliegenden Untersuchungen ein Therapie-Monitoring von Patienten im Stadium IV (Fernmetastasierung) mittels des S100B-Wertes sehr nützlich ist. Die Serumbestimmung kann mit einer Vorhersagewahrscheinlichkeit von ca. 90% sowohl Remissionen als auch Progressionen der zugrundeliegenden Erkrankung vorhersagen, da der S100B-Wert im Serum mit der jeweiligen Tumorlast korreliert. Eine kürzlich veröffentlichte Studie von *Buer* (20) und Mitarbeitern sorgte für eine weniger optimistische Einschätzung der S100B-Bestimmung. Diese Arbeitsgruppe untersuchte den Wert der S100B-Bestimmung im Vergleich zu anderen klinischen und serologischen Prognosefaktoren in einer Patientengruppe mit fernmetastasierten Melanomen. Allerdings wurde in dieser Arbeit von einem Cut-off-Wert von 3,0 µg/l ausgegangen, während andere Arbeitsgruppen den für den IRMA-Test international akzeptierten Cut-off-Wert von ca. 0,2 µg/l verwendeten. Somit ist auch leicht erklärlich, warum die Ergebnisse der S100-Bestimmung in einer multivariaten Analyse nicht signifikant besser waren als die anderen untersuchten Parameter. Durch die Festsetzung des Cut-offs auf 3,0 µg/l werden nur Patienten erfaßt, die eine kurze Überlebenszeit aufweisen, und somit wird eine negative Patientenselektion bewirkt.

Melanoma-inhibitory-activity (MIA)

Vor kurzem wurde über ein kleines, 11 kD schweres Protein (MIA) berichtet, das von einer Regensburger Arbeitsgruppe entdeckt und näher untersucht wurde. Offensichtlich wird MIA von Melanomzellen in die extrazelluläre Matrix sezerniert, dies soll bei normalen Melanozyten nicht möglich sein. In einer ersten Untersuchung zeigte sich bei allen untersuchten Patienten mit Melanommetastasen, sowohl im Stadium III als auch im Stadium IV, ein erhöhter MIA-Wert. Außerdem konnten *Bosserhoff* und Mitarbeiter zeigen, daß die MIA-Serumspiegel dem klinischen Verlauf der Erkrankung (Progression bzw. Remission) in den untersuchten Fällen folgten. In einer ersten klinischen Untersuchung (21) wurde auch ein Vergleich zu S100B im Serum durchgeführt. Hierbei zeigten sich eindeutig bessere Ergebnisse (höhere Sensitivität) für die MIA-Bestimmungen im Vergleich zu S100B-Bestimmungen im Serum (21). Sicherlich bleiben aber Ergebnisse aus einer größeren Patientenzahl abzuwarten, um eine endgültige Stellungnahme zu dem Wert einer MIA-Bestimmung in der täglichen Routine bei Melanompatienten machen zu können. Ein kommerziell erhältlicher Kit (MIA-ELISA) der Firma Boehringer Mannheim ist seit Februar 1998 im Handel verfügbar.

Melanin-assoziierte Metaboliten

5-S-Cysteinyl-DOPA (5-S-CD)

Bereits vor Jahren untersuchte eine japanische Arbeitsgruppe vier verschiedene Melaninmetaboliten auf ihren prädiktiven Wert in den verschiedenen Stadien des malignen Melanoms. Es ist seit langem bekannt, daß Melaninvorstufen sowohl in das Blut als auch in den Urin sezerniert werden und somit bei potentiell vorhandenen Melanomzellen im Blut erhöhte Blut- bzw. Urinspiegel zu erwarten wären. *Horikoshi* (22) und Mitarbeiter faßten zusammen, daß die Detektion von 5-S-CD der derzeit wertvollste biochemische Marker unter den Melaninmetaboliten beim Melanom sei. Die gleiche Arbeitsgruppe berichtete darüber, daß die Erhöhung des 5-S-CD-Spiegels im Blut in einigen Fällen auch der Feststellung von Fernmetastasen durch konventionelle Staging-Verfahren vorausgehen würde (22). In einer eigenen Untersuchung im Rahmen eines Pilotprojektes konnte gezeigt werden, daß in der Tat ein tumorstadien-assoziiertes Ansteigen des 5-S-CD-Wertes im Blut feststellbar ist (unveröffentlichte Daten). Allerdings bedarf die Methodik einer Quantifizierung von 5-S-CD im Serum einer deutlichen Verbesserung, da bisherige Verfahren den Nachteil hatten, daß das Blut sofort lichtgeschützt werden muß. Endgültige Ergebnisse sind erst nach einer prospektiven Untersuchung an einer großen Anzahl von Melanompatienten ebenso wie an einer relevanten Zahl von Kontrollpatienten zu erwarten. Gemessen werden sollten die Resultate einer 5-S-CD-Bestimmung im Serum an den etablierten Tumormarkern S100B und dem Melanoma-inhibitory-activity-(MIA-)Marker.

Tyrosinase

1991 beschrieben *Smith* und Mitarbeiter (23) erstmals die molekulare Detektion von Melanomzellen im peripheren Blut mit Hilfe der Reversen Transkription-Polymerase-Kettenreaktion (RT-PCR). Aufgrund der Tatsache, daß sich im peripheren Blut von Melanompatienten außer den nachzuweisenden Melanomzellen keine anderen Zellen finden lassen, die das Tyrosinase-Gen exprimieren, ist die Bestimmung der Tyrosinase (mRNA) im peripheren Blut ein völlig neuartiger Ansatz einer indirekten Melanommetastasenentdeckung. Zwischenzeitlich haben sich eine Reihe von Arbeitsgruppen mit dieser neuen Methode beschäftigt und sehr kontroverse Resultate erzielt. Als problematisch stellt sich derzeit dar, daß die Sensitivität einer tyrosinase-positiven Zellfraktion im Blut bei den in der Literatur beschriebenen Arbeiten bei Patienten im Stadium IV (Fernmetastasierung) zwischen 0% und 100% variiert. Es wurden nicht nur unterschiedliche Techniken sondern auch unterschiedliche Patientenkollektive zur Untersuchung verwendet (23–33). Somit läßt sich derzeit kein Konsenz für eine routinemäßige Bestimmung der Tyrosinase (RT-PCR) im peripheren Blut finden.
In einer klinischen Studie der Universitäts-Hautkliniken Kiel und Homburg/Saar konnten wir die Tyrosinase RT-PCR optimieren und in vitro regelmäßig eine einzige Melanomzelle in 10 ml Blut nachweisen. Somit war es uns möglich, eine extrem hohe Sensitivität zu entwickeln. Mit diesem Assay wurden dann 153 Proben von Melanompatienten in unterschiedlichen Stadien untersucht. Interessanterweise waren nur 12 der 44 Patienten (27,3%) im Stadium IV (Fernmetastasierung) Tyrosinase-RT-PCR-positiv. Angesichts dieser geringen Sensitivität, vor allem im Vergleich zu etablierten Markern wie S100B und MIA, kann nicht von einem sensitiven Verfahren bei der Detektion im peripheren Blut gesprochen werden. Ob sich die heterogenen Ergebnisse der Sensitivität (0–100%) durch die unterschiedliche Methodik der verschiedenen Arbeitsgruppen begründen lassen, ist bisher unklar. Deshalb sollte man bei der Bewertung der Methodik so lange Vorsicht walten lassen, bis umfangreicheres Datenmaterial zur Bestätigung und Validierung einer hohen Sensitivität bei einer ausreichenden Patientenzahl aus mehreren Zentren vorliegt.

Zusammenfassung

Die Bestimmung von Zytokinen (Interleukin-8 und Interleukin-10) sowie Adhäsionsmolekülen (z.B. ICAM-1) im Serum von Melanompatienten konnte zwar eine Korrelation zur Tumormasse zeigen, aber aufgrund der geringen Spezifität dieser potentiellen Tumormarker setzte sich keiner dieser Marker in der Routine bei der Versorgung des malignen Melanoms

durch. Die Sangtec S100B-Protein-Bestimmung im Serum von Melanompatienten hat sich gegenüber der Bestimmung der neuronenspezifischen Enolase (NSE) oder der lipidgebundenen Sialinsäure (LASA-P) als deutlich überlegen herausgestellt. Die Serum-S100B-Bestimmung scheint sich bei der Untersuchung von Hochrisikomelanompatienten zunehmend zu etablieren und stellt auch im Monitoring von Patienten mit fernmetastasiertem Melanom und in der Therapie eine Bereicherung dar. Der prädiktive Wert der S100-Bestimmung im Serum ist gerade bei Patienten im Stadium IV ausgesprochen hoch. Die Untersuchungen zu den melanin-assoziierten Metaboliten (z.B. 5-S-Cysteinyl-DOPA) dauern derzeit noch an. Sollte die Methodik Routinefähigkeit erreichen, so könnte sich hier auch ein interessanter Kandidat für einen Routine-Tumormarker entwickeln. Die Ergebnisse zur Tyrosinase-PCR-Bestimmung im peripheren Blut sind nach wie vor kontrovers. Die Sensitivität reicht bei Patienten im Stadium der Fernmetastasierung von 0 bis 100%. Unklar ist derzeit, ob sich diese unterschiedlichen Ergebnisse ausschließlich durch methodische Gründe erklären lassen. Sicher kann gesagt werden, daß die Tyrosinase-RT-PCR aus dem peripheren Blut derzeit kein Routineverfahren darstellt und daher noch als experimentell betrachtet werden muß.
Nach Jahrzehnten großer Enttäuschungen bei den Untersuchungen zu potentiellen Tumormarkern des Malignen Melanoms steht uns jetzt mit der Sangtec S100B-Bestimmung und der sich jüngst entwickelnden Bestimmung der Melanoma-inhibitory-activity (MIA) ein völlig neues Spektrum von kommerziell erhältlichen Markern zur Verfügung, die mit großer Wahrscheinlichkeit Eingang in die klinische Routine finden werden. Prospektive Untersuchungen an größeren Patientenzahlen sind jedoch noch notwendig, um den genauen Wert dieser Marker zu bestimmen. Insbesondere ist ein Vergleich mit den etablierten Staging-Verfahren zu fordern, um zu beweisen, daß Tumormarker auch in einer multivariaten Analyse einen unabhängigen Prognosefaktor darstellen, der auch therapeutische Interventionen nach sich ziehen kann.

Danksagung

Wir danken *Frau Arrowsmith* für die sorgfältige Erstellung des Manuskriptes.

Literatur

1 Klapdor R (1995) Überlegungen zu einem sinnvollen Einsatz von Tumormarkern. Onkologe 1: 627–633
2 Gläser R (1997) Tumormarker des malignen Melanoms. In: Garbe C, Dummer R, Kaufmann R, Tilgen W (Hrsg) Dermatologische Onkologie. Springer Berlin, pp 324–329

3 Chu TM (1992) Prostate-specific antigen. In: Sell S (ed) Serological Cancer Markers. Humana Press, Totowa, pp 99–115
4 Hossfeld DK (1996) Tumor marker terrorism. Educational Book; 21. Congress European Society of Medical Oncology (ESMO) 1.–5.11.1996, Wien, p 191–192
5 Pohl AL (1992) Multiple testing with cancer markers. In: Sell S (ed) Serological Cancer Markers. Humana Press, Totowa, pp 473–494
6 Scheibenbogen C, Möhler T, Haefele J, Hunstein W, Keilholz U (1995) Serum interleukin-8 (IL-8) is elevated in patients with metastatic melanoma and correlated with tumor load. Melanoma Res 5: 179–181
7 Dummer W, Becker JC, Schwaaf A, Leverkus M, Moll T, Bröcker EB (1995) Elevated serum levels of interleukin-10 in patients with metastatic malignant melanoma. Melanoma Res 5: 67–68
8 Altomonte M, Colizzi F, Esposito G, Maio M (1992) Circulating intercellular adhesion molecule 1 as a marker of disease progression in cutaneous melanoma. New Engl J Med 327: 959
9 Viac J, Misery L, Schmitt D, Claudy A (1996) Follow-up of circulating ICAM-1 in malignant melanoma: correlation with the clinical course of the disease. Br J Dermatol 134: 604–605
10 Hornef S, Lux J, Rassner G (1992) NSE – ein geeigneter Tumormarker des malignen Melanoms? Hautarzt 43: 77–80
11 Buzaid AC, Sandler AB, Hayden Clark-Level, Scinto J, Poo WJ, Clark MB, Hotchkiss S (1994) Neuron-specific enolase as a tumor marker in metastatic melanoma. Am J Clin Oncol 17: 430–431
12 Couvreur R, Joos G, Geerts M-L, Lambert J, Naeyaert J-M (1993) Neuron-specific enolase as serum marker for malignant melanoma. Lancet 342: 985
13 Wibe E, Hannisdal E, Paul E, Aamdal S (1992) Neuron-specific enolase as a prognostic factor in metastatic malignant melanoma. Eur J Cancer 28a: 1692–1695
14 Reintgen DS, Cruse CW, Wells KE, Saba HI, Fabri PJ (1992) The evaluation of putative tumor markers for malignant melanoma. Ann Plastic Surgery 28: 55–59
15 Miliotes G, Lyman GH, Cruse CW, Puleo C, Albertini J, Rapaport D, Glass F, Fenske N, Soriano T, Cuny C, VanVoorhis N, Reintgen D (1996) Evaluation of new putative tumor markers for melanoma. Ann Surg Oncol 3(6): 558–563
16 Moore BW (1965) A soluble protein characteristic of the nervous system. Biochem Biophys Res Commun 19: 739–744
17 Guo HB, Stoffel-Wagner B, Bierwirth T, Mezger J, Klingmüller D (1995) Clinical significance of serum S100 in metastatic malignant melanoma. Eur J Cancer 31: 924–928
18 Henze G, Dummer R, Joller-Jemelka HI, Böni R, Burg G (1997) Serum S100 – a marker for disease monitoring in metastatic melanoma. Dermatology 194: 208–212
19 Schoultz von E, Hansson LO, Djureen E, Hansson J, Kärnell R, Nilsson B, Stigbrand T, Ringborg U (1996) Prognostic value of serum analyses of S-100β protein in malignant melanoma. Melanoma Res 6: 133–137
20 Buer J, Probst M, Franzke A, Duensing S, Haindl J, Volkenandt M, Wittke F, Hoffmann R, Ganser A, Atzpodien J (1997) Elevated serum levels of S100 and survival in metastatic malignant melanoma. Br J Cancer 75: 1373–1376
21 Bosserhoff AK, Kaufmann M, Kaluza B, Bartke I, Zirngibl H, Hein R, Stolz W, Buettner R (1997) Melanoma-inhibiting activity, a novel serum marker for progression of malignant melanoma. Cancer Res 57: 3149–3153
22 Horikoshi T, Ito S, Wakamatsu K, Onodera H, Eguchi H (1994) Evaluation of melaninrelated metabolites as markers of melanoma progression. Cancer 73: 629–636
23 Smith B, Selby P, Southgate J, Pittman K, Bradley C, Blair GE (1991) Detection of melanoma cells in peripheral blood by means of reverse transcriptase and polymerase chain reaction. Lancet 338: 1227–1229

24 Brossart P, Keilholz U, Willhauck M, Scheibenbogen C, Möhler T, Hunstein W (1993) Hematogenous spread of malignant melanoma cells in different stages of disease. J Invest Dermatol 10: 887–889
25 Brossart P, Schmier MW, Krüger S, Willhauck M, Scheibenbogen C, Möhler T, Keilholz U (1995) A polymerase chain reaction-based semiquantitative assessment of malignant melanoma cells in peripheral blood. Cancer Res 55: 4065–4068
26 Battayani Z, Grob JJ, Xerri L, Noe C, Zarour H, Houvaeneghel G, Delpero JR, Brimbaum D, Hassoun J, Bonerandi JJ (1995) Polymerase chain reaction detection of curculating melanocytes as a prognostic marker in patients with melanoma. Arch Dermatol 131: 443–447
27 Kunter U, Buer J, Probst M, Duensing S, Dallmann I, Grosse J, Kirchner H, Schluepen EM, Volkenandt M, Ganser A, Atzpodien J (1996) Peripheral blood tyrosinase messenger RNA detection and survival in malignant melanoma. J Nat Cancer Inst 88: 590–594
28 Tobal K, Sherman LS, Foss AJE, Lightman SL (1993) Detection of melanocytes from uveal melanoma in peripheral blood using the polymerase chain reaction. Invest Ophthal Vis Sci 34: 2622–2625
29 Mellado B, Colomer D, Castel T, Munoz M, Carballo E, Galan M, Mascaro JM, Vives-Corrons JL, Grau JJ, Estape J (1996) Detection of circulating neoplastic cells by reverse-transcriptase polymerase chain reaction in malignant melanoma: association with clinical stage and prognosis. J Clin Oncol 14: 2091–2097
30 Gläser R, Rass K, Seiter S, Hauschild A, Christophers E, Tilgen W (1997) Detection of circulating melanoma cells by specific amplification of tyrosinase complementary DNA is not a reliable tumor marker in melanoma patients: a clinical two-center study. J Clin Oncol (in press)
31 Hoon DSB, Wang Y, Dale PS, Conrad AJ, Schmid P, Garrison D, Kuo C, Foshag LJ, Nizze AJ, Morton DL (1995) Detection of occult melanoma cells in blood with a multiple-marker polymerase chain reaction assay. J Clin Oncol 13: 2109–2116
32 Pittman K, Burchill S, Smith B, Southgate J, Joffe J, Gore M, Selby P (1996) Reverse transcriptase-polymerase chain reaction for expression of tyrosinase to identify malignant melanoma cells in peripheral blood. Ann Oncol 7: 297–301
33 Reinhold U, Lüdtke-Handjery HC, Schnautz S, Kreysel H-W, Abken H (1997) The analysis of tyrosinase-specific mRNA in blood samples of melanoma patients by RT-PCR is not a useful test for metastastic tumor progression. J Invest Dermatol 108: 166–169

Palliative Melanomchirurgie

H. Tilkorn, V. Schwipper
Abteilung für Gesichts- und Plastische Chirurgie,
Fachklinik Hornheide an der Universität Münster

Es gibt keine spezifische auf das Melanom beschränkte palliative Chirurgie. Wenn das Maligne Melanom metastasiert hat, liegt in den meisten Fällen eine generalisierte Erkrankung vor, die wie bei allen anderen Karzinomerkrankungen nach dem jeweiligen Stadium und den Symptomen behandelt werden muß (4). Eine Heilung ist dann nur noch selten zu erreichen, vielfach jedoch eine Lebensverlängerung und eine Verbesserung der Lebensqualität.
Für das chirurgische Vorgehen gelten uneingeschränkt die Kriterien, wie *Steinau* sie 1997 wie folgt aufgelistet hat:

»Als Entscheidungshilfe für ein palliatives plastisch-chirurgisches Vorgehen sind aus onkologischer Sicht fünf Patientengruppen zu unterscheiden:

Gruppe I: großer exulzerierter Primärtumor ohne klinisch manifeste Fernmetastasen, hohe Metastasierungswahrscheinlichkeit, guter AZ und EZ;

Gruppe II: wiederholte lokoregionäre Rezidive ohne Fernmetastase, adaptiert an Langzeitverlauf, guter AZ und EZ;

Gruppe III: Primärtumor oder lokoregionäres Rezidiv mit singulär therapierbaren Metastasen; guter AZ und EZ;

Gruppe IV: exulzerierter Primärtumor oder Lokalrezidiv mit Fernmetastasen, palliative Radiatio oder Chemotherapie vorgesehen, eingeschränkter AZ und EZ;

Gruppe V: generalisierte Metastasierung, schlechter AZ, Kachexie, kurze Überlebensfrist.

Während die ersten vier Patientengruppen gute Indikationen zur palliativen plastischen Rekonstruktion der Oberfläche bieten und in Einzelfällen noch eine kurative Chance haben, sollten Patienten in der fünften Gruppe eher eine symptomatische Schmerztherapie mit Versorgung im Familienkreise oder unter Hospizbedingungen erhalten.« (13)

Zusätzlich zu diesen allgemeinen, palliativ-chirurgischen Überlegungen müssen für das Melanom charakteristische, wichtige prognostische Para-

meter in die therapeutischen Entscheidungen für den jeweils zu behandelnden Patienten mit einbezogen werden.
Das Wissen um die Prognose des Melanoms wird in Zukunft immer dringlicher, denn aufgrund der starken Zunahme der Melanomerkrankung und der Verbesserung der onkologischen Therapien wird die Frage der palliativen Melanomchirurgie immer häufiger gestellt werden. Die Inzidenz des Melanoms verdoppelt sich etwa alle zehn Jahre. Sie liegt zur Zeit bei 10–15 Erkrankungen pro 100 000, wohingegen die Mortalität abnimmt aufgrund der besseren Früherkennung dieser Erkrankung (1).
Die absolute Zunahme wie aber auch die Früherkennung des malignen Melanoms führten dazu, daß in der Fachklinik Hornheide in den letzten 30 Jahren über 9500 Melanompatienten erfaßt wurden, bei einer jährlichen Zuwachsrate von über 600 Patienten. Dieser enorme Anstieg an Melanomerkrankungen liegt einmal in der besseren Früherkennung, aber auch in der absoluten Zunahme der Erkrankung. Obwohl die Inzidenz zunimmt, sinkt gleichzeitig die Mortalitätsrate.
Für das therapeutische Vorgehen ist es wichtig, die Prognose richtig einzuschätzen (1, 2, 3). Bei einer Tumordicke bis 0,75 mm liegt die 10-Jahresüberlebensrate bei 97%. Ist der Tumor dicker als 4 mm, sinkt sie auf 40% ab (Tabelle I).

Tabelle I. Prognose des Primärtumors beim Malignen Melanom; 10-Jahresüberlebensraten.

TD	< 0,75 mm	97%
TD	0,75 mm – 1,5 mm	90%
TD	1,5 mm – 4 mm	70%
TD	> 4 mm	40%

Der Nutzen einer elektiven Lymphknotendissektion (ELND) ist bislang immer noch nicht endgültig geklärt (5, 15). Die ELND ist nur sinnvoll bei Männern mit Melanomen einer Tumordicke von 1,5 bis 4 mm und bei Frauen mit Melanomen einer Tumordicke von 2,5 bis 4 mm. Bei einer Tumordicke unter 1,5 mm bei Männern und 2,5 mm bei Frauen ist die Prognose so günstig und über 4 mm so schlecht, daß durch eine ELND die Prognose nicht beeinflußt werden kann. Diese Daten sind das Ergebnis einer multizentrischen Langzeitstudie an 3616 Patienten. Danach wird durch die ELND bei den o.g. Gruppen die Zeit von der Erstbehandlung bis zum Auftreten der ersten Metastase, die metastasenfreie Zeit, signifikant verlängert. Sie bietet zudem die Möglichkeit einer frühzeitigen adjuvanten Therapie. Da in den letzten Jahren die adjuvanten Therapien – wie Immuno- und Immuno-Chemotherapien – bessere Erfolgschancen zeigten, wird die Frage nach der Früherkennung einer Lymphknotenmetastasierung immer sinnvoller und somit kommt auch der ELND aus therapeutischen Gründen eine größere Bedeutung zu (Tabelle II).

Tabelle II. Prognose des metastasierten Malignen Melanoms; 10-Jahresüberlebensraten.

Lymphknotenmetastasen	– N1 Mo	20%
Organ-Hautfernmetastasen	– N1 M1	3%

80% aller Metastasen treten in den ersten 3 Jahren auf!
Je früher die Metastasierung, desto schlechter ist die Prognose.

Ganz wesentlich wird die Prognose der Überlebenszeit von der Metastasierung bestimmt. 90% aller in der Fachklinik Hornheide erfaßten Melanompatienten kamen mit einem Primärtumor, 8% hatten zum Zeitpunkt der Diagnosestellung bereits Lymphknotenmetastasen und 2% Organ- und Fernmetastasen.
Liegen Lymphknotenmetastasen vor, sinkt die 10-Jahresüberlebenszeit auf 20%, bei Vorliegen von Organ- und Haut-Fernmetastasen auf 3% (1). 80% aller Metastasen treten in den ersten drei Jahren auf, wobei der Zeitpunkt der Metastasierung ein wichtiges prognostisches Kriterium ist (Tabelle III). Je früher die Metastasierung eintritt, desto schlechter ist die Prognose.

Tabelle III. Elektive Lymphknoten-Dissektion – ELND; Multizenter-Langzeitstudie mit 3616 Patienten, nach *Drepper* et al. (5).

Verlängert die metastasenfreie Zeit
Ermöglicht frühzeitige adjuvante Therapien

Sinnvoll bei

Männern TD	– 1,5 mm bis 4 mm
Frauen TD	– 2,5 mm bis 4 mm

Im Stadium der hämatogenen Metastasierung kann das Melanom alle Organe befallen. Bevorzugt werden jedoch Haut- und Lymphknoten mit einer Metastasierung von 50%, pulmonale Metastasen mit 27%. Andere Organe wie Leber, Hirn, Knochen und Darm sind deutlich seltener befallen (1).
Die Therapie der ersten Wahl für den Primärtumor wie aber auch für die Metastasen ist die chirurgische Entfernung. Im Stadium der Metastasierung müssen neben der Operation je nach Befund alle onkologischen Therapien eingesetzt werden, wie Immunotherapie, Chemotherapie (Extremitäten-Perfusion), Bestrahlung, Kryochirurgie (12), Laserbehandlung.
Die Plastische Chirurgie bietet seit den 70er Jahren durch die Einführung der Mikrochirurgie und der muskulokutanen Plastik eine wesentliche Hilfe in der palliativen chirurgischen Versorgung mit dem Ziel der Linderung der Beschwerden. Dabei stehen die Behebung von Behandlungsfolgen, ausgedehnte lokale Tumorrezidiventfernungen, Tumorreduktionen, Schmerzbekämpfung, Radio-Ulzera und auch eine Erleichterung der Pflege bei stark nekrotisch zerfallenden Tumoren im Vordergrund. Die

anästhesiologischen und intensivmedizinischen Möglichkeiten sind ebenfalls differenzierter, schonender und damit für den Patienten weniger belastend. So können jetzt Narkosen und Operationen auch bei schwerkranken Patienten mit vertretbarem Risiko durchgeführt werden. Damit kommt der Plastischen Chirurgie eine zunehmend größere Bedeutung bei der palliativen Therapie zu.
Einem Patienten, der von einem übelriechenden, nekrotisch zerfallenden Tumor befreit wurde, erleichtert man dadurch seine sozialen Kontakte ganz wesentlich. Ein solcher Eingriff lohnt jede Mühe, auch wenn es nur Hilfe für begrenzte Zeit ist. Wie bei allen anderen palliativen therapeutischen Behandlungen muß das Ziel sein, mit vertretbar geringer zusätzlicher Belastung und kurzem stationärem Aufenthalt eine schnelle Rehabilitation zu erreichen, um es dem Patienten zu ermöglichen, seine begrenzte Lebenszeit möglichst eigenständig und in seiner privaten Umgebung verbringen zu können.
Auf die Möglichkeiten der Plastischen Chirurgie sei im folgenden kurz eingegangen (6–10, 14). Das Ziel der plastisch-chirurgischen Eingriffe muß sein, die Lebensqualität wesentlich zu verbessern. Je nach Ausdehnung des zu behandelnden Befundes reichen freie Hautübertragungen aus oder es sind Nah- und Fernlappenplastiken mit und ohne Skin-Expander-Technik, muskulokutane Lappenplastiken zur Behandlung von Radio-Ulzera oder nekrotisch zerfallenen Tumoren, sowie Omentum-Plastiken und mikrochirurgische Gewebsübertragungen erforderlich.
»Die wahre Kunst des Arztes ist es, gemeinsam mit dem Patienten und denen, die ihm nahestehen, den rechten Weg zu finden zwischen Operation, medikamentöser, psychologischer und sonstiger Symptomtherapie und ihren Kombinationen«, wie *H. Pichelmaier* 1977 formuliert hat (11).
Anhand von klinischen Beispielen sollen einige der operativen Möglichkeiten kurz vorgestellt werden.

Klinische Beispiele

Die folgenden klinischen Beispiele dokumentieren nicht nur Melanompatienten, stehen aber beispielhaft für die auch bei Melanompatienten angewandten Möglichkeiten.

1. Klinischer Fall

Eine 70jährige Patientin litt unter einem schmerzhaften ausgedehnten Radio-Ulkus des rechten Oberarmes nach Bestrahlung einer Metastase eines malignen Melanoms. Durch die Bestrahlung und Infektion kam es neben den fast therapieresistenten Schmerzen zu einem sekundären Lymph-

Abbildung 1

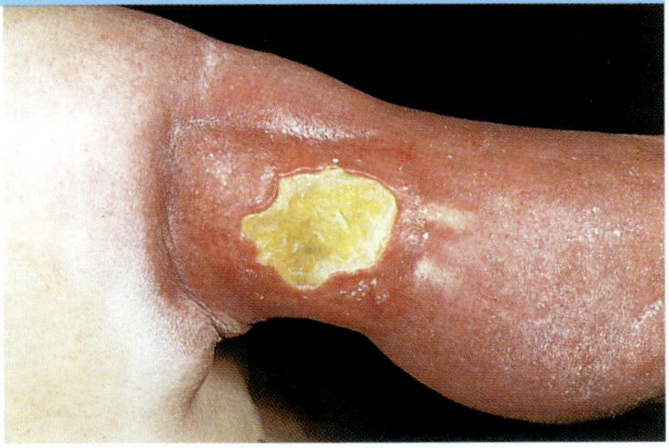

Radio-Ulkus rechter Oberarm nach Bestrahlung einer Metastase eines Malignen Melanoms.

Abbildung 2

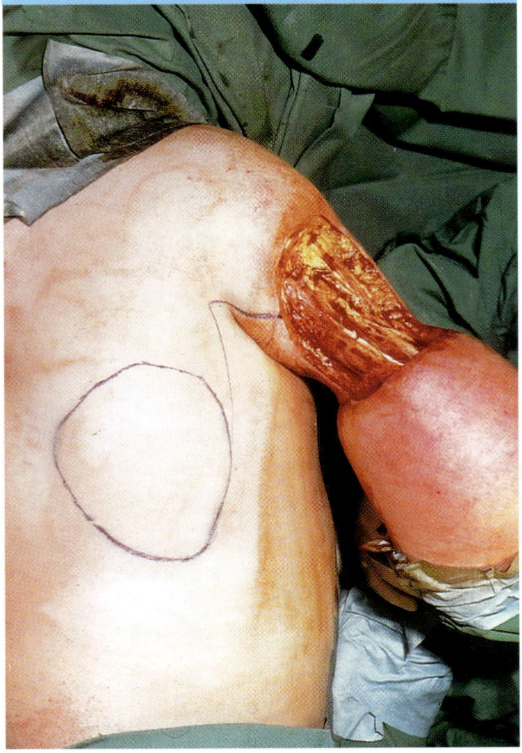

Ausgedehntes Debridement und Operationsplanung zur Defektdeckung mit einem Musculus latissimus dorsi-Insellappen.

ödem. Durch eine radikale Ulkusexzision und Defektdeckung mit einem Musculus latissimus dorsi-Insellappen konnte die Funktion des Armes und der Hand erhalten, die Schmerzen beseitigt und das Lymphödem behoben werden (Abbildungen 1–3).

Abbildung 3

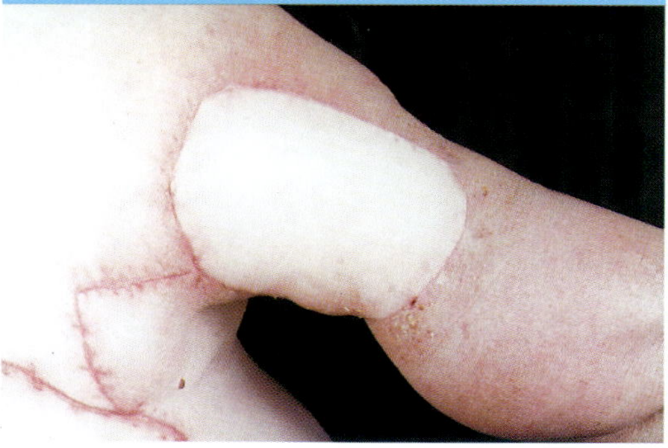

Nach 14 Tagen komplikationslos eingeheilter Muskel-Haut-Lappen und deutliche Besserung des Lymphödems.

2. Klinischer Fall

Ein Musculus latissimus dorsi-Insellappen wurde auch eingesetzt bei der 45jährigen Frau, bei der es zu einem Tumorrezidiv im Bereich der rechten Thoraxwand nach Mammakarzinombehandlung gekommen war. Es mußte eine Thoraxwandresektion mit Teilresektion der Rippen und der parietalen Pleura durchgeführt werden. In einer Operation konnte der Defekt mit der o.g. Operationstechnik funktionell sicher verschlossen werden. Nach einem dreiwöchigen stationären Aufenthalt konnte die Frau in die ambulante Behandlung entlassen werden (Abbildungen 4–6).

3. Klinischer Fall

Bei einer 50jährigen Frau war durch einen Bestrahlungsfehler bei der Behandlung eines Mammakarzinoms die vordere Thoraxwand mit dem ge-

Abbildung 4

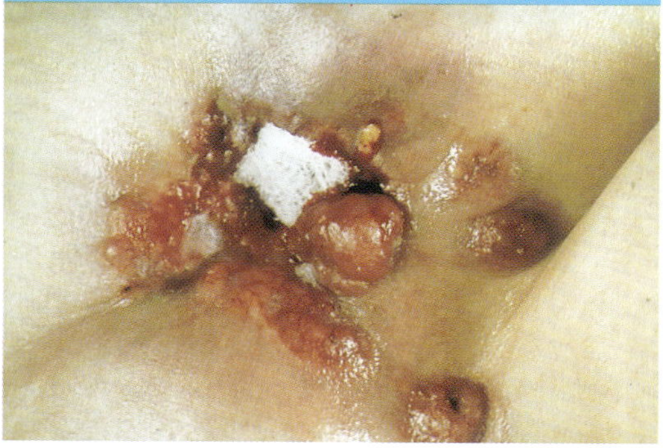

Thoraxwandmetastase im Bestrahlungsfeld bei einer 45jährigen Patientin mit Mammakarzinom.

Abbildung 5

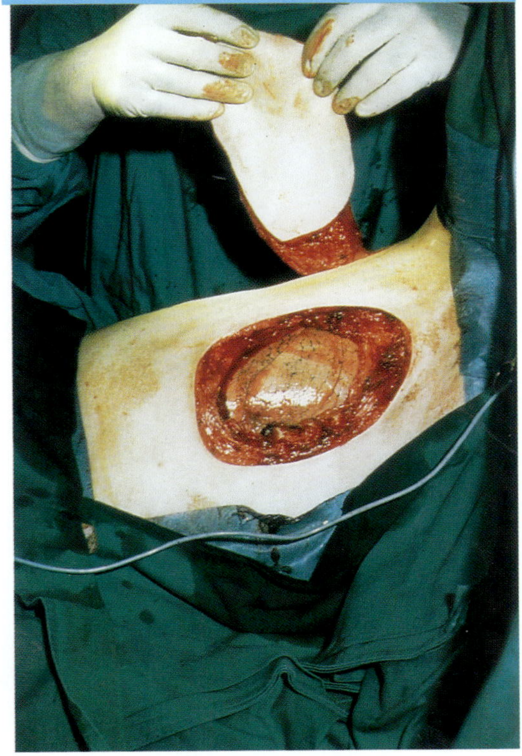

Thoraxwanddefekt, der alle Schichten betrifft, mit gehobenem Musculus latissimus dorsi-Insellappen.

Abbildung 6

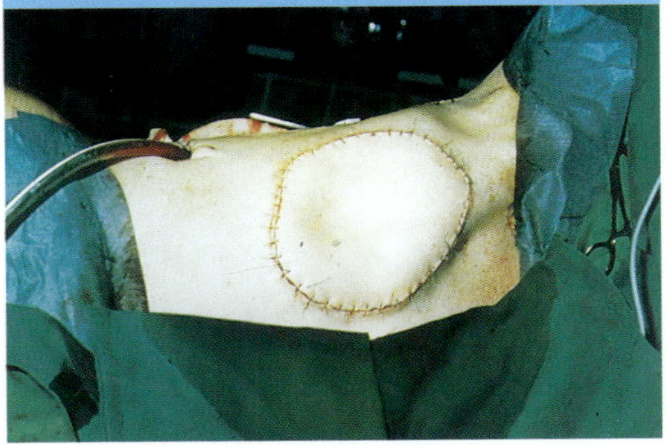

Sicherer funktioneller Verschluß des Thoraxwanddefektes mit dem eingesetzten Muskel-Haut-Lappen.

samten Sternum nekrotisch zerfallen. Es kam zu einer lebensbedrohlichen Intoxikation durch diese große Wundfläche. Zudem litt die Patientin unter starken Schmerzen, die nur mit hohen Dosen von Morphium und anderen Analgetika einigermaßen beherrscht werden konnten. Der

Abbildung 7

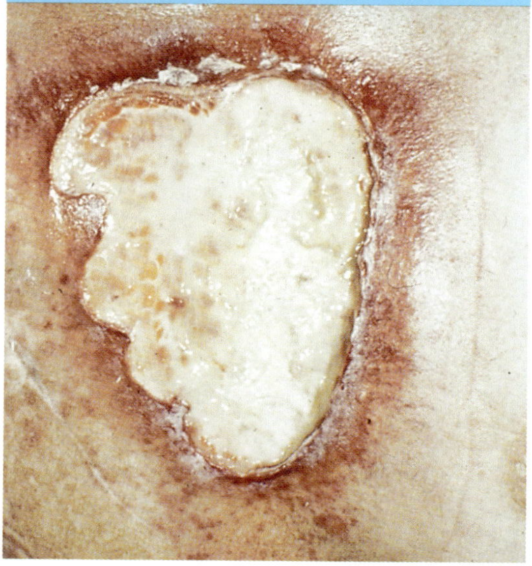

Lebensbedrohliches Radio-Ulkus mit Osteoradionekrose des Sternums und der Rippen nach Mammakarzinombestrahlung.

Abbildung 8

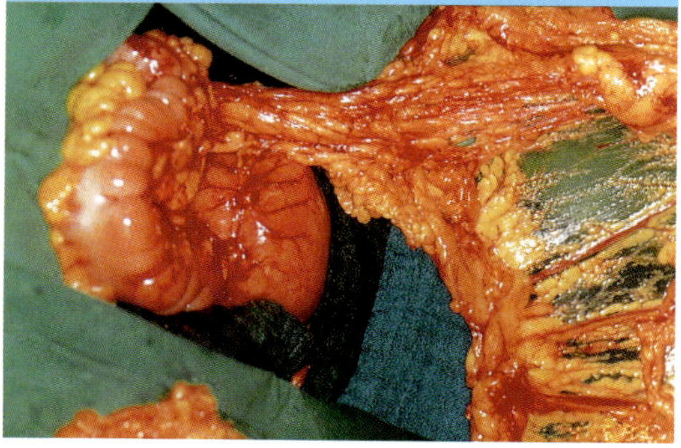

Frei präpariertes Omentum-majus zur Defektdeckung.

Abbildung 9

Defektdeckung mit einer Omentum-Plastik und Spalthaut-Meshgraft.

Abbildung 10

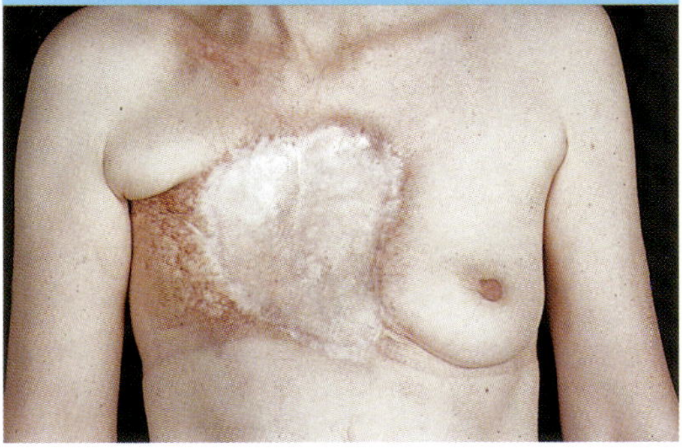

Zustand nach sechs Monaten, nach sicherer Einheilung der Omentum-Plastik mit Spalthauttransplantat.

Musculus latissimus dorsi, gleichsam das Arbeitspferd der plastischen Chirurgie, war durch die Operation und die Bestrahlung der Achselhöhle nicht zu verwenden. Nach Entfernung des ausgedehnten Radio-Ulkus mit Rippen-, Sternum- und Pleuraresektion konnte der Defekt in einer

Abbildung 11

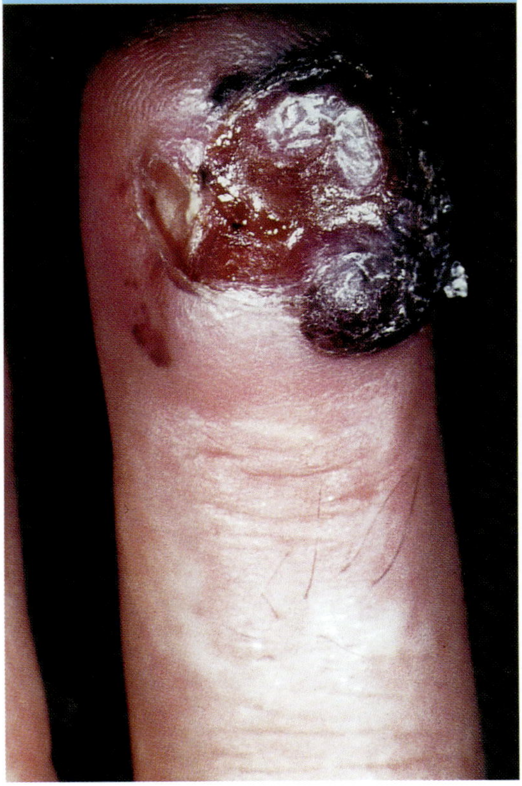

Malignes Melanom am Endglied des rechten Daumens.

Abbildung 12

Voll funktionsfähiger Ersatz des rechten Daumens durch eine Zehe.

Operation mit einer Omentum-Plastik und Spalthaut-Meshgraft – hier entnommen von der Kopfhaut – sicher verschlossen werden. Die Spalthautentnahme vom behaarten Kopf hat sich als besonders komfortabel erwiesen, da die Haare vollständig nachwachsen, keine Narben zurück bleiben, die Pflege ideal einfach ist und die Entnahmestelle schmerzfrei,

Abbildung 13

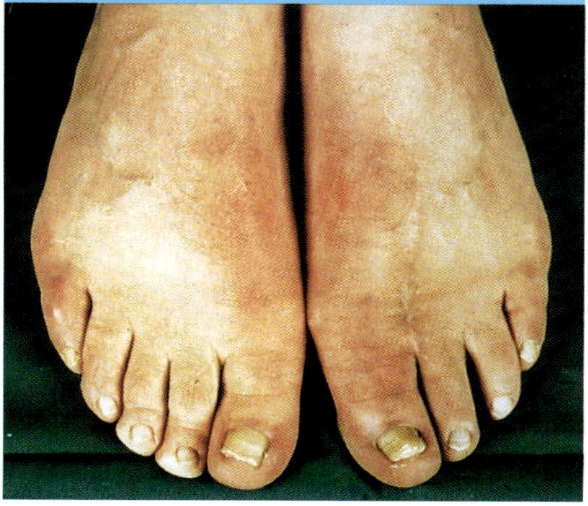

Zur Daumenersatzplastik entnommene 2. Zehe des linken Fußes.

problemlos, schnell und sicher abheilt. Die Patientin konnte etwa vier Wochen nach dieser Operation ohne Schmerzen nach Hause entlassen werden (Abbildungen 7–10).

4. Klinischer Fall

Ein selbständiger Handwerker kam mit einem High-risk-Melanom (akral-lentiginöses Melanom (ALM), Tumordicke über 10 mm) am Endglied des rechten Daumens zur Behandlung. Aus onkologischen Gründen mußte der rechte Daumen wegen des notwendigen Sicherheitsabstandes im Grundgelenk amputiert werden. Damit wäre der Mann praktisch arbeitsunfähig und nicht mehr im Stande gewesen, seinen kleinen Familienbetrieb aufrechtzuerhalten. Mit mikrochirurgischer Operationstechnik konnte der im Grundgelenk amputierte rechte Daumen durch die zweite Zehe in gleicher Sitzung ersetzt werden. Der Patient hatte keine funktionellen Ausfälle und konnte als Rechtshänder drei Monate nach der mikrochirurgisch durchgeführten Daumenersatzplastik (= Pollisationsoperation) seine berufliche Tätigkeit wieder aufnehmen (Abbildungen 11–13).

Literatur

1 Balch CM, Houghto AN, Milton GW, Sober AJ, Seng-jaw Soong (1992) Cutaneous Melanoma. JB Lippincott, Philadelphia
2 Breslow A (1970) Thickness, cross-sectional areas and depth of invasion in the prognosis of cutaneous melanoma. Ann Surg 172: 902
3 Clark WH jr (1967) A classification of malignant melanoma in man correlated with histogenesis and biological behavior. In: Montagna W, Hu F (eds) Advances in Biology of the Skin. Vol 8. The Pigmentary System. Pergamon Press, London, pp 621
4 Doyle D, Hanks GW, McDonald N (1993) Oxford Textbook of Palliative Medicine. Oxford, Oxford University Press
5 Drepper H, Köhler CO, Bastian B et al (1994) Prognosevorteil für definierte Risikogruppen durch die Lymphknotendissektion. Langzeitstudie an 3616 Melanompatienten. Hautarzt 45: 615–622
6 Kiricuta I, Goldstein MB (1961) Das Omentum als Ersatzmaterial der Blasenwand bei durch Strahlen verursachten Blasenscheidenfisteln. Krebsarzt 16: 202–207
7 Leung PC (1985) Thumb reconstruction using the second toe transfer. Hand Clin 1: 285
8 Mathes SJ, Nahai F (1982) Clinical applications for muscle and musculocutaneous flaps. CV Mosby Company, St. Louis Toronto London
9 O'Brien BM, Brennen MD, MacLeod AM (1978) Microvascular free toe transfer. Clin Plast Surg 5: 223
10 Olivari N (1976) The latissimus flap. Br J Plast Surg 29: 126
11 Pichlmaier H (1997) Grundlagen palliativer chirurgischer Therapie. In: Aulbert E, Zech D (Hrsg) Lehrbuch der Palliativmedizin. Schattauer, Stuttgart New York, pp 175–194
12 Said S (1991) Kryotherapie. In: Pichlmaier H (Hrsg) Palliative Krebstherapie. Springer, Berlin Heidelberg New York

13 Steinau U, Vogt P, Hebebrandt D, Peter FW, Hussmann J (1997) Plastische Chirurgie in der Palliativmedizin. In: Aulbert E, Zech D (Hrsg) Lehrbuch der Palliativmedizin. Schattauer, Stuttgart New York, pp 247–253

14 Tilkorn H, Drepper H, Ehring F (1984) Indikationen für die plastisch-chirurgische Versorgung von Strahlenfolgen an der Haut. In: Lemperle G, Koslowski L (Hrsg) Chirurgie der Strahlenfolgen. Urban & Schwarzenberg, München Wien Baltimore, pp 47–52

15 Veronesi U, Adamus J, Bandierea DC, Brennhovd IO, Caceres E, Cascinelli N, Claudio F, Ikonopisow RL, Jarorsky VV, Kirov S, Kulakowski A, Lacour J, Lejeune F, Mechl Z, Morabito A, Rode I, Sergeev S, van Slooten E, Szczygiel K, Trapeznikov N, Wagner RI (eds) Inefficacy of immediate node dissection in stage I melanoma of the limbs. N Engl J Med 267: 627–630

Lokale Perfusion und Chemoembolisation in der palliativen Therapie des metastasierten und fortgeschrittenen Malignen Melanoms

M. Lorenz, E. Staib-Sebler, C. Gog, G. Vetter, A. Encke
Klinik für Allgemein- und Gefäßchirurgie,
Klinikum der Johann Wolfgang Goethe-Universität, Frankfurt/M.

Einführung

Maligne Melanome werden zunehmend häufiger diagnostiziert (2, 7, 18). Die Inzidenz ist regional abhängig und liegt weltweit zwischen 1/100 000 bei Asiaten, 12/100 000 bei weißen Nordamerikanern und bei 30/100 000 bei nach Australien ausgewanderten Nordeuropäern (12, 17). Zwar werden Melanome heute glücklicherweise meistens in einem früheren Tumorstadium diagnostiziert und besitzen deshalb eine gute Prognose (15). Doch bei spätem Tumorstadium können Melanome in fast alle Organe metastasieren und selbst noch nach zehn Jahren zu lokalen Rezidiven und multiplen Fernmetastasen führen. In einigen Fällen (5–20%) besteht jedoch ein isolierter Befall eines Organsystems. Generell ist die Prognose bei metastasierten Tumoren schlecht. Die 5-Jahresüberlebensrate beträgt nur 2% (11). Bei multipler abdomineller Metastasierung verschlechtert sich die Prognose zusätzlich (8). Bei wenigen effektiven systemischen Behandlungsoptionen für das Maligne Melanom wird deshalb versucht, durch eine regionale Applikation die Ansprechrate zu verbessern. Allerdings wird das Ausmaß der Metastasierung trotz zunehmend verbesserter Diagnosemöglichkeiten häufig unterschätzt. Deshalb erscheinen nicht so sehr die Kuration, sondern vielmehr Tumorkontrolle, immunologische Balance und Palliation bei gleichzeitiger Erhaltung der Lebensqualität und geringer Morbidität als realistische Behandlungsziele. Primär sollte eine sinnvolle chirurgische Tumorentfernung versucht werden. Ist diese nicht möglich, stehen zahlreiche lokale Verfahren zur Verfügung. Hier muß zwischen lokaler Applikation der Chemotherapie und der regionalen Destruktion mittels chemischer Substanzen, Kälte oder Wärme unterschieden werden (Tabelle I).

Tabelle I. Regionale Behandlungsformen.

Lokale Chemotherapie	Lokale Destruktion
Intraarteriell	Hyperthermie
Intratumoral	Kryotherapie
Perfusion	Alkoholablation
Chemoembolisation	ESWL

Regionale Chemotherapie der Leber

Bei der regionalen Chemotherapie ist der lokale Vorteil gegenüber der systemischen Behandlung von zahlreichen Faktoren wie Extraktion (E), Flußrate (Q) und Gesamtkörper-Clearance (CL) und bei der Perfusion zusätzlich von der Begrenzung des systemischen Shunts abhängig (5). Organe, wie z.B. die Leber, eignen sich daher für eine lokale Applikation besonders.

Für die Berechnung des regionalen Vorteils (RV) gilt folgende Gleichung:

$$RV = 1 + \frac{CL}{Q\,(1-E)}$$

So errechnet sich für Doxorubicin vor allem aufgrund der geringen Körper-Clearance nur ein regionaler Vorteil von 2 gegenüber Fortemustin mit 30, 5-FU mit 50 und FUdR sogar mit 100 (Tabelle II).

Tabelle II. Regionaler Vorteil bei einer arteriellen Flußrate in der Leber von 400 ml/Minute.

Medikament	Regionaler Vorteil
FUdR	100
5-FU	50
Fortemustin	30
Mitomycin C	6
Doxorubicin	2

Auch sind Metastasen in der Regel arteriell perfundiert, wie Ausgußpräparate, Angiographie und Nuklearmedizin zeigen (1). Das übrige Lebergewebe wird vorwiegend durch die Pfortader versorgt. So erscheint die Leber für eine regionale Therapie besonders geeignet.

In der Praxis wird ein Katheter in eines der versorgenden Gefäße eingelegt. Bei den früheren Methoden wurde der Katheter perkutan ausgeleitet und für die Therapie direkt angeschlossen. Die Plazierung erfolgte sowohl operativ mit einer Laparotomie als auch über die Arteria brachialis unter radiologischer Kontrolle.

Bei modernen Verfahren wird operativ oder auch perkutan ein Katheter über die A. gastroduodenalis an die Leberarterie gelegt (6, 19) (Abbildung 1). Dieser Katheter wird jedoch mit einem subkutanen Port oder in Ausnahmefällen mit einer implantierbaren Zytostatikapumpe verbunden. An diesen Port kann dann wiederum eine externe Pumpe konnektiert werden. Damit ist eine längere ambulante Therapie möglich.

Während bei kolorektalen Lebermetastasen ein Ansprechen von 50% erreicht wird, liegen zur regionalen Therapie der Lebermetastasen Maligner Melanome nur wenige Daten vor. Mit mindestens zwei Substanzen, näm-

Abbildung 1

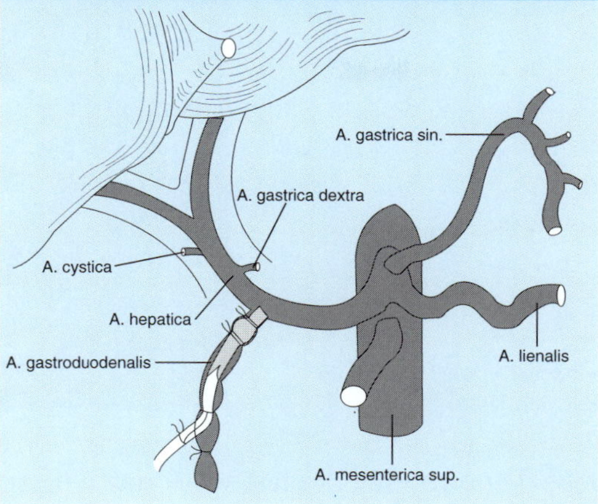

Intraarterielle Kathetereinlage nach *Watkins*, modifiziert nach *Curley* (6).

lich Carboplatin und Fortemustin, konnte nach der regionalen Therapie eine relativ hohe Ansprechrate von 38% bzw. 40% durch die intraarterielle Behandlung erreicht werden (4, 14).
In Abhängigkeit davon, ob eine LDH-Erhöhung als Ausdruck des Tumorvolumens in der Leber vorlag oder nicht, wurde eine mediane Über-

Abbildung 2

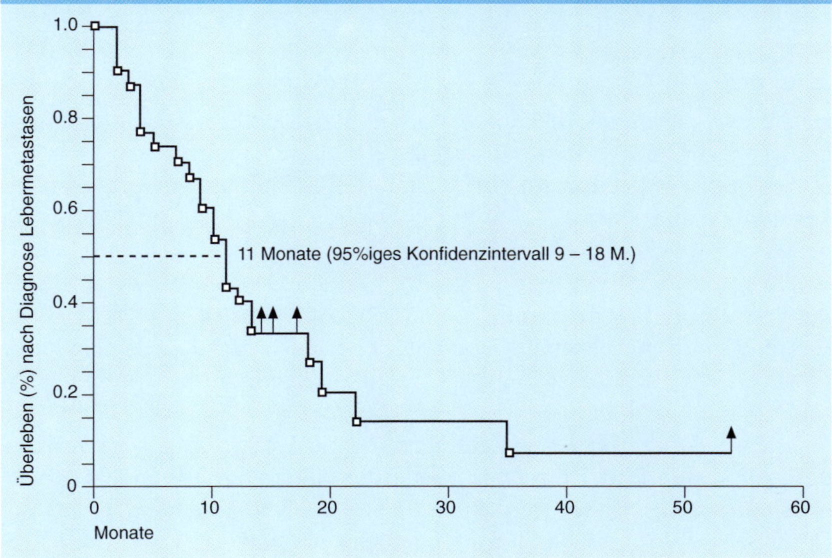

Ergebnisse der Chemoembolisation (mit Cisplatin/Polivinyl-Alkohol ± Lipiodol) von Lebermetastasen des Aderhautmelanoms (*Mavligit*) (16).

Abbildung 3

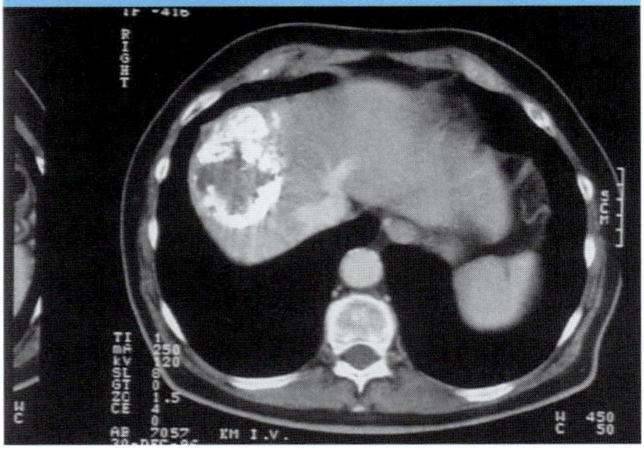

Chemoembolisation in der eigenen Klinik.

lebensrate von 12 oder fast 18 Monaten nach intraarterieller Fortemustin-Behandlung erzielt (14) (Abbildung 5).
Auch können natürlich die Lebermetastasen embolisiert werden (Abbildung 2). Hier kann Cisplatin alleine oder in Kombination mit Lipiodol, aber zusätzlich mit einem langfristig okkludierenden Embolisat zur Anwendung kommen. Bei diesen Patienten mit doch sehr begrenzter Überlebenszeit wurde damit immerhin eine mediane Überlebenszeit von 11 Monaten publiziert (16). Auch in der eigenen Klinik war die Embolisation eines solchen Tumors unproblematisch erfolgreich durchzuführen (Abbildung 3).

Abbildung 4

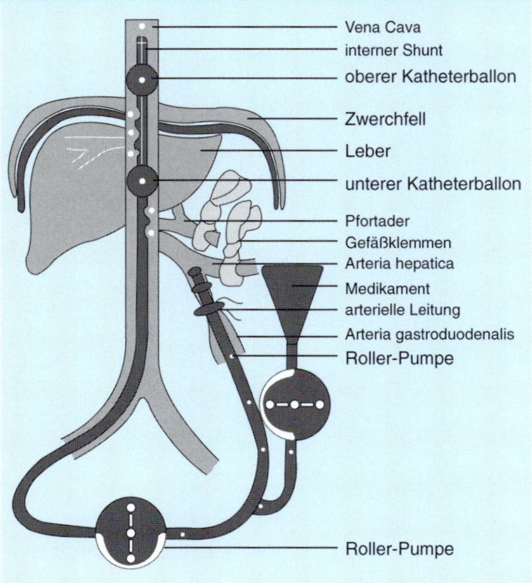

Schema der isolierten Leberperfusion.

Eine weitere Möglichkeit stellt die direkte Injektion in den Tumor dar. Neben 95%igem Alkohol, heißem Wasser und Essigsäure können auch Zytostatika verwendet werden. Erprobt wird hier ein Gemisch, eine Matrix aus Noradrenalin und Cisplatin. In Kombination mit Noradrenalin verbleibt das Zytostatikum lange am Wirkort. Dies bedeutet eine geringe Belastung des gesamten Körpers bei maximaler lokaler Wirkung. Eine weitere, aber mehr experimentelle Möglichkeit stellt eine isolierte Leberperfusion dar. Bei dieser kann die Leber aus dem Blutfluß ausgeschlossen und arteriell perfundiert werden: Dies kann vollständig chirurgisch in Anlehnung an die Lebertransplantation oder mit einem speziellen Ballonkatheter bei Blockade der Vena cava kranial und kaudal geschehen (Abbildung 4). Eventuell bieten sich andere Möglichkeiten sowohl der arteriellen als auch portalen Perfusion an, wie sie Arbeitsgruppen z.B. in Holland unter *Herrn Prof. Dr. Eggermont* durchführen.
Als ideales Medikament hat sich nicht nur bei Melanom-Lebermetastasen, sondern auch bei anderen Metastasen die Kombination von Melphalan und TNF herausgestellt. Hier wird die Perfusion über 60–80 Min. entweder normo- oder hypertherm (37–42 °C) durchgeführt. Als mögliche Komplikationen sind ein Leberversagen und ein Budd-Chiari-Syndrom beschrieben worden.

Regionale Therapie der Extremitäten – Extremitätenperfusion

Für die Behandlung von Metastasen an den Extremitäten eignet sich besonders die lokale Extremitätenperfusion. Eine typische Indikation für

Abbildung 5

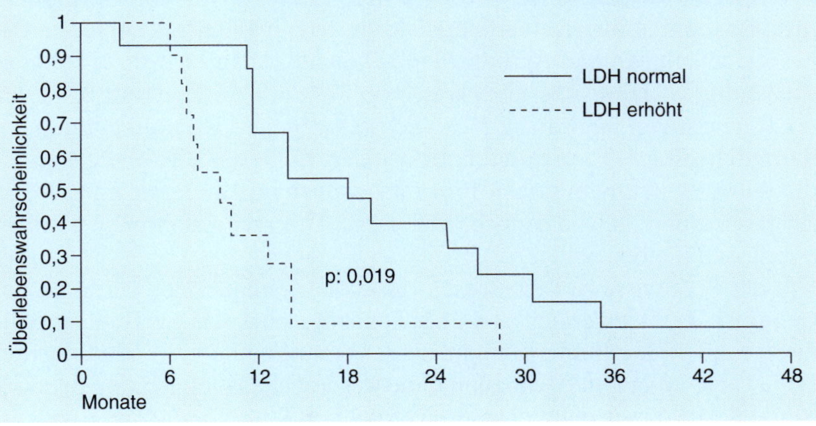

Überlebenszeit in Abhängigkeit von LDH (14).

eine Extremitätenperfusion stellen große In-transit-Metastasen am Unterschenkel dar. Die Extremitätenperfusion ist darin begründet, daß bei 20% der Patienten mit einem Rezidiv zunächst In-transit-Metastasen an der Extremität ohne weitere Herde vorliegen.
Bereits 1958 wurde erstmalig von *Ryan*, *Creech* et al. eine derartige Therapie publiziert (20). Heute existieren verschiedene Behandlungsmöglichkeiten bei In-transit-Metastasen im Bereich einer Extremität: Monochemotherapien erreichen heute Ansprechraten von 10–30%, eine Hochdosistherapie mit Interleukin-2 (IL-2) 17%, die Extremitätenperfusion 80% und die Extremitätenperfusion mit einer Kombination von Melphalan und Tumornekrosefaktor (TNF) sogar beinahe 100% (9). Beachtlich ist bei dieser Kombinationstherapie eine Rate an Vollremissionen von 65% bis 90% (Tabelle III).

Tabelle III. Ansprechraten verschiedener Therapieregime beim Malignen Melanom, modifiziert nach *Fraker* und *Goit* 1997 (10).

Therapie	Ansprechen (CR + PR)	Vollremission (CR)
Monochemotherapie	10–30	< 5
Kombinationschemotherapie	46	11
Hochdosis Interleukin-2	17	7
TIC + IL-2	34	6
Extremitätenperfusion Melphalan	80	55
Melphalan + TNF	80–100	65–90

Zusätzlich zu den in den letzten zehn Jahren in Frankfurt durchgeführten 30 Extremitätenperfusionen können die weitaus umfangreicheren Daten aus Erlangen (*Prof. Dr. Johannes Göhl* und *Prof. Dr. Hohenberger*) herangezogen werden.
In Erlangen wurden von 1973 bis 1994 163 Patienten mit einer hyperthermen Extremitätenperfusion über 60 Minuten mit einer fraktionierten Gabe von Melphalan und Actinomycin behandelt. Damit wurde eine beeindruckende 10-Jahresüberlebensrate von 37% erzielt. Die Rate kompletter Remissionen lag bei ca. 50%. Schwerwiegende Komplikationen wie therapiebedingte Extremitätenperfusionen (2%) und Todesfälle (5%), die teilweise in einem hohen Prozentsatz auch von anderen Zentren berichtet wurden, zeigen jedoch, daß diese Therapie erfahrenen Zentren überlassen bleiben sollte.
Um die Ergebnisse zu verbessern, wurde die Zeitdauer der Perfusion von 60 auf 90 Minuten verlängert und Melphalan nicht mehr als Bolus fraktioniert, sondern kontinuierlich appliziert. Damit konnte bei 17/20 Patienten (85%) eine komplette Remission ohne wesentliche Komplikationen erzielt werden. Mit dieser deutlichen Steigerung der Rate kompletter Remissionen wurden mit der TNF-Melphalan-Therapie vergleichbare Ergebnisse

erzielt, so daß vor einer weiteren Anwendung eine randomisierte Studie zur endgültigen Festlegung des Stellenwertes des TNF erfolgen muß.
Die adjuvante Extremitätenperfusion wurde lange kontrovers diskutiert. Retrospektive Studien zeigten einen Überlebenszeitvorteil für die Behandlungsgruppe. Eine randomiserte WHO-Studie zeigte zwar eine Reduktion der In-transit-Metastasen von 6,6 auf 3,3 und der regionalen Lymphknotenmetastasen von 16,7% auf 12,6%, jedoch keinen Überlebenszeitgewinn (13).

Literatur

1 Archer SG, Gray BN (1989) Vascularization of small liver metastases. Br J Surg 76 (6): 545–548

2 Armstrong BK, Kricker A (1994) Cutaneous melanoma. Cancer Surv 19: 219

3 Cancer Incidence in Five Continents (1976) World Health Organization International Agency for Research on Cancer, Vol 3, Lyon, France

4 Cantore M, Fiorentini G, Aitini E, Davitti B, Cavazzini G, Rabbi C, Lusenti A, Bertani M, Morandi C, Benedini V et al (1994) Intra-arterial hepatic carboplatin-based chemotherapy for ocular melanoma metastatic to the liver. Report of a phase II study. Tumori 80(1): 37–39

5 Collins JM (1984) Pharmacologic rationale for regional drug delivery. J Clin Oncol 2: 498–504

6 Curley SA, Hohn DC, Roh MS (1990) Cannulation techniques and other surgical considerations. Langenbecks Arch Chir 375: 119–124

7 Elwood JB, Koh HK (1994) Etiology, epidemiology, risk factors, and public health issues of melanoma. Curr Opin Oncol 6: 179

8 Falkson CI, Falkson HC (1998) Prognostic factors in metastatic malignant melanoma. Oncology 55: 59–64

9 Fraker DL, Alexander HR, Andrich M, Rosenberg SA (1996) Treatment of patients with melanoma of the extremity using hyperthermic isolated limb perfusion with melphalan, tumor necrosis factor, and interferon gamma: results of a tumor necrosis factor dose-escalation study. J Clin Oncol 14(2): 479–489

10 Fraker DL, Goit DG (1997) Isolated perfusion of extremity tumors. In: Lotze MT, Rubin JT (eds) Regional Therapie of Advanced Cancer. Lippincott-Raven, pp 333–350

11 Ketcham AS, Balch CM (1985) Classification and staging systems. In: Balch CM, Milton GW (eds) Cutaneous melanoms: clinical management and treatment results worldwide. JB Lippincott, Philadelphia, p 55

12 Kleeberg UR, Schmoll HJ (1997) Malignes Melanom. In: Schmoll HJ, Höffken K, Possinger K (Hrsg) Kompendium internistische Onkologie, Teil 2. Springer, Berlin, pp 1415–1460

13 Koops HS, Vaglini M, Suciu S, Kroon BBR, Thompson JF, Göhl J, Eggermont AMM, Di Filippo F, Krementz ET, Ruiter D, Lejeune F on behalf of the European Organization for Research and Treatment of Cancer Malignant Melanoma Cooperative Group Protocol 18832, the World Health Organization melanoma Program Trial 15, and the North American Perfusion Group, Southwest Oncology Group-8593 (1998) Prophylactic isolated limb perfusion for localized, high-risk limb melanoma: Results of a multicenter randomized phase III-Trial. J Clin Oncol 16(9): 2906–2912

14 Leyvraz S, Spataro V, Bauer J, Pampallona S, Salmon R, Dorbval T, Meuli R, Gillet M, Lejeune F, Zografos L (1997) Treatment of ocular melanoma metastatic to the liver by hepatic arterial chemotherapy 15(4): 2589–2595

15 MacKie RM, Hunter JAA, Aitchinson TC et al (1992) Cutaneous malignant melanoma. Scotland 1979–1989. Lancet 339: 971–975
16 Mavligit G, Charnsangajev C, Carrasco CH, Patt YZ, Benjamin RS, Wallace S (1988) Regression of ocular melanoma metastatic to the liver hepatic arterial chemoembolization with cisplatin and polyvinyl sponge. JAMA 260(7): 974–976
17 McLeod GR, David NC, Little JH et al (1985) Melanoma in Queensland, Australia: experience in the Queensland Melanoma Project. In: Cutaneous melanoma: clinical management and treatment results wolrdwide. JB Lippincott, Philadelphia, p 379
18 Rigel DS, Kopf AW, Friedman RJ (1987) The rate of malignant melanoma in the US: Are we making an impact? J Am Acad Dermatol 17: 1050
19 Watkins E Jr, Khazei AM, Nahra KS (1970) Surgical basis for arterial infusion chemotherapy of disseminated carcinoma of the liver. Surg Gynecol Obstet 130: 581–605
20 Ryan RF, Krementz ET, Creech O Jr, Windblad JN, Chamblee W, Check H (1958) Selected perfusion of isolated viscera with chemotherapeutic agents using an extracorporal circuit. Surgical Forum: Clinical Congress of the american College of Surgeons. Philadelphia, pp 158–161

Is extensive (regional) surgery of any use in the management of malignant melanoma?

Surgical management of primary melanoma without mutilation

A. M. M. Eggermont
Department of Surgical Oncology, University Hospital Rotterdam – Daniel den Hoed Cancer Center, Rotterdam, the Netherlands

Width of margins

In melanoma as in breast cancer surgery to manage the primary tumor has been greatly reduced. The dogma of wide excision of ≥ 5 cm, as introduced by *Handley* (1), lost its rationale when *Breslow* demonstrated that prognosis correlated closely with thickness of the primary melanoma (2). The concept of the necessity of a 5 cm margin was challenged (3, 4) and evaluated in a number of phase III trials. Three trials were conducted in patients with thin melanomas < 2 mm. In the French Trial (5) (319 patients) and the Scandinavian Trial (6) (769 patients) patients were randomized to undergo an excision with margins of 2 versus 5 cm, while in the WHO-Melanoma Program Trial 10 (7, 8) (623 patients) margins were 1 versus 3 cm. The Intergroup Trial in the USA (9, 10) (486 patients) compared different margins (2 vs 4 cm) in the management of thicker melanomas (1–4 mm melanomas). As is illustrated in table I, all trials had very similar results: local recurrence rates, diseasefree survival (DFS) and overall survival (OS) were virtually identical in the narrow excision and the wide excision arm in all four trials. The conclusion from these trials is that a 1 cm margin is sufficient for melanomas < 2 mm and that a margin of 2 cm is adequate for melanomas 1–4 mm. A nonrandomized study based on 278 cases treated at the M.D. Anderson and the Lee Moffit Cancer Center (11) demonstrated lack of impact of wider than 2 cm excision margins on the local recurrence rate in patients with melanomas thicker than 2 mm and showed identical DFS and OS rates in both treatment groups. Taken together it can be stated that a 2 cm margin can be considered adequate for all melanomas thicker than 2 mm. This means that virtually all melanomas at any site can be treated by excision and primary closure. The ongoing trial, UK-MCG trial (12), which compares 1 cm versus 3 cm excision margins in patients with melanomas thicker than 2 mm will determine whether perhaps all melanomas, regardless of thickness, can be managed by 1 cm margins. It stands to reason that histopathologically free margins should be adequate, that primary closure is the rule and that split skin grafts will be something of the past.

Table I. Surgical margins in management of primary melanoma and outcome.

Study (Ref)	Margins	No. of pts.	NE LR (%)	WE LR (%)	NE OS (%)	WE OS (%)	AT (years)
Melanomas < 2 mm							
WHO-10 (7, 8)	1 vs 3	623	2.5	1.0	87	87	10
French Trial (5)	2 vs 5	319	–	–	93	90	4
Scandinavian (6)	2 vs 5	769	0.8	1.0	90	93	5
Melanomas 1–4 mm							
Intergroup Trial (8)	2 vs 4	486	0.8	1.7	80	82	6
Update (9)	2 vs 4	470	2.1	2.6	ns	ns	8
Melanomas > 2 mm							
Nonrandomized	< 2 vs 3–5	278	8	16	58	50	5
UK-MCG Trial (11)	1 vs 3	> 800	–	–	–	–	

Abbreviations: Ref = reference; pts = patients; NE = narrow excision; WE = wide excision; AT = adjuvant therapy; LR = local recurrence; OS = overall survival

Routine elective lymph node dissection

In the past routine immediate or elective lymph node dissection (ELND) has been practised widely based on the hypothesis that micrometastases from the primary melanoma disseminate sequentially from the primary tumor to regional lymph nodes and then to distant sites. If this holds true then survival should be increased if nodal metastases are removed before they spread further. Now, as in breast cancer, it is acknowledged that lymphatic spread occurs rather in parallel to hematogenous spread and that lymph node metastases are »indicators rather than gouvernors of survival« (13). Of note is the report by *Cascinelli* and coworkers that only half of the patients demonstrate regional lymph node metastases prior to metastases at other sites (14). It is therefore very unlikely that removal of lymph nodes containing micrometastases changes the prognosis as most often widespread micrometastatic disease is present (15).
Retrospective studies usually demonstrated a survival benefit in patients treated by excision of the primary followed by immediate regional lymph node dissection (16, 17, 18, 19). The use of historic controls and data bases often suffers from selection bias and differences in staging procedures at different periods and can only be used for hypothesis building but rarely, if ever, have the power to bring proof of a concept. Three large studies comprising some 10 000 patients, that did not compare results between different time periods, one by *Drepper* and coworkers in Germany (20), the careful analysis of the very large Duke University database by *Slingluff* et al. (21) and the methodologically correct reanalysis of the Australian database by *Coates* and coworkers (22) failed to show an overall benefit of ELND, not even in the patients with a primary of inter-

mediate thickness. Only in some subgroups, without any logical pattern or biologically plausible explanation, sometimes a small benefit of ELND was observed. Only properly conducted prospective phase III trials can provide an answer. Thusfar four trials have been conducted. These trials have failed to demonstrate a significant effect of ELND on overall survival. In the first two trials, the large WHO-1 Trial (23, 24) and in the much smaller Mayo Clinics Trial (25, 26) no benefit was observed for the ELND arm of the studies. Patients with microscopically involved lymph nodes in the ELND arm did not fare better than the patients who underwent a delayed lymph node dissection for clinically positive nodes. The overall outcome of the USA Intergroup trial in patients with intermediate primaries of 1–4 mm thickness was also negative, in spite of the title of the report of this trial (27). No benefit of ELND did occur in the 2–3 mm or 3–4 mm thick melanomas but only in the patients with relatively thin melanomas of 1–2 mm in thickness. The observation that a benefit for ELND was observed in patients younger than 60 years old, whereas almost the reverse was seen in patients over 60 years old, is not understood and most likely the result of the many subgroup analyses performed, with or without proper stratification in the design of the trial. The recently reported WHO-trial in patient with primary melanomas thicker than 1.5 mm did also not show a significant benefit of ELND overall. In this trial, however, patients with micrometastases in the lymph nodes discovered after ELND fared better than the patients who underwent a delayed lymph node dissection for clinically positive nodes. This observation differs from the results of the much larger WHO-1 trial on ELND in patients with melanomas of the extremities (23, 24). In patients with thick primaries (> 1.5 mm) only an estimated 20–25% will harbor micrometastatic disease in the regional lymph nodes, and even in these patients immediate lymph node dissection has only in one out of four trials shown to have some impact. Routine ELND is at any rate gross overtreatment of the patient population and must be abandoned.

Sentinel node procedure

Obviously the sentinel node procedure (or selective lymph node dissection: SLND) presents an attractive option to circumvent the problem of overtreatment and of inflicting morbidity on the whole patient population (28, 29, 30). It should be realized, however, that it is unlikely that selective lymph node dissection (SLND) will improve survival. The use of SLND will dissect heterogeneous groups of patients (stage IIA–IIB) into node-positive and node-negative populations with clearly different prognosis and thereby lead to cleaner phase III trials to identify therapeutic systemic regimens in high risk melanoma patients to treat the concomittant systemic micrometastatic disease. SLND may well only be beneficial to select patients for adjuvant treatment once a confirmed active adjuvant treatment has been identified. Since the unblinding of the ECOG 1690 trial (31) demonstrated that the efficacy of high dose interferon therapy – as observed in the ECOG 1684 trial (32) – could not be confirmed, it is clear that unfortunately adjuvant systemic therapy of (confirmed) efficacy has still not been identified in melanoma. The prolongation of Disease Free Survival in patients with primary melanomas thicker than 1.5 mm after adjuvant therapy with low dose IFN-alpha in the French and Austrian trials is most likely an effect observed only in patients with micrometastatic metastases in the lymph nodes at the time of surgery for the primary melanoma (33, 34). This is about 30–40% of the total patient population and thus the effect is quite diluted and may explain why no significant impact on survival has been reported thusfar. Therefore future trials must be conducted in clearly defined patient populations and the sentinel node procedure will be of great importance to achieve this goal. The SLND will play an increasingly important role in trial design and will become the most important and mandatory stratification factor in adjuvant trials, as is the case in the ongoing EORTC-Melanoma Cooperative Group Trials (35, 36).

Prophylactic isolated limb perfusion

The technique of regional isolated limb perfusion utilizing an extracorporeal circuit was pioneered by *Creech* and coworkers (37). The advantage of this treatment modality is that a high dose of cytostatic drug can be delivered to the tumor bearing extremity without producing systemic side effects. ILP permits regional cytostatic concentrations 15 to 20 times higher than those reached after systemic administration (38). The standard drug in this setting is melphalan (L-phenyl-alaninemustard) (39, 40).

Isolated limb perfusion was believed to have an impact on survival in the treatment of high risk primary melanoma through the mechanism of ridding the extremity of in-transit micrometastases, being in-transit on their way to form regional lymph node metastases and established in-transit metastases in the (sub)cutaneous compartment. Macroscopic in-transit metastases are known to develop in 5–8% of the patients with a high risk primary melanoma.

Retrospective studies suggested, as studies using historic control invariably seem to do (!), that a prophylactic ILP (just like ELND) improved outcome in patients with high risk primary melanoma (41, 42). A very well conducted retrospective study in a large matched-controlled population evaluating the effect of adjuvant ILP with melphalan after excision of a primary melanoma > 1.5 mm did not show any significant benefit from adjuvant ILP (43). The results of a randomized trial, claiming a survival benefit after ILP are very questionable because of sample size and the unusually unfavourable outcome in the control arm of this prematurely closed trial (44, 45). Another study, in the United Kingdom, was stopped after a negligible number of patients (n = 30) had entered the study. In spite of this the results were analysed and reported recently suggesting a benefit for ILP in this aborted phase III trial (46). The only valid and definitive trial addressing the question of the value of a prophylactic ILP with melphalan in the management of high risk primary melanoma of the extremity is the intergroup trial of the EORTC-WHO and NAPG (North American Perfusion Group). Over a period of ten years 852 patients were randomized of which 832 were evaluable. At a median follow-up of > 6 years a definitive analysis was performed and recently reported (47). ILP had only a regional effect and a significant reduction of the appearance of in-transit metastases was noted (reduction from 6% to 3%). A reduction of regional lymph node metastases (or a delay in their appearance) was noted without any effect on the appearance of distant metastases. Thus prophylactic ILP had absolutely no effect on overall survival. Prophylactic ILP should no longer be performed. It is a harmful procedure with significant morbidity and costs and without any impact on survival.

Treatment of symptomatic regional lymph nodes

Surgery is the treatment of choice to deal with regional metastatic disease. Full regional lymph node dissections for metastases in the head and neck region, the axilla and the groin are the offer the only chance for cure and are the best therapy to achieve permanent local control. Survival after a therapeutic lymph node dissection varies from 20–40% and the higher the number of involved lymph nodes the poorer the survival (48, 49, 50). For clinically involved inguinal lymph nodes is has been clearly demonstrated that a deep or ilioinguinal groin dissection achieves the best local control, but is not superior in terms of survival rates after surgery in comparison to superficial or inguinal lymph node dissection (51).

Treatment of in-transit metastases of the extremities

Melanoma recurs locally in the extremity mostly in the form of in-transit metastases (in 5–8% of melanoma patients) and can present an appaling problem to the patient. Various locoregional treatment options exist, but effective management of regionally recurrent melanoma remains a challenge. The choice depends primarily on the number and size of the lesions and on the general condition of the patient. Treatments vary from (mul-

tiple) excision(s), laser-evaporation, intralesional injection of interferons, regional chemotherapy i.e. isolated limb infusions and isolated limb perfusions (40).
A single or only a few in-transit metastases are initially usually treated by surgical excision. Carbon-dioxide laser management of recurrences seems successful only in the management of small nodules (< 1.5 cm) (52). Intralesional injections with interferons yields modest response rates of short duration. Intraarterial or systemic chemotherapy is mostly ineffective.
Isolated Limb Perfusion (ILP) is the treatment of choice for bothersome multiple in-transit metastases and is the most effective option, providing excellent local control but no clear survival benefit (53). ILP is an expensive and complicated procedure. However, about 25% of the patients with stage II–IIIa are alive at 5–10 years (54). Thus ILP can be curative. A single ILP with melphalan yields an overall response rate of about 80% (40% CR, 40% PR) (55). Hyperthermia may improve response rates, but at the cost of increased regional toxicity (56). Addition of Tumor Necrosis Factor-alpha (TNF) to melphalan has proven most effective in terms of response rate: yielding a 80–90% complete response rate, and an overall response rate of about 100% (57, 58). Whether TNF also improves significantly the time to local recurrence or progression is not yet clear. TNF is most effective and beneficial in case of bulky (sarcoma-like) disease (40, 59). This is in line with the spectacular effects on irresectable soft tissue extremity sarcomas (60, 61). This question needs to be addressed in a randomized trial (62). Another most important development is the hypoxic isolated limb infusion (ILI) procedure. This short, simple, easily repeatable, and cheep procedure seems to be as effective as a standard ILP with melphalan and results may be further improved by adding TNF (63). A serious shortcoming of many reports in the literature is that often duration of local tumor control is not reported, in spite of the fact that this is the most important measurestick of success. The main issue for the future will be cost-effective prolongation of the limb recurrence-free interval.

Surgery of isolated distant metastases

Despite the well-recognized tendency of melanoma to disseminate widely, surgical excision of metastases can provide excellent palliation and sometimes long-term survival in selected patients. Excision of multiple metastases from multiple organ sites does not improve outcome. But some patients with multiple metastases in the same organ, such as the lung, may enjoy long-term survival. Soft tissue sites are usually associated with a more favourable prognosis than visceral sites (*Keilholz*).

Subcutaneous and lymph node metastases

Metastatic deposits in subcutaneous sites and lymph nodes are in patients with disseminated melanoma and may represent the only manifestation of disease. Surgical excision of these clinically involved sites can be of palliative value in order to prevent local problems and may be associated with prolonged disease-free periods and a median survival as long as 29 months (64).

Lung metastases

Occasionally patients present with a solitary pulmonary nodule as the only manifestation of recurrent melanoma. The value of thoracotomy or sternotomy in this setting remains controversial and depends on the biologic behaviour of the tumor, such as a slow doubling time (65). In patients with apparently solitary pulmonary metastases 5-year survival rates of up to 35% have been reportes (65, 66, 67, 68).

Gastrointestinal metastases

Gastrointestinal metastases from metastatic melanoma may produce blood loss or symptoms of acute obstruction due to an intussuscepting segment of small bowel. Indications for surgery are most frequently associated with acute bowel obstruction from intussuscepting small bowel or chronic GI bleeding (69). Surgery is of palliative value and may sometimes be followed by long asymptomatic, but prolonged survival is unusual.

Brain metastases

Solitary brain metastases are preferentially treated by stereotactic radiation therapy. Surgical removal of solitary brain metastases may relieve associated symptoms and occasionally results in long-term survival (70, 71). Postoperative cranial radiotherapy is generally considered of value since other occult lesions may exist.

Summary

The value of big surgery for primary melanomas is overestimated, while the value of surgery for local metastatic problems is underestimated. Wide and mutilating excisions, elective lymph node dissections and prophylactic isolated limb perfusions are uncalled for in the standard management of primary melanoma. Phase III trials have demonstrated that extensive surgical procedures such as margins wider than 2 cm, elective lymph node dissections and prophylactive isolated limb perfusions, bring no survival benefit in comparison to limiting the surgery of the primary melanoma to an excision with a relatively narrow margin of maximally 2 cm and primary closure. The prognosis of patients with primary melanomas depends on the presence or absence of systemic micrometastatic disease. This can not be changed by extended locoregional surgical procedures. The sentinel node procedure provides us with the best information regarding the prognosis of the patient. In case of a positive node, full regional lymph node dissection by itself is unlikely to improve the prognosis of the patient significantly. In the absence of a standard adjuvant therapeutic regimen of proven efficacy for lymph node positive patients the value of the sentinel node procedure is limited to providing us with the best staging system to perform clean phase III trials to discover an effective adjuvant systemic therapy. In spite of many trials no standard systemic therapy has been defined in any stage of melanoma and it is mandatory to enter patients into trials that try to define these treatments instead of offering them treatments without proof of efficacy.

Surgery provides often the only adequate option for the management of symptomatic regional disease such as lymph node metastases and in-transit metastases. Surgery is the only effective method to achieve local control and possibly cure. Ilioinguinal groin dissections may provide better local control than superficial groin dissections but will not be superior in terms of survival. This justifies also surgery for isolated distant metastases and palliative surgery for metastases to the gastrointestinal tract that may cause ileus and bleeding. The management of in-transit metastases to the limbs depends on the tumor burden and may vary from simple excision(s) to evaporation by laser, to Isolated Limb Perfusion in case of multiple lesions. For very bulky disease the addition of TNFalpha seems of particular value.

In short: extended (regional) surgical procedures are of no or little use as adjuvant procedures, but quite useful in the treatment of symptomatic (metastatic) disease.

References

1 Handley WS (1907) The pathology of melanotic growths in relation to their operative treatment. Lancet i: 927–933

2 Breslow A (1970) Thickness, cross-sectional areas and depth of invasion in the prognosis of cutaneous melanoma. Ann Surg 172: 902–908

3 Day CL (1982) Narrower margins for clinical stage I melanoma. N Engl J Med 306: 479–481

4 Ackerman AB (1983) How wide and deep is wide and deep enough? Hum Pathol 14: 743–744
5 Banzet P, Thomas A, Vuillemin E et al (1993) Wide versus narrow surgical excision in thin (< 2 mm) stage I primary cutaneous malignant melanoma: long term results of a french multicentric prospective randomized trial on 319 patients. Proc Am Assoc Clin Oncol 12: 387
6 Ringborg U, Andersson R, Eldh J et al (1996) Resection margins of 2 versus 5 cm for cutaneous malignant melanoma with a tumor thickness of 0.8 to 2.0 mm: randomized study by the Swedish Melanoma Study Group. Cancer 77: 1809–1814
7 Veronesi U, Cascinelli N, Adamus J et al (1988) Thin stage I primary cutaneous malignant melanoma. Comparison of excision with margins of 1 or 3 cm (published erratum appears in N Engl J Med 1991 Jul 25, 325(4): 292). N Engl J Med 318: 1159–1162
8 Cascinelli N (1995) Update WHO-10 trial. WHO-program meeting. May 1995, Albany, NY, USA, p 317–321
9 Balch CM, Urist MM, Karakousis CP et al (1993) Efficacy of 2-cm surgical margins for intermediate-thickness melanomas (1 to 4 mm). Results of a multi-institutional randomized surgical trial (see comments). Ann Surg 218: 262–267; discussion: 267–269
10 Karakousis CP, Balch CM, Urist MM et al (1996) Local recurrence in malignant melanoma: long-term results of the multiinstitutional randomized surgical trial. Ann Surg Oncol 3: 446–452
11 Heaton KM, Sussman JJ, Gershenwald JE et al (1998) Surgical margins and prognostic factors in patients with thick (> 4 mm) primary melanoma. Ann Surg Oncol 5: 322–328
12 Ball A, Thomas J (1995) Surgical management of malignant melanoma. Br Med Bull 51: 584–608
13 Cady B (1984) Lymph node metastases. Indicators, but not governors of survival. Arch Surg 119: 1067–1072
14 Cascinelli N (1983) Metastatic spread of stage I melanoma of the skin. Tumori 69: 449–454
15 Cady B (1988) "Prophylactic" lymph node dissection in melanoma: does it help? (editorial). J Clin Oncol 6: 2–4
16 Balch CM, Murad TM, Soong SJ et al (1979) Tumor thickness as a guide to surgical management of clinical stage I melanoma patients. Cancer 43: 883–888
17 Balch CM, Soong SJ, Milton GW et al (1982) A comparison of prognostic factors and surgical results in 1,786 patients with localized (stage I) melanoma treated in Alabama, USA, and New South Wales, Australia. Ann Surg 196: 677–684
18 Milton GW, Shaw HM, McCarthy WH et al (1982) Prophylactic lymph node dissection in clinical stage I cutaneous malignant melanoma: results of surgical treatment in 1319 patients. Br J Surg 69: 108–111
19 Reintgen DS, Cox EB, McCarty KS Jr et al (1983) Efficacy of elective lymph node dissection in patients with intermediate thickness primary melanoma. Ann Surg 198: 379–385
20 Drepper H, Kohler CO, Bastian B et al (1993) Benefit of elective lymph node dissection in subgroups of melanoma patients. Results of a multicenter study of 3616 patients. Cancer 72: 741–749
21 Slingluff CL Jr, Stidham KR, Ricci WR et al (1994) Surgical management of regional lymph nodes in patients with melanoma. Ann Surg 219: 120–130
22 Coates AS, Ingvar CI, Petersen-Schaefer K et al (1995) Elective lymph node dissection in patients with primary melanoma of the trunk and limbs treated at the Sydney Melanoma Unit from 1960 to 1991 (see comments). J Am Coll Surg 180: 402–409
23 Veronesi U, Adamus J, Bandiera DC et al (1977) Inefficacy of immediate node dissection in stage I melanoma of the limbs. N Engl J Med 297: 627–630
24 Veronesi U (1982) Delayed regional lymph node dissection in stage I melanoma of the skin of the lower extremities. Cancer 49: 2420–2430

25 Sim FH (1985) A prospective randomize study of the efficacy of routine elective lymphadenopathy in management of malignant melanoma; preliminary results. Cancer 41: 948–951
26 Sim FH (1986) Lymphadenectomy in the management of stage I malignant melanoma: a prospective randomized study. Mayo Clin Proc 61: 697–705
27 Balch CM, Soong SJ, Bartolucci AA et al (1996) Efficacy of an elective regional lymph node dissection of 1 to 4 mm thick melanomas for patients 60 years of age and younger. Ann Surg 224: 255–263; discussion: 263–266
28 Morton DL, Wen DR, Wong JH et al (1992) Technical details of intraoperative lymphatic mapping for early stage melanoma. Arch Surg 127: 293–299
29 Ross MI (1997) Prospektive randomized trials in melanoma: defining contemporary surgical roles. Cancer Treat Res 90: 1–27
30 Reintgen DS, Brobeil A (1998) Lymphatic mapping and selective lymphadenectomy as an alternative to elective lymph node dissection in patients with malignant melanoma. Hematol Oncol Clin North Am 12: 807–821
30 Kirkwood JM, Ibrahim J, Sondak V et al (1998) Role of high-dose IFN in high-risk melanoma. ESMO Congress Report, Athens November 1998
32 Kirkwood J (1996) Interferon alpha-2b adjuvant therapy of high-risk resected cutaneous melanoma: The Eastern Cooperative Oncology Group Trial EST 1648. J Clin Oncol 17: 7–17
33 Grob JJ, Dreno B, de la Salmoniere P et al (1998) Randomised trial of interferon alpha-2a as adjuvant therapy in resected primary melanoma thicker than 1.5 mm without clinically detectable node metastases. French Cooperative Group on Melanoma (see comments). Lancet 351: 1905–1910
34 Pehamberger H, Soyer HP, Steiner A et al (1998) Adjuvant interferon alpha-2a treatment in resected primary stage II cutaneous melanoma. Austrian Malignant Melanoma Cooperative Group. J Clin Oncol 16: 1425–1429
35 Eggermont A M (1997) The current EORTC Melanoma Cooperative Group adjuvant trial programme on malignant melanoma: prognosis versus efficacy, toxicity and costs. Melanoma Res 7, Suppl 2: 127–131
36 Eggermont AM (1998) Strategy of the EORTC-MCG trial programme for adjuvant treatment of moderate-risk and high-risk melanoma. Eur J Cancer 34, Suppl 3: 22–26
37 Creech DG (1958) Chemotherapy of cancer: regional perfusion utilizing an extracorporeal circuit. Melanoma Res 4: 616–632
38 Benckhuijsen C, Kroon BB, van Geel AN, et al (1988) Regional perfusion treatment with melphalan for melanoma in a limb: an evaluation of drug kinetics. Eur J Surg Oncol 14: 157–163
39 Thompson JF, Gianoutsos MP (1992) Isolated limb perfusion for melanoma: effectiveness and toxicity of cisplatin compared with that of melphalan and other drugs. World J Surg 16: 227–233
40 Eggermont AM (1996) Treatment of melanoma in-transit metastases confined to the limb. Cancer Surv 26: 335–349
41 McBride CM, Sugarbaker EV, Hickey RC (1975) Prophylactic isolation-perfusion as the primary therapy for invasive malignant melanoma of the limbs. Ann Surg 182: 316–324
42 Martijn H, Schraffordt Koops H, Milton GW et al (1986) Comparison of two methods of treating primary malignant melanomas Clark IV and V, thickness 1.5 mm and greater, localized on the extremities. Wide surgical excision with and without adjuvant regional perfusion. Cancer 57: 1923–1930
43 Franklin HR, Schraffordt Koops H, Oldhoff J et al (1988) To perfuse or not to perfuse? A retrospective comparative study to evaluate the effect of adjuvant isolated regional perfusion in patients with stage I extremity melanoma with a thickness of 1.5 mm or greater. J Clin Oncol 6: 701–708
44 Ghussen F, Nagel K, Groth W et al (1984) A prospective randomized study of regional extremity perfusion in patients with malignant melanoma. Ann Surg 200: 764–768

45 Ghussen F (1989) Hyperthermic perfusion with chemotherapy in melanoma of the extremities. World J Surg 13: 598–604

46 Fenn NJ, Horgan K, Johnason RC et al (1997) A randomized controlled trial of prophylactic isolated cytotoxic perfusion for poor-prognosis primary melanoma of the lower limb. Eur J Surg Oncol 23: 6–9

47 Koops HS, Vaglini M, Suciu S et al (1998) Prophylactic isolated limb perfusion for localized, high-risk limb melanoma: results of a multicenter randomized phase III trial. European Organization for Research and Treatment of Cancer Malignant Melanoma Cooperative Group Protocol 18832, the World Health Organization Melanoma Program Trial 15, and the North American Perfusion Group Southwest Oncology Group-8593. J Clin Oncol 16: 2906–2912

48 Balch CM, Soong SJ, Morad TM et al (1981) A multifactorial analysis of melanoma: III. Prognostic factors in melanoma patients with lymph node metastases (stage II). Ann Surg 193: 377–388

49 Callery C, Cochran AJ, Roe DJ et al (1982) Factors prognostic for survival in patients with malignant melanoma spread to the regional lymph nodes. Ann Surg 196: 69–75

50 Morton DL, Wanek L, Nizze JA et al (1991) Improved long-term survival after lymphadenectomy of melanoma metastatic to regional nodes. Analysis of prognostic factors in 1134 patients from the John Wayne Cancer Clinic. Ann Surg 214: 491–499 (discussion 499–501)

51 Coit D, Brennan MF (1989) Extent of lymph node dissection in melanoma of the trunk or lower extremity. Arch Surg 124: 162–166

52 Hill S, Thomas JM (1996) Use of the carbon dioxide laser to manage cutaneous metastases from malignant melanoma. Br J Surg 83: 509–512

53 Hafstrom L, Rudenstam CM, Blomquist E et al (1991) Regional hyperthermic perfusion with melphalan after surgery for recurrent malignant melanoma of the extremities. Swedish Melanoma Study Group (see comments). J Clin Oncol 9: 2091–2094

54 Klaase JM, Kroon BB, Van Geel AN et al (1994) Limb recurrence-free interval and survival in patients with recurrent melanoma of the extremities treated with normothermic isolated perfusion. J Am Coll Surg 178: 564–572

55 Vrouenraets BC, Nieweg OE, Kroon BB (1996) Thirty-five years of isolated limb perfusion for melanoma: indications and results. Br J Surg 83: 1319–1328

56 Vrouenraets BC, Klaase JM, Nieweg OE et al (1998) Toxicity and morbidity of isolated limb perfusion. Semin Surg Oncol 10: 52–60

58 Lienard D, Ewalenko P, Delmotte JJ et al (1992) High-dose recombinant tumor necrosis factor alpha in combination with interferon gamma and/melphalan in isolation perfusion of the limbs for melanoma and sarcoma. J Clin Oncol 10: 52–60

58 Lienard D, Eggermont AM, Schraffordt Koops H et al (1994) Isolated perfusion of the limb with high-dose tumour necrosis factor-alpha (TNF-alpha), interferon-gamma (IFN-gamma) and melphalan for melanoma stage III. Results of a multi-centre pilot study. Melanoma Res 4, Suppl 1: 21–26

59 Fraker DL; Alexander HR, Andrich M et al (1995) Palliation of regional symptoms of advanced extremity melanoma by isolated limb perfusion with melphalan and high-dose tumor necrosis factor. Cancer J Sci Am 1: 122

60 Eggermont AM, Schraffordt Koops H, Klausner JM et al (1996) Isolated limb perfusion with tumor necrosis factor and melphalan for limb salvage in 186 patients with locally advanced soft tissue extremity sarcomas. The cumulative multicenter European experience. Ann Surg 224: 756–764; discussion: 764–765

61 Eggermont AM, Schraffordt Koops H, Lienard D et al (1996) Isolated limb perfusion with high-dose tumor necrosis factor-alpha in combination with interferon-gamma and melphalan for nonresectable extremity soft tissue sarcomas: a multicenter trial (see comments). J Clin Oncol 14: 2653–2665

62 Lienard D, Eggermont AM, Kroon BB et al (1998) Isolated limb perfusion in primary and recurrent melanoma: indications and results. Semin Surg Oncol 14: 202–209
63 Thompson JF, Kam PC, Waugh RC et al (1998) Isolated limb infusion with cytotoxic agents: a simple alternative to isolated limb perfusion. Semin Surg Oncol 14: 238–247
64 Karakousis CP, Velez A, Driscoll BA et al (1995) Metastasectomy in malignant melanoma. Surgery 115: 295–300
65 Tafra L, Dale PS, Wanek LA et al (1995) Resection and adjuvant immunotherapy for melanoma metastatic to the lung and thorax. J Thorac Cardiovasc Surg 110: 119–125
66 Cahan WG (1973) Excision of melanoma metastases to the lung. Problems in diagnosis and management. Ann Surg 178: 703–709
67 Mathisen DJ, Flye MN, Peabody J (1975) The role of thoracotomy in the management of pulmonary metastases from malignant melanoma. Ann Thorac Surg 27: 295–301
68 Marincola FM, Mark JBD (1990) Selective factors resulting in improved survival after surgical resection of tumors metastatic to the lung. Arch Surg 135: 1387–1392
69 Worman ILD, Smith JW, Soong SJ et al (1986) Surgery as palliative treatment for distant metastases of melanoma. Ann Surg 204: 181–185
70 Fell DA, Leavens ME, McBride CM (1980) Surgical versus non-surgical management of metastatic melanoma to the brain. Neuro Surg 7: 230–235
71 Patchell RA, Tibbs PA, Walsh JW et al (1990) A randomized trial of surgery in the treatment of single metastases to the brain. N Engl J Med 322: 494–499

Perkutane Strahlentherapie bei der palliativen Behandlung des Malignen Melanoms

C. F. Hess, E. Weiss
Abteilung für Strahlentherapie und Radioonkologie,
Georg-August-Universität Göttingen

Einleitung

Wie bei anderen bösartigen Tumorerkrankungen hat die Strahlentherapie einen festen Platz bei der symptomorientierten Behandlung des metastasierten Malignen Melanoms. Dabei orientiert sich ihr Einsatz vorwiegend an der jeweils gegebenen klinischen Gesamtproblematik. Besondere Berücksichtigung finden Art, Ausmaß und Ursache der jeweils vorliegenden Beschwerden, der Gesamtzustand des Patienten und die zu erwartende Überlebenszeit, aber auch Effektivität und Risiken alternativer Therapieverfahren.
Darüber hinaus muß der Strahlentherapeut in jedem individuellen Fall Ausdehnung und Lokalisation der ursächlichen Tumormanifestation in Erwägung ziehen und spezifische strahlenbiologische Eigenschaften des Malignen Melanoms beachten. In der vorliegenden Arbeit sollen diese klinischen und strahlenbiologischen Aspekte sowie spezifische, häufiger auftretende Probleme der palliativen Radiotherapie des Malignen Melanoms erörtert werden.

Klinische Aspekte

Bei einer Vielzahl von metastasenbedingten Symptomen ist die Strahlentherapie eine etablierte und effektive Behandlungsmaßnahme. Im Gegensatz zu anderen symptomatischen Maßnahmen – wie der medikamentösen Schmerztherapie – reduziert die Radiotherapie jedoch nicht nur die tumorbedingten Beschwerden, sondern wirkt gleichzeitig kausal gegen die Tumorerkrankung. Besonders wirksam ist sie bei Beschwerden, die durch lokalisierte Manifestationen eines Malignen Melanoms verursacht sind (6, 9, 13).
Dabei sollten Zielvolumina, Gesamtdosis, Einzeldosis und Therapiedauer so geplant werden, daß einerseits eine zuverlässige Besserung der jeweiligen Symptomatik erreicht wird, andererseits aber Akutnebenwirkungen vermieden werden. Dies bedeutet, daß das Bestrahlungsvolumen

durch eine geeignete Bestrahlungstechnik auf die symptomatischen Tumormanifestationen konzentriert wird, die Bestrahlungsdurchführung mit hoher Präzision erfolgt und die Anzahl der Fraktionen sowie die Gesamtdauer der Therapie, soweit vertretbar, reduziert werden. Eine symptomorientierte Strahlentherapie sollte stets so rasch wie möglich begonnen werden, um die Beschwerden des Patienten – bei meistens limitierter Überlebenszeit – so schnell wie möglich zu lindern. Klassische Notfallsituationen für den Strahlentherapeuten sind eine Querschnittsymptomatik bei rückenmarksnaher Tumorbildung sowie eine obere Einflußstauung (6, 9, 13).

Bei Metastasen eines Malignen Melanoms kann in den meisten klinischen Situationen eine Besserung tumorbedingter Symptome schon in den ersten Wochen der Strahlenbehandlung beobachtet werden. Dies gilt insbesondere für eine metastasenbedingte Schmerzsymptomatik. In diesen Fällen kann die initial unabdingbar notwendige begleitende medikamentöse Therapie (Schmerztherapie, Kortikosteroide bei Ödembildung in Gehirn und Rückenmark) schon im Verlauf der Radiatio reduziert werden. Wichtig ist zudem, etwaige Akutreaktionen der Strahlenbehandlung durch wirksame supportive Maßnahmen wie Antiemetika frühzeitig und effektiv zu behandeln. Im wesentlichen erfolgen die Indikation sowie das praktische Vorgehen der symptomorientierten Strahlentherapie bei Malignen Melanomen dem generellen Procedere in der palliativen Tumortherapie. Die wesentlichen Kriterien für die Therapieentscheidung sowie für ihre praktische Durchführung sind in den Tabellen I und II zusammenfassend aufgeführt.

Tabelle I. Fünf Fragen bei der palliativen Therapieentscheidung.
Ist die Erkrankung nicht mehr heilbar?
Ist eine Tumormanifestation als Ursache der Beschwerden definiert?
Welche Therapie läßt die Besserung der Beschwerden am ehesten erwarten?
Welche Behandlung kann der Patient am besten tolerieren?
Sind die Nebenwirkungen der Behandlung weniger schwerwiegend als die aktuellen tumorbedingten Symptome?

Tabelle II. Vorgehen bei symptomorientierter Strahlentherapie.
Beachte den aktuellen Gesundheitszustand des Patienten sowie den bisherigen Krankheitsverlauf.
Definiere das Behandlungsziel.
Stimme den Therapievorschlag ab mit dem Patienten, seiner Familie und den anderen Mitgliedern des Behandlungsteams.
Bestimme das Bestrahlungskonzept: präzise, effektive und schonende Bestrahlung.
Vermeide Akutnebenwirkungen.
Achte auf ausreichende Supportivmaßnahmen.

Strahlenbiologische Aspekte: Auswirkung auf Gesamtdosis und Fraktionierung der Strahlentherapie

Aufgrund früherer strahlenbiologischer und klinischer Erfahrungen galt das Maligne Melanom lange Zeit als relativ strahlenresistent. Neuere Untersuchungen haben jedoch gezeigt, daß die Strahlenempfindlichkeit maligner Melanomzellen einer breiten Variation unterliegt (14). Diese strahlentherapeutischen Aspekte, die für den Einsatz der Radiotherapie in kurativer Zielsetzung von großer Bedeutung sind, verlieren in palliativen Behandlungssituationen weitgehend an Relevanz (6).
Bei der symptomorientierten Behandlung tritt dagegen die klinisch zu erwartende Reduktion metastasenbedingter Beschwerden in den Vordergrund. Auch hier konnten sich früher gegebene Empfehlungen zur Dosierung und Fraktionierung in der Palliativtherapie des Malignen Melanoms in später durchgeführten klinischen Analysen nicht bestätigen. Insbesondere zeigte sich, daß die von *Habermalz* und *Fischer* sowie von *Overgaard* empfohlene Anwendung hoher Einzeldosen (teilweise > 8 Gy) nicht mit einer höheren Effektivität im Vergleich zu Einzeldosen von 2,0–3,0 Gy vergesellschaftet war (7, 15). Insgesamt kann man somit derzeit davon ausgehen, daß eine in der Palliativtherapie übliche Fraktionierung von Einzeldosen zwischen 2,0 und 3,0 Gy sowie einer Gesamtdosis von 30–40 Gy auch bei der symptomorientierten Behandlung des metastasierten Malignen Melanoms angemessen ist. Im Einzelfall sollten die Wahl von Dosierung und Fraktionierung angepaßt werden an Ausdehnung und Lokalisation der zu behandelnden Tumormanifestationen und an die Strahlenempfindlichkeit des jeweils umgebenden Gewebes. Dabei sollte insbesondere auf eine Minimierung der den Patienten beeinträchtigenden Akutreaktionen der Radiotherapie geachtet werden. Wenige systematische Erfahrungen bestehen für die evtl. supraadditive Wirkung einer zusätzlich eingesetzten Hyperthermie, Hormon-, Immun- oder Chemotherapie, sowie für die Anwendung der stereotaktischen hochdosierten Einzeitbestrahlung und für die Verwendung dicht ionisierender Strahlenarten (3, 10, 11, 17).

Strahlentherapie bei speziellen Symptomenkomplexen

Tumorbedingte Schmerzzustände zählen zu den häufigen Begleitsymptomen eines metastasierten Malignen Melanoms. Ursache tumorbedingter Schmerzen können Knochenmetastasen, aber auch Weichteilmanifestationen sein, die durch Kompression oder Infiltration peripherer Nerven erhebliche Beschwerden bereiten können. Bei lokalisierten Tumorschmerzen führt eine lokale Strahlenbehandlung in über 80% der Fälle zu einer deutlichen Schmerzreduktion. Voraussetzung für den lohnenden

Einsatz der Strahlenbehandlung ist eine möglichst genaue Kenntnis der den Schmerz verursachenden Tumormanifestationen. Neben einer detaillierten Schmerzanamnese und einer sorgfältigen klinischen Untersuchung ist somit der Einsatz adäquater bildgebender Verfahren (Röntgen inkl. Computertomographie, Sonographie, Skelettszintigraphie, Kernspintomographie) unabdingbar notwendig. Besonders Schmerzen im Bereich der Wirbelsäule bedürfen der detaillierten Abklärung, da sie das erste Symptom einer drohenden Querschnittslähmung sein können (6, 9).
Bei schmerzhaften Skelettmetastasen beginnt die Besserung der Schmerzsymptomatik oft bereits in der ersten bis zweiten Woche der Radiotherapie und setzt sich bis zum Ende der Behandlung und darüber hinaus fort. Bei schmerzhaften Weichteilmanifestationen – z.B. bei Lymphknotenmetastasen im Bereich des Armplexus – kann die Schmerzreduktion längere Zeit in Anspruch nehmen. In diesen Fällen wird häufiger auch eine höhere Gesamtdosis von 45–54 Gy (dann mit einer Einzeldosis von 1,8–2,0 Gy) eingesetzt, um eine ausreichende Wirkung zu erzielen. Im Vergleich zu der früh einsetzenden Schmerzreduktion ist eine faßbare Verringerung des Tumorvolumens deutlich später und in geringerem Ausmaß festzustellen.

Neurologische Störungen

Epidurale Metastasen eines Malignen Melanoms oder (seltener) intradurale oder intramedulläre Metastasen können zu einer progredienten Querschnittsymptomatik führen. Diese Symptome treten meist nach einer initialen – oft über Wochen bis Monate gehenden – Schmerzsymptomatik auf, äußern sich zunächst in Sensibilitätsstörungen und führen im weiteren Verlauf unbehandelt zu motorischen Störungen von Extremitäten, Blase oder Mastdarm. Die Strahlenbehandlung ist bei einer symptomatischen Rückenmarkskompression oder -infiltration eine effektive Therapiemaßnahme. 50–75% der Patienten erfahren eine Besserung der neurologischen Symptomatik. Dabei ist die Strahlenbehandlung als Notfallmaßnahme umgehend einzusetzen, da länger als 1–3 Tage bestehende neurologische Ausfälle kaum noch zur Rückbildung gebracht werden können. Auch bei länger bestehender neurologischer Symptomatik ist die Strahlentherapie jedoch indiziert, um eine Progredienz motorischer Störungen – etwa mit konsekutiver Harnblasen- und Mastdarmlähmung – zu verhindern (13).
Ein operativer Eingriff – meist ergänzt durch eine postoperative Radiatio – sollte erwogen werden, wenn es Zweifel an der Histologie gibt, die neurologische Symptomatik durch eine knöcherne Instabilität verursacht wird, die Manifestationen in den vorbestrahlten Arealen liegen, oder wenn die Symptome unter Radiotherapie fortschreiten. Unabdingbare

Voraussetzung für den Einsatz der Strahlentherapie ist eine exakte fachneurologische Untersuchung, eine Liquoruntersuchung zum Ausschluß oder Nachweis einer Meningeosis sowie eine bildgebende Diagnostik mittels Myelographie und Computertomographie oder einer Kernspintomographie. Dabei ist zu beachten, daß die ursächliche Rückenmarksläsion zum Zeitpunkt der Untersuchung nicht selten höher als das sensible Querschnittsniveau liegt (6).
Auch bei Hirnmetastasen – einem häufigen Ort der Generalisierung des Malignen Melanoms – stellt die Strahlenbehandlung neben der Operation die wirkungsvollste therapeutische Maßnahme dar. Bei operablen singulären Hirnmetastasen und bei ansonsten kontrollierter Tumorerkrankung steht die Operation (gefolgt von einer postoperativen Strahlentherapie) im Vordergrund der Behandlung. In diesem Fall ist mit einer medianen Überlebenszeit von 26 Wochen zu rechnen (1, 4, 16). Bei multiplen Hirnmetastasen, die in ca. 40–70% der Fälle mit zerebraler Metastasierung vorliegen, steht die alleinige Strahlenbehandlung im Vordergrund der Therapie. In dieser Situation ist die mediane Überlebenszeit auf lediglich drei Monate reduziert. Bei einer Gesamtdosis von 30 Gy in zwei

Abbildung 1

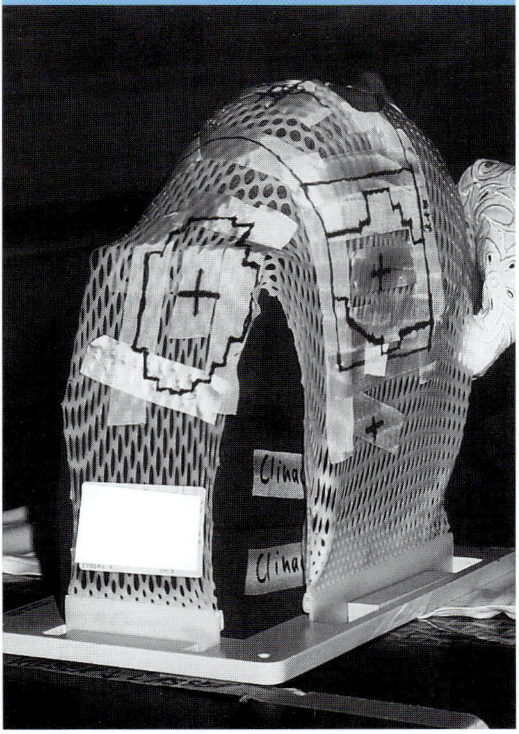

Irregulär konformierte Bestrahlungsfelder bei Boost-Bestrahlung einer Hirnmetastase.

Wochen ist mit einem Rückgang der neurologischen Symptomatik bei ca. 60–80% der Patienten zu rechnen. Das Planungszielvolumen umfaßt dabei in der Regel das gesamte Cerebrum. In Einzelfällen kann eine zusätzliche Boost-Bestrahlung einzelner Metastasen erfolgen, die dann als Konformationsbestrahlung oder als stereotaktischer Boost gegeben werden sollte (Abbildung 1). Derzeit wird zudem an mehreren Zentren untersucht, ob auch bei singulären Hirnmetastasen eine alleinige stereotaktische Bestrahlung mit einer hohen Einzeitdosis von 15–25 Gy eine Operation und/oder eine Ganzhirnbestrahlung ersetzen kann. Dies wäre mit einer Verkürzung der Therapiedauer und der Hospitalisierungszeit auf 1–2 Tage verbunden (2, 3, 10).
Auch andere – seltener auftretende – neurologische und ophthalmologische Symptome, wie die malignombedingte Kompression oder Infiltration peripherer Nerven, Hirnnervenausfälle infolge von Knochenmetastasen im Bereich der Schädelbasis oder von Aderhautmetastasen sind einer symptomorientierten Strahlenbehandlung zugänglich und werden in ihrer überwiegenden Zahl günstig beeinflußt (6).

Zusammenfassung

Im Gegensatz zur primären, kurativ intendierten Therapie des Malignen Melanoms hat die Behandlung mit ionisierenden Strahlen ihren festen Platz bei der symptomorientierten Therapie des metastasierten Melanoms. In diesen Fällen ist die Radiatio ein sehr effektives, kausal wirksames und schonendes Therapieverfahren. Durchschnittlich 70–80% der Patienten mit Schmerzen, neurologischen Ausfällen, Stenosesymptomen oder Blutungen erfahren eine Besserung ihrer Beschwerden. Voraussetzung ist stets eine exakte Lokalisation der Symptomursache und eine präzise Planung und Durchführung der Radiotherapie. Mit einer individuellen Anpassung der Zielvolumina, der Gesamtdosis und der Einzeldosis sowie durch den Einsatz moderner Techniken gelingt es dann meist, innerhalb weniger Wochen und ohne relevante Nebenwirkungen die Beschwerden der Betroffenen nachhaltig zu bessern.

Literatur

1 Choi WN, Withers HR, Rotman M (1985) Intracranial metastases from melanoma. Cancer 56: 1–9

2 Coffey RJ, Flickinger JC, Bissonette DJ, Lunsford AL (1997) Radiosurgery for solitary brain metastases using the cobalt-60 gamma unit: methods and results in 24 patients. Int J Rad Oncol Biol Phys 20: 1287–1295

3 Engenhardt R, Kimming BN, Höver KH, Wowra B (1993) Long-term follow-up for brain metastases treated by percutaneous stereotactic single high-dose irradiation. Cancer 71: 1353–1361

4 Gupta G, Robertson AG, McKie RM (1997) Cerebral metastases of cutaneous melanoma. Br J Cancer 76: 256–259

5 Habermalz HJ, Fischer JJ (1976) Radiation therapy of malignant melanoma. Cancer 38: 2258–2262

6 Hess CF, Weiss E, Schmidberger H (1996) Symptomorientierte Strahlentherapie. Onkologe 2: 540–547

7 Katz HR (1981) The relative effectiveness of radiation therapy, corticosteroids, and surgery in the management of melanoma metastatic to the central nervous system. Int J Radiat Oncol Biol Phys 7: 897–906

8 Katz HR (1981) The results of different fractionation schemes in the palliative irradiation of metastatic melanoma. Int J Radiat Oncol Biol Phys 7: 907–911

9 Kortmann RD, Hoffmann W, Schiebe M, Bamberg M (1995) Radiotherapie bei Tumorschmerz. Onkologe 1: 327–334

10 Loeffler JS, Shrieve DC (1994) What is appropriate therapy for a patient with a single brain metastasis? Int J Radiat Oncol Biol Phys 29: 915–917

11 McClay EF, McClay MET (1994) Tamoxifen: Is it useful in the treatment of patients with metastatic melanoma? Clin Oncol 12: 617–626

12 Overgaard J (1979) Radiation treatment of malignant melanoma. Int J Radiat Oncol Biol Phys 6: 41–44

13 Rate WR, Solin J, Turrist AT (1988) Palliative radiotherapy for metastatic malignant melanoma: brain metastases, bone metastases, and spinal cord compression. Int J Radiat Oncol Biol Phys 15: 859–864

14 Rofstadt EK (1989) Local tumor control following single dose irradiation of human melanoma xenografts: relationship of cellular radiosensitivity and influence of an immune response by athymic mouse. Cancer Res 49: 3163–3168

15 Sause WT, Cooper JS, Rush S et al (1991) Fraction size in external beam radiation therapy in the treatment of melanoma. Int J Radiat Oncol Biol Phys 20: 429–432

16 Stevens G, Firth I, Coates A (1992) Cerebral metastases from malignant melanoma. Radiother Oncol 23: 185–191

17 Vtyurin BM, Medvedev VS, Anikin VA et al (1994) Neutron brachytherapy in the treatment of melanoma. Int J Radiat Oncol Biol Phys 28: 703–709

Chemo- und Immuntherapie beim metastasierten Malignen Melanom

W. Tilgen, K. Uhl
Universitäts-Hautklinik und Poliklinik,
Universitätskliniken des Saarlandes, Homburg/Saar

Einleitung

In Deutschland werden jährlich ca. 6500 neue Melanompatienten erfaßt. Ca. 10% dieser Patienten kommen in einem fortgeschrittenen Tumorstadium erstmals zum Arzt, 1% im fernmetastasierten Stadium. Ca. 15% aller Patienten entwickeln im weiteren Verlauf der Erkrankung Fernmetastasen. In diesem Stadium ist die Prognose infaust, die mediane Überlebenszeit beträgt ohne Behandlung 4–6 Monate, nur ca. 3% dieser Patienten haben eine 10-Jahresüberlebenschance.
Diese ungünstige Ausgangssituation gilt es, durch neue Therapieverfahren, die neben höherer Effektivität eine möglichst hohe Lebensqualität bieten, zu verbessern. Für beide Angriffspunkte – die direkte Einwirkung auf die Tumorzelle, z.B. durch Zytostatika und den indirekten Weg über die Immunabwehrmechanismen des Körpers – wurden neue Medikamente und Therapieansätze entwickelt. Die Spannweite der uns zur Verfügung stehenden palliativen Therapieoptionen belegt einerseits die eindrucksvolle Entwicklung in der Pharmakotherapie, zeigt andererseits, daß es »die Therapie« bei Patienten mit metastasiertem Melanom noch nicht gibt und die Behandlungserfolge weiterhin unbefriedigend sind. Patienten mit einem metastasierten Melanom gelten auch heute noch in der Regel als unheilbar, so daß die tägliche Praxis außerhalb von Therapieprotokollen durch individuelle Behandlungsversuche geprägt ist. Daher ist es nicht verwunderlich, daß ein Melanompatient in der Beratung über die »richtige« Melanomtherapie in das Spannungsfeld zwischen rationaler naturwissenschaftlicher Medizin, die um objektive Daten bemüht ist und Patienten vor unnötigen iatrogen zugefügtem Leid zu schützen sucht, und auf der anderen Seite dem Geschäft mit der biologischen »natürlichen«, »die Abwehrkräfte stärkenden« Ganzheitsmedizin geraten kann (19, 42). Für die Behandlung von Patienten mit metastasiertem Melanom stehen neben Standardtherapien gegenwärtig noch im Rahmen von Studienprotokollen zu überprüfende Medikamente und experimentelle Therapiekonzepte zur Verfügung. Neben den drei Säulen jeder Tumortherapie – der Operation, der Strahlen- und Chemothe-

rapie – ist als vierte die Immuntherapie zu nennen (6, 15, 16, 28, 29, 32, 33, 38, 39, 52, 57, 73–76). Die Entscheidung für oder gegen eine der Behandlungsformen muß individuell getroffen werden und ist abhängig z.B. vom Alter und Allgemeinzustand des Patienten, von Lokalisation und Anzahl der Metastasen.
Innovative Therapiekonzepte orientieren sich daher an dem für den Patienten zu erzielenden Nutzen (Tabelle I). Eine Erhöhung der Ansprechrate darf nur bedingt mit einer Erhöhung der Toxizität und damit verbundenen erheblichen Einschränkung der Lebensqualität einhergehen. Soweit es unser Kenntnisstand erlaubt, sollten nur Patienten behandelt werden, die in ihrer Situation von einer bestimmten Therapie profitieren, wie dies bei Patienten mit metastasiertem Aderhautmelanom besonders deutlich wird.

Tabelle I. Definition: Was ist Patientennutzen?
Krankheitsfreie Überlebenszeit
Überlebenszeit
Ansprechrate
Lebensqualität
Time without symptoms and toxicity (TWIST)
Senkung der Nebenwirkungen
Definition von Patientengruppen, die auf eine bestimmte Therapie ansprechen

Perspektiven, die Effizienz einer Tumortherapie zu verbessern, bestehen in verschiedenen Richtungen: Entwicklung neuer Zytostatika, Senkung der Toxizität durch Begleitmedikation, Kombination von Zytostatika und/oder Zytokinen mit additivem und synergistischem Effekt auf die Hemmung des Tumorwachstums und in der Entdeckung neuer Wirkprinzipien (Tabelle II).

Tabelle II. Wege zur Verbesserung von Therapieerfolgen.
Entwicklung neuer Medikamente (z.B. IFN, IL-2, Zytostatika)
Kombination von Pharmaka mit unterschiedlichen Angriffspunkten (z.B. Polychemotherapie, Chemoimmuntherapie, Hormonantagonisten)
Modifikation des Therapieschemas (sequentielle, alternierende, gleichzeitige Gabe von Pharmaka)
Senkung der Toxizität von Pharmaka (z.B. Ethyol, 5-HT_3-Antagonisten, Wachstumsfaktoren)
Entdeckung neuer Wirkungsmechanismen (z.B. Vakzine)
Entwicklung neuer Technologien (mAk, Vakzine, Gentherapie)

Chemotherapie

Standort und Gewicht der Chemotherapie haben sich in den letzten Jahren verschoben (Tabelle III) (31, 40, 45, 55): eine Monochemotherapie wird nur noch selten durchgeführt, die Polychemotherapie wird meist als Second-line-Behandlung nach einer Chemoimmuntherapie eingesetzt. Eine langanhaltende Lebensverlängerung bei erhaltener Lebensqualität ist nur bei wenigen Patienten im fortgeschrittenen Tumorstadium zu erreichen und nur dann, wenn eine komplette Tumorremission erzielt werden konnte. Dies ist mit einer Chemotherapie lediglich bei weniger als 10% der Patienten möglich. Die geringen Ansprechraten des metastasierten Melanoms auf konventionelle Chemotherapie werden auf verschiedene Formen einer Zytostatikaresistenz zurückgeführt. Melanome weisen häufig bereits im Primärtumor eine Vielzahl heterologer und aneuploider Tumorzellklone auf. Die genetische Instabilität als Merkmal einer schnellen Tumorprogression einerseits und die Gefahr zytostatikaresistenter Subklone sind kennzeichnend für die Biologie Maligner Melanome. Die schlechten Ansprechraten bereits auf eine First-line-Chemotherapie sprechen für eine primäre Resistenz der Tumorzellen, der Empfindlichkeitsverlust der Tumorzelle gegenüber einem Zytostatikum im Laufe der Therapie für eine erworbene, sekundäre Resistenz. Weitere wesentliche Faktoren, die die Wirkung eines Zytostatikums beeinflussen, sind: die Pharmakodynamik, welche die Beziehung zwischen Medikamentenkonzentration und Effekt (Wirkung und Nebenwirkung) beschreibt, die Pharmakokinetik, die Auskunft gibt über das Schicksal eine Medikamentes im Körper (Bioverfügbarkeit, Verteilung im Körper, Metabolisierung, Ausscheidung) und die intrazelluläre Kinetik (Membrantransport, Aktivierung, Zielstrukturen, Reparaturvorgänge) (4, 8, 12, 61).

Tabelle III. Zytostatika in der Therapie des metastasierten Melanoms.
Monochemotherapie
Polychemotherapie
Chemotherapie/Hormonantagonisten
Chemotherapie/Radiatio
Chemoimmuntherapie

Regionale Chemotherapie

Einer effektiven Chemotherapie sind meist dadurch Grenzen gesetzt, daß vor Erreichen der notwenigen Tumorzelltoxizität eine letale Toxizität für gesundes Gewebe, z.B. das Knochenmark besteht. Dieser Situation versuchen verschiedene Verfahren durch die unmittelbare Applikation von Therapeutika an den Zielort Rechnung zu tragen.

Bei Satelliten- und In-transit-Metastasen im Bereich der Extremitäten ist die Indikation zur regionalen hyperthermen Perfusion mit z.B. Melphalan, Actinomycin-D oder Cisplatin gegeben. Aufgrund der Methode kann die Konzentration auf das 10- bis 30fache einer systemischen Infusion erhöht und der Therapieeffekt durch die Kombination der Chemoperfusion mit Hyperthermie (41,5 °C) verstärkt werden (26).
Eine intraarterielle Organperfusion/-infusion kommt bei isolierten Lebermetastasen in Frage oder auch z.B. als passagere (Liposomen, Stärkepartikel) oder definitive (Ethi-bloc) Chemoembolisation. In einem multizentrischen Studienprotokoll werden Patienten mit isolierten Lebermetastasen eines Aderhautmelanoms u.a. mit intraarteriellen Infusionen von Fotemustine behandelt.

Systemische Therapie

Monochemotherapie

Bei Patienten mit metastasiertem Melanom wurden und werden Zytostatika aller Substanzgruppen (Alkylantien, Vinca-Alkaloide, Antimetaboliten) mit unterschiedlichem Wirkort im Zellzyklus eingesetzt (Abbildung 1). Monochemotherapien mit geringer Toxizität sind assoziiert mit

Abbildung 1

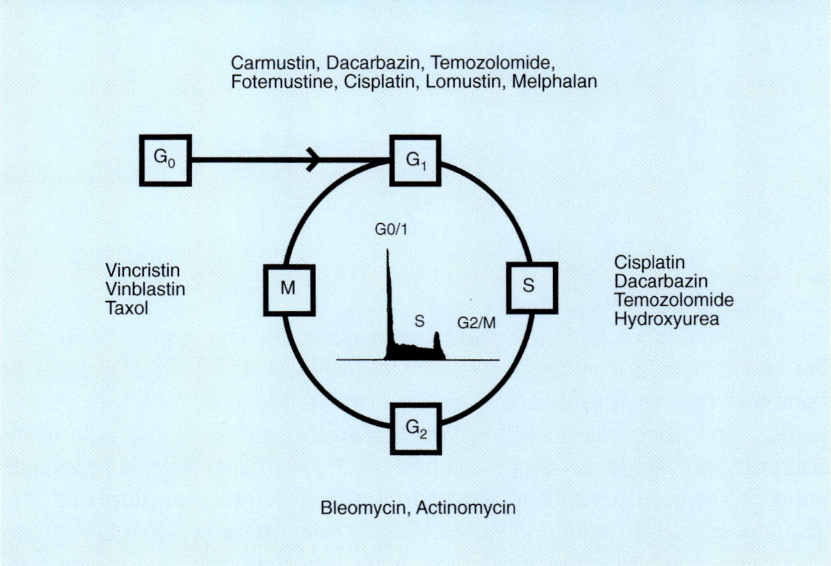

Zytostatika in der Therapie des metastasierten Melanoms: Wirkort im Zellzyklus; nach (58).

niedrigen Ansprechraten um 20%. Die publizierten Therapieergebnisse weichen hinsichtlich Ansprechrate, Remissionsdauer und Überlebenszeit zum Teil erheblich voneinander ab (Tabelle IV). Die im klinischen Alltag beobachteten Remissionsraten liegen vielfach deutlich unter den publizierten Daten, die in Studien erzielt wurden, in denen durch notwendige Ein- und Ausschlußkriterien eine Selektion der Patienten z.B. hinsichtlich der Metastasenlokalisation erfolgt: Patienten, deren Metastasen überwiegend auf Haut, Lymphknoten und Lunge begrenzt sind, sprechen am besten an. Dacarbazin (DTIC), welches 1975 zur Therapie maligner Tumoren zugelassen wurde, stellt zur Zeit mit Remissionsraten zwischen 14% und 33% das Standardtherapeutikum dar. Komplette Remissionen werden bei ca. 5% der Patienten erreicht mit einer Ansprechdauer von bis zu neun Monaten. Die medianen Überlebenszeiten werden für Patienten, die auf eine Therapie ansprechen, mit über 12 Monaten angegeben und unterscheiden sich deutlich gegenüber ca. vier Monaten für Patienten, die nicht ansprechen. Metastasenrückbildungen werden vorwiegend in nicht-viszeralen Lokalisationen und in der Lunge beobachtet.

Tabelle IV. Remissionsraten unter Monochemotherapie, kumulative Ergebnisse.

Fotemustine	24,2% (10–47%)
Dacarbazin	23,4% (14–33%)
Carmustin	17,1%
Cisplatin	15,8%
Vindesin	14,9%
Temozolomide	14,0%
Cyclophosphamid	12,5%
Vinblastin	12,1%
Lomustin	11,1%
Vincristin	11,0%
Hydroxyurea	8,1%
Bleomycin	2,5%
Taxol	15,0%
Tamoxifen	7,9%

Neu entwickelte Substanzen wie Fotemustine (in Frankreich unter dem Namen Muphoran® zugelassen, in Deutschland nicht im Handel), ein Nitrosoureaderivat (10, 41, 69, 77), Temozolomide, eine lipophile Vorstufe für den aktiven Metaboliten von Dacarbazin (11) und Taxol, ein Extrakt aus der Rinde der amerikanischen Eibe (17), erzielen als Monosubstanzen vergleichbare Tumorremissionen und bieten sich aufgrund verschiedener Angriffspunkte in der Tumorzelle für neue Kombinationstherapien bzw. aufgrund einer besseren Liquorgängigkeit (Fotemustine, Temozolomide) zur Behandlung von Hirnmetastasen an.

Einen neuen Aspekt zur Begleittherapie (14, 42) von Zytostatika – insbesondere von Cisplatin – zur Verhinderung typischer Nebenwirkungen bietet die Entwicklung und der klinische Einsatz von Thiolderivaten und anderen prophylaktischen Substanzen, die in der Lage sind, protektiv gegenüber Neurotoxizität und Myelosuppression zu wirken. Ein solches Präparat ist Amifostine, unter dem Namen Ethyol zugelassen.

Polychemotherapie

Der Einsatz mehrerer Zytostatika, kombiniert oder in enger zeitlicher Abfolge verabreicht, basiert auf der Überlegung, daß eine höhere Zytotoxizität durch Angriffspunkte in den verschiedenen Zellzyklusphasen bei nicht deckungsgleicher Toxizität erreicht werden kann, die Anzahl primär resistenter Zellklone geringer ist und die Entwicklung sekundärer Resistenzen verzögert wird.
Auf dem Gebiet der Polychemotherapie zeichnen sich z.Z. lediglich experimentell neue Entwicklungen ab. Mit ihr können in der Regel höhere Ansprechraten, allerdings verbunden mit höherer Toxizität, erzielt werden (Tabelle V).

Tabelle V. Remissionsraten unter Polychemotherapie.

Dacarbazin/Cisplatin	10,0%–42,5%
Dacarbazin/Fotemustine	27,2%
Dacarbazin/Vincristin/Carmustin	22,7%–42,5%
Carmustin/Hydroxyurea/Dacarbazin	12,5%–31,0%
Cisplatin/Vinblastin/Bleomycin	47,0%
Cisplatin/Vindesin/Dacarbazin	24,0%–44,0%
Bleomycin/Vincristin/Lomustin/Dacarbazin	4,0%–40,0%
Bleomycin/Vindesin/Lomustin/Dacarbazin	41,0%–45,0%
Dacarbazin/Carmustin/Cisplatin/Tamoxifen	29,0%–55,0%

Die objektive Beurteilung eines für Mono- oder Polychemotherapien angegebenen Überlebensvorteils fällt schwer, da die Ergebnisse stark voneinander abweichen. Für DTIC schwanken die Angaben zwischen 14% (> 200 Patienten) (30) und 33% (15 Patienten) (*Carter*, zit. in 73), für Fotemustine zwischen 10% (31 Patienten) (41), 24,2% (153 Patienten) (*Jaquillat*, zit. in 73) und 47% (19 Patienten) (*Schallreuther*, zit. in 73). Für die Polychemotherapie bietet sich ein vergleichbares Bild. BOLD: 4% (51 Patienten) (*Sheridan*, zit. in 73) bis 46% (42 Patienten) (3), CVD: 24% (92 Patienten) (79) bis 45% (27 Patienten) (*Pectasides*, zit. in 73). Bedauerlicherweise zeigen die meisten Studien keine eindeutige Verlängerung der mittleren Überlebenszeit der Patienten, sie liegt weiterhin bei ca. sechs Monaten (2, 43, 54). Wenn jedoch eine komplette Tumorremission erzielt wurde, konnten langjährige Überlebenszeiten beobachtet werden (2, 27).

Die Hochdosischemotherapie mit autologer Knochenmark- oder Stammzelltransplantation ist weiterhin als ein experimenteller Therapieansatz zu werten.

Kombinationstherapien mit Tamoxifen

Studien einer Monotherapie mit dem Hormonantagonisten Tamoxifen (TAM) waren mit lediglich 6% Ansprechraten enttäuschend. Aufgrund von In-vitro-Daten wird ein synergistischer Wirkmechanismus mit Zytostatika postuliert (Tabelle V) (56). Die Kombination mit Zytostatika ergab Tumorrückbildungsraten von 28% mit einer Verlängerung der Überlebenszeit für postmenopausale Frauen (in Kombination mit DTIC) (18) und 51% (in Kombination mit DTIC, BCNU, Cisplatin – DBCT-Schema) (55). Neueste Publikationen zeigen weiterhin widersprüchliche Ergebnisse für das DBC ± T-Schema: 54% Ansprechrate (26 Patienten) vs. 25% (16 Patienten) ohne TAM (44) gegenüber 30% Ansprechrate (104 Patienten) vs. 21% (100 Patienten) ohne TAM (68). Daher ist der Wert dieser Kombinationstherapie nach wie vor nicht gesichert (47).

Chemotherapie und Radiatio

Ob die Kombination einer Chemotherapie mit einer Bestrahlungsbehandlung von Vorteil ist, wird in multizentrischen Therapieprotokollen (Fotemustine, Temozolomide) untersucht (13).

Immuntherapie

Neue Therapiemöglichkeiten ergeben sich auf der Basis zellulär-immunologischer Zusammenhänge. Der Körper besitzt physiologischerweise alle Abwehrmechanismen gegen atypische und fremde Zellen. Körpereigene Immunmechanismen scheinen in der Lage zu sein, das Wachstum von Mikrometastasen über Jahre hin aufzuhalten. Er verfügt einerseits über eine natürliche Immunität gegenüber Tumorzellen, die sich in einer Aktivierung von Makrophagen, Lymphozyten und natürlichen Killerzellen zeigt. Andererseits kann eine Tumorzelle aufgrund ihrer strukturellen Veränderungen als fremd erkannt werden und eine adaptive Immunantwort hervorrufen. Verschiedene Beobachtungen machen den besonderen Einfluß des Immunsystems auf den Verlauf des Melanoms deutlich:

- Nachweis von zytotoxischen Autoantikörpern gegen normale Melanozyten und Melanomzellen;
- Infiltration zytotoxischer Effektorzellen in und um Primärtumoren und Metastasen;

- Spontanregressionen von Primärtumoren;
- Entstehung von Metastasen erst Jahre bis Jahrzehnte nach Exzision des Primärtumors;
- erhöhte Inzidenz von Melanomen bei immunsupprimierten Patienten.

In der Immuntherapie werden immunmodulatorisch wirksame Substanzen mit unterschiedlichen Wirkmechanismen eingesetzt. Sie können präferentiell eine direkte Wirkung auf die Tumorzelle ausüben, eine Aktivierung des Immunsystems bewirken oder auch beide Wirkmechanismen in Gang setzen, wie Interferon (IFN) und monoklonale Antikörper (mAk). Die Entdeckung der Zytokine und die Möglichkeit, diese mit Hilfe der Gentechnologie rein und in ausreichender Menge zu produzieren, haben in der Tumortherapie neue Perspektiven eröffnet. Zentrale Mediatoren im Zytokinnetzwerk sind Interferone und Interleukine (IL-2).
Je nach verwendetem Interferon, je nach Verabreichungsform (i.v., i.m., s.c.) und Dosis sowie Metastasenlokalisation und Vorbehandlung werden Remissionsraten zwischen 0 und 29% beschrieben. Die Dauer des Ansprechens liegt für Patienten, bei denen ein Therapieerfolg erzielt wurde, zwischen zwei und 29 Monaten. Mediane Überlebenszeiten werden in Abhängigkeit davon, ob eine Remission erzielt werden konnte oder nicht, zwischen vier und 20 Monaten angegeben (Tabelle VI) (1, 39, 49).

Mit der Kombination von IFNα und 13-cis-Retinsäure konnte eine Ansprechrate von 30% erzielt werden, bei zwei von 17 Patienten eine komplette Remission (25).
Für eine IL-2-Therapie werden, ebenfalls abhängig von Dosierung und Verabreichungsart, Remissionsraten zwischen 0% und 22% angegeben, die Dauer der Remissionen liegt zwischen acht und 23 Monaten, die Überlebenszeit bei ca. 10 Monaten (Tabelle VII) (48, 62, 66, 80).

Die intrathekale Applikation von IL-2 bei Patienten mit Meningeosis »melanomatosa« führte zur Beseitigung von Melanomzellen aus dem Liquor, in Einzelfällen zu einer Tumorremission (24, 70). Lungenmetastasen können mit IL-2-Inhalationen behandelt werden (21).
Ein weiteres Konzept ist die adoptive Immuntherapie. Die Kombination von IL-2 mit aus dem peripheren Blut gewonnenen Lymphokin-aktivierten Killerzellen (LAK) zeigt Ansprechraten zwischen drei und 24% mit einer Remissionsdauer zwischen fünf und 66 Monaten (Tabelle VIII) (65).
Patienten mit In-transit-Metastasen an den unteren Extremitäten wurden bei einer hohen Ansprechrate mit einer Kombination aus isolierter Perfusion und systemischer Gabe von IL-2 und LAK behandelt (78). In einer weiteren Studie wurde eine Milz-/Leberinfusion mit IL-2 und LAK durchgeführt (35).

Tabelle VI. Interferon α in der Therapie des metastasierten Melanoms, siehe (75).

Interferon α-2a

Substanz	Dosis/Schema	Pat.	CR	PR	OR (%)	RD (Mo.)	ÜLZ (Mo. alle)	Autor
s.c.								
IFN α-2a	3–36 × 10⁶ I.E. esk. tgl. 70 Tg.; 3/Wo.	97	6	2	8,2	10,8/7,9	ND	*Neefe* et al., Am J Clin Oncol (1990)
i.m.								
IFN α-2a	12 × 10⁶ I.E./m², 3/Wo.	30	1	5	20,0	3/9,6	4,2	*Creagan* et al., J Clin Oncol (1984)
IFN α-2a	15–50 × 10⁶ I.E./m², esk. 3/Wo.	18	2	0	11,0	10	6,5	*Hersey* et al., Br J Cancer (1985)
IFN α-2a	50 × 10⁶ I.E./m², 3/Wo.	31	3	4	23,0	10/3,8	6	*Creagan* et al., Cancer (1984)
IFN α-2a	3–36 × 10⁶ I.E. esk. tgl. 70 Tg.; 3/Wo.	31	0	3	9,7	2	12	*Legha* et al., J Clin Oncol (1987)
IFN α-2a	18 × 10⁶ I.E. 3/Wo.	31	0	2	6,5	2	12	*Legha* et al., J Clin Oncol (1987)
IFN α-2a	3–18 × 10⁶ I.E. esk. tgl. 70 Tg.; 3/Wo.	23	3	0	13,0	14	ND	*Elsässer* et al., DMW (1987)
i.v.								
IFN α-2a	30 × 10⁶ I.E./m² 5 Tg./Wo. int.	29	1	1	7,0	ND	ND	*Parkinson* et al., Cut Mel (1992)

Interferon α-2b

Substanz s.c.	Dosis/Schema	Pat.	CR	PR	OR (%)	RD (Mo.)	ÜLZ (Mo. alle)	Autor
s.c.								
IFN α-2b	10 × 10⁶ I.E. 3/Wo.	22	2	4	27,0	3,2/4[a]	ND	*Dorval* et al., Cancer (1986)
IFN α-2b	10 × 10⁶ I.E./m² 3/Wo.	40	4	6	25,0	14/3,5[a]	20,5/14[a]	*Robinson* et al., Immunobiol (1986)
IFN α-2b	10 × 10⁶ I.E./m² 3/Wo.	24	2	5	29,2	12/2[a]	ND	*Dorval* et al., Invest New Drugs (1987)
IFN α-2b	10 × 10⁶ I.E./m² 3/Wo.	51	4	6	19,6	ND	ND	*Mughal* et al., Oncology (1991)
IFN α-2b	3 × 10⁶ I.E./m² 3/Wo.	33	1	1	6,0	ND	ND	*Bröcker* et al., ECCO (1991)
i.m.								
IFN α-2b	10 × 10⁶ I.E./m² 3/Wo.	21	0	3	14,3	12,5	ND	*Sertoli* et al., Oncology (1989)
IFN α-2b	3/30/50 × 10⁶ I.E. 7/Wo.	2/2/3	0	2	28,5	3,5	ND	*Kirkwood* et al., Ann Intern Med (1985)
i.v.								
IFN α-2b	20 × 10⁶ I.E./m² 5/Wo./4 Wo.	23	2	1	13,0	ND	ND	*Miller* et al., Cancer Res (1989)
→	10 × 10⁶ I.E./m² 3/Wo. s.c.							
IFN α-2b	30 × 10⁶ I.E./m² 5/Wo.	27	0	1	3,7	ND	ND	*Hawkins* et al., ASCO (1984)
IFN α-2b	10/30/50/100 × 10⁶ I.E. 5/Wo.	4/4/4/4	2	0	12,5	29	ND	*Kirkwood* et al., Ann Intern Med (1985)
IFN α-2b	20 × 10⁶ I.E./m² 5/Wo., int.	15	0	0	0	ND	4,75	*Coates* et al., J IFN Res (1986)

[a]RD, ÜLZ: CR/PR; CR = Komplette Remission; PR = Partielle Remission; SD = Stabile Erkrankung; Mo. = Remissionsdauer in Monaten; ND = keine Angaben; OR = Gesamtansprechrate; RD = Remissionsdauer; ÜLZ = Überlebenszeit; Mo. alle = Remissionsdauer aller Patienten in Monaten; int. = intermittierend; s.c. = subkutan; i.v. = intravenös; i.m. = intramuskulär; esk. = eskalierend; tgl. = täglich

Tabelle VII. Interleukin-2 in der Therapie des metastasierten Melanoms, siehe (75).

Therapieschema		Pat.	CR	PR	OR (%)	RD (Mo.)	ÜLZ (Mo. alle)	Autor
IL-2	720.000 I.E./kg i.v. B 3/Tg.	134	9	14	17	23/8	ND	*Rosenberg* et al., JAMA (1994)
IL-2	1×10^5 E./kg i.v. B 3/Tg.	46	2	8	22	8	ND	*Parkinson* et al., J Clin Oncol (1990)
IL-2	6×10^6 E./m² i.v. B 3/Tg.	44	0	2	5	11,5	10,2	*Sparano* et al., J Clin Oncol (1993)
IL-2	36–60 $\times 10^6$ I.E./m² i.v. B 3/Wo.	42	0	4	10	ND	9,9	*Whitehead* et al., J Natl Cancer Inst (1991)
IL-2	12×10^6 I.E./m² i.v. C 4/Wo./4 Wo.	33	1	6	22	8/6	26/9,7	*Legha* et al., Cancer (1996)
IL-2	3×10^5 E./m² i.v. B/C 3×10^6 E./m² i.v. B/C	15	0	0	0	ND	ND	*Thompson* et al., J Clin Oncol (1988)
IL-2 LAK	720.000 I.E./kg i.v. B 3/Tg.	25	3	3	24	66/6	ND	*Rosenberg* et al., J Natl Cancer Inst (1993)
IL-2 IL-2 LAK	1×10^5 E./kg i.v. B 3/Tg. 1–6 $\times 10^6$ E./m² i.v. B 3/Tg.	48	4	6	21	25/4,5	ND	*Rosenberg* et al., Ann Surg (1989)
IL-2 LAK	1×10^5 E./kg i.v. B 3/Tg.	32	1	5	19	5	ND	*Dutcher* et al., J Clin Oncol (1989)
IL-2 LAK	1×10^5 E./kg i.v. B 3/Tg. 3×10^6 E./m² i.v. C	50	1	6	14	21	ND	*Barr* et al., J Clin Oncol (1990)
IL-2 LAK	18×10^6 I.E./m² i.v. C $22{,}5 \times 10^6$ I.E./m² i.v. C	33	0	1	3	10	ND	*Dutcher* et al., J Clin Oncol (1991)
IL-2 LAK	18×10^6 I.E./m² i.v. C	53	CR+PR:	12	23	3,2	6,1	*Dillman* et al., Cancer (1993)
TIL		29	4	5	31	30,5/4	ND	*Rosenberg* et al., J Natl Cancer Inst (1994)
IL-2 CTX TIL	720.000 I.E./kg i.v. B 3/Tg. 25 mg/kg	57	1	19	35	20/6,5	ND	*Rosenberg* et al., J Natl Cancer Inst (1994)
IL-2 CTX TIL	720.000 I.E./kg i.v. B 3/Tg. 1 g/m²	21	CR+PR:	5	24	3	5,8	*Dillman* et al., Cancer (1993)
IL-2 IL-2 TIL CTX	18×10^6 I.E./m² i.v. C 12×10^6 I.E./m² i.v. C IFNα 3×10^6 E. i.m. 350 mg/m²	12	1	3	33	ND	ND	*Arienti* et al., Cancer Immunol Immunother (1993)

Abkürzungen: CR, PR, SD, OR, RD ÜLZ, MO., Mo. alle, ND: siehe Tabelle VI; B = Bolus Applikation; Tg. = Tag; C = kontinuierliche Applikation; Wo. = Woche; CTX = Cyclophosphamid

Tabelle VIII. Interleukin-2 und Interferon α in der Therapie des metastasierten Melanoms, siehe (75).

Therapieschema		Pat.	CR	PR	OR (%)	RD (Mo.)	ÜLZ (Mo. alle)	Autor
IFNα	10 × 10⁶ IU/m² s.c. 5/Wo.	45	3	11	31	ND	ND	*Keilholz* et al., Rec Res Cancer Res (1995)
IL-2	18 × 10⁶ IU/m²/6h i.v. C 18 × 10⁶ IU/m²/12h i.v. C 18 × 10⁶ IU/m²/24h i.v. C 4,5 × 10⁶ IU/m²/24h i.v. C 3 Tg.							
IL-2 IFNα	18 × 10⁶ IU/m² i.v. C 5/Wo. 3 × 10⁶ U/m² s.c. 3/Wo.	66	CR+PR:	7	11%	4,3	9,5	*Dillman* et al., Cancer (1993)
IL-2 IFNα	3 × 10⁶ U/m² BRMP i.v. C 4/Wo. 6 × 10⁶ U/m² Tg. 1+4 s.c.	54	1	10	20	1+/4,8	ND	*Kruit* et al., Br J Haematol (1991)
IL-2 IFNα	2 × 10⁶ U/m² i.v. C 4/Wo. 6 × 10⁶ U/m² s.c./i.m. Tg. 1+4	14	0	0	0	2,4	6,2	*Whitehead* et al., Immunother (1993)
IL-2 IFNα	2,6–15,6 × 10⁶ IU/m² i.v. B 3/tgl. 5/Wo. 3–6 × 10⁶ U/m² i.v. B 3/tgl. 5/Wo.	82 (2/15/9/14/5/37	6 0/1/0/2/1/2	14 0/2/4/4/2/2	24 0/20/44/43/60/11)[a]	16/7,5	19,5	*Marincola* et al., J Clin Oncol (1995)
IL-2 IFNα	4,5 × 10⁶ U/m² i.v. B 3/tgl. 5/Wo. 3 × 10⁶ U/m² i.v. B 3/tgl. 5/Wo.	41	0	4	10	11,5	9,7	*Sparano* et al., J Clin Oncol (1993)
IL-2 IFNα	4,5 × 10⁶ U/m² BRMP i.v. B 3 Tg. 3 × 10⁶ U/m² s.c. 5/Wo.	9	1	4	56	ND	ND	*Kruit* et al., Br J Haematol (1991)
IL-2 → IFNα	9 × 10⁶ IU/m² s.c. 2/tgl. 2 Tg. 1,8 × 10⁶/m² s.c. 2/tgl. 5 Tg. 5 × 10⁶ IU/m² s.c. 3/Wo.	7	0	1	14	4+	9+	*Atzpodin* et al., Lancet (1990)

[a]Therapiearme, Anzahl der Patienten und Zahl der Patienten in CR, PR, OR
BRMP = Biological Response Modifiers Programme

Die Kombination von IL-2 mit aus dem Tumor isolierten tumorinfiltrierenden Lymphozyten (TIL), deren selektiv-tumorspezifische und zytolytische Wirkung besonders hoch eingeschätzt wird, erbrachte mit 31% (29 Patienten) (67) höhere Ansprechraten im Vergleich zu 17% (134 Patienten) (66) einer Monotherapie mit IL-2. Über eine Remissionsdauer von bis zu 30 Monaten wird berichtet. Eine Zytokin-Monotherapie kann allerdings bereits wieder als verlassen angesehen werden.
Nach den aus der Literatur bekannten Daten lag es nahe, die höhere Wirksamkeit einer Kombinationstherapie von IFNα und IL-2 nachzuweisen (Tabelle VIII). Zahlreiche Studienprotokolle und verschiedene Behandlungsschemata wurden initiiert und führten zu extrem unterschiedlichen Ansprechraten von 0% bis 56 % (22, 34, 36, 37). Aufgrund der diskrepanten Ergebnisse in den einzelnen Studien, besteht zur Zeit kein Konsens bezüglich Dosis und Applikationsschema beider Zytokine.
Die Nebenwirkungen einer Zytokintherapie insbesondere bei Applikation von IL-2 sind, wie die Wirkung, dosisabhängig und bedürfen unter Umständen einer intensiv-medizinischen Betreuung (53). Sie können Fieber, Schüttelfrost und Gliederschmerzen, gastrointestinale und zerebrale Symptome auslösen. Im Falle der Hochdosis-Interleukinbehandlung ist eine Erythrodermie obligates Begleitsymptom. Hinzu kommt eine durch IL-2 hervorgerufene renale Minderperfusion und das »capillary leak syndrome«, welches durch eine Flüssigkeitsretention in den viszeralen Organen mit Gewichtszunahme und Hypotonie gekennzeichnet ist.

Multimodale Therapie mit Zytokinen und Zytostatika

Die größten Hoffnungen auf einen Behandlungsfortschritt ruhen derzeit auf dem Prinzip der multimodalen Chemoimmuntherapie. Diese wird zwar schon seit vielen Jahren durchgeführt, erzielt hohe Remissionsraten, verlängert das krankheitsfreie Intervall und die Gesamtüberlebenszeit des Patienten, bleibt aber dennoch im Rahmen von Studienprotokollen weltweit auf dem Prüfstand. Basierend auf In-vitro-Daten, die einen synergistischen und/oder additiven Effekt von Zytokinen kombiniert mit Zytostatika nachwiesen, wurden zahlreiche Therapieschemata initiiert. Der In-vivo-Wirkmechanismus einer solchen Biomodulation ist derzeit noch unklar (Tabelle IX) (59). Hypothesen sind: eine Änderung der Pharmakokinetik und damit der Bioverfügbarkeit der einzelnen Substanzen, eine Änderung der lokalen und systemischen Toxizität, eine Änderung der Immunregulation und eine Änderung der intrazellulären Metabolisierung, die einerseits zu einer selektiven Erhöhung der Tumortoxizität führt, andererseits möglicherweise gesundes Gewebe selektiv schützt. Kein anderes Therapiekonzept spiegelt die unterschiedlichen »Philosophien«, die den einzelnen Therapiestrategien zugrunde liegen, so deutlich wider wie dieser Therapieansatz. Das Spektrum der Chemoimmuntherapie umfaßt tolerierbare Kombinationen von zwei bis drei Medikamenten (7, 9, 20, 23, 36, 72) und toxische Kombinationen mehrerer Zytokine und Zytostatika (Tabellen X–XIII) (5, 37, 46, 47, 50, 60).

Tabelle IX. »Biomodulation« von Zytostatika durch Zytokine.
Änderung der Pharmakokinetik und Bioverfügbarkeit
Änderung der lokalen oder systemischen Toxizität
Änderung immunmodulatorischer Eigenschaften
Überwindung einer Multi-Drug-Resistenz
Änderung der intrazellulären Metabolisierung
→ selektive Erhöhung der Tumortoxizität
→ selektiver Schutz des gesunden Gewebes

Eine hohe »in loco«-Heilungsrate (90% komplette, 10% partielle Remissionen) wird für eine Extremitätenperfusion mit Zytokinen (TNFα, IFNγ) und einem Zytostatikum (Melphalan) beschrieben. Diese Medikamentenkombination wurde unter dem Aspekt einer synergistischen Wirkung zwischen TNFα und IFNγ und einer Verstärkung der zytolytischen Wirkung von TNFα durch die Hyperthermie gewählt (51). Der Erfolg regionärer Therapieverfahren quoad vitam wird relativiert durch das hohe Risiko einer Fernmetastasierung dieses Tumors.
Studien über systemische Kombinationstherapien von IFNα oder IL-2 mit einem Zytostatikum (Tabellen X und XI) zeigen höhere Ansprechraten als mit der jeweiligen Einzelsubstanz. Für das am besten dokumentierte Chemoimmuntherapieverfahren, die Kombination von DTIC/IFNα, werden je nach verwendetem Behandlungsschema (u.a. s.c. versus i.v. Applikation) Tumorremissionen von 6% bis zu 53% berichtet (7, 9, 23). Remissionsdauern bis zu 25 Monaten und Überlebenszeiten bis zu 72 Monaten werden für Patienten mit kompletter Tumorremission angegeben. In sieben Studien, die den Vorteil einer Kombinationstherapie von DTIC/IFNα gegenüber einer Monochemotherapie mit DTIC überprüften, wurde einerseits eine signifikante Verbesserung der Ansprechrate mit 53 versus 20% erzielt (23), andererseits konnte in der größten Vergleichsstudie mit 21% versus 17% keine Verbesserung der Ansprechrate nachgewiesen werden (Tabelle XII) (72). Eine Zwischenauswertung des multizentrisch durchgeführten Therapieprotokolls der Arbeitsgemeinschaft Dermatologische Onkologie (ADO) zeigt eine Ansprechrate von ca. 20%. Ein weiteres Studienprotokoll der ADO überprüft die Wirksamkeit des neu entwickelten Zytostatikums Temozolomide alleine und in Kombination mit IFNα (Tabelle XVII).

Tabelle X. Kombinierte Behandlung des metastasierten Melanoms mit Interferon α und Zytostatika, siehe (75).

Therapie	Pat.	CR	PR	OR (%)	RD (Mo.) (CR/PR/SD)	ÜLZ (Mo. alle)	Autor
IFNα	7–97[a]	6	2	0–29 (8[a])	10,8/7,9	ND	[a]*Neefe* et al., Am J Clin Oncol (1990)
IFNα/DTIC	17–87[a]	6	12	19–53 (21[a])	8,6	7,6	[a]*Thomson* et al., Proc Am Soc Clin Oncol (1992)
IFNα/Vindesin	10–25[a]	3	1	10–39 (16[a])	7	14	[a]*Garbe* et al., Pigment Cell Res (1993)
IFNα/Cisplatin	10–42[a]	3	7	10–42 (24[a])	8/4,4/2,9	7,4	[a]*Margolin* et al., J Clin Oncol (1992)
IFNα/Fotemustine	25–50[a]	–	–	32–37[a]	ND	ND	[a]*Bizzari* et al., Melanoma Res (1993)
IFNα/mAk R24	15	0	0	0	ND	ND	*Caulfield* et al., J Biol Response Mod (1990)
IFNα/DTIC/5FU	26	5	5	38	6/2	12	*Mulder* et al., Br J Cancer (1992)
IFNα/Cisplatin/ Vinblastin/DTIC	36	3	14	47	9	9	*Legha* et al., Proc Am Soc Clin Oncol (1993)
IFNα/BCNU/DTIC/ Cisplatin/Tamoxifen	18–34[a]	0	9	26–44 (26[a])	4	12 (OR) 10 (NR)	[a]*Stark* et al., Proc Am Soc Clin Oncol (1993)
IFNα/Cisplatin/DTIC/ Vinblastin/Tamoxifen	33	3	7	30	9	8	*Legha* et al., Proc Am Soc Clin Oncol (1993)
IFNα/DTIC/CCNU/ Vincristin/Bleomycin	28–45[a]	6	22	40–62[a]	26,7/6,6	ND	[a]*Pyrhönen* et al., J Clin Oncol (1992)

[a]die Studie mit den höchsten Patientenzahlen wird zitiert

Abkürzungen: mAk = monoklonale Antikörper; NR = non-responder

Tabelle XI. Kombinierte Behandlung des metastasierten Melanoms mit Interleukin-2 und Zytostatika, siehe (75).

Therapie	Pat.	CR	PR	OR (%)	RD (Mo.)	ÜLZ (Mo. alle)	Autor
IL-2	10–134[a]	9	14	0–24 (17[a])	23+/8	ND	[a]*Rosenberg* et al., JAMA (1994)
	44	0	2	5	11,5	10,2	*Sparano* et al., J Clin Oncol (1993)
IL-2/LAK	27–53[a]	CR+PR:	12	3–23[a]	3,2	6,1	[a]*Dillman* et al., Cancer (1993)
IL-2/LAK/DTIC	27	CR+PR:	7	26	6,3	10,0	*Dillman* et al., Cancer (1993)
IL-2/TIL	29	4	5	31	30,5/4	ND	*Rosenberg* et al., J Natl Cancer Inst (1994)
IL-2/TIL/CTX	21–57[a]	1	19	24–35	20/6,5	ND	[a]*Rosenberg* et al., J Natl Cancer Inst (1994)
IL-2/DTIC	10–57[a]	1	8	10–37 (16[a])	39/9,9	19/9,3	[a]*Dummer* et al., Cancer (1995)
IL-2/Cisplatin	20–49[a]	3	5	17[a]–40	ND	11	*Dorval* et al., Proc Am Soc Clin Oncol (1994)
IL-2/DTIC/Cisplatin	8–32[a]	5	8	38–62 (41[a])	18/6,4/8	32,6/11,4/10,2 13 OR/ 6,4 NR	[a]*Flaherty* et al., Cancer (1993)
Il-2/DTIC/Cisplatin/TAM	38	3	13	42	5	11	*Atkins* et al., J Clin Oncol (1994)
IL-2/mAk R24	20	0	1	5	6	ND	*Bajorin* et al., Cancer Res (1990)
IL-2/mAk R24/CTX	23	0	10	43	ND	ND	*Creekmore* et al., Proc Am Soc Clin Oncol (1992)

[a]die Studie mit den höchsten Patientenzahlen wird zitiert

Abkürzungen: TAM = Tamoxifen; NR = non responder

Tabelle XII. Vergleichende Untersuchungen einer Chemotherapie mit DTIC versus Chemoimmuntherapie mit DTIC/IFNα, siehe (75).

Schema	Pat.	CR	PR	OR	SD	RD/ÜLZ (Mo.) CR/PR/OR/alle	Autor
DTIC 250 mg/m^2 i.v. Tg. 1–5 Wdh. Tg. 28 IFNα 15 $\times$ 10^6 I.E./m^2 i.v. Tg. 1–5/3 Wo. dann IFNα 10 $\times$ 10^6 I.E./m^2 versus	18	4	3	39	7	——	*Vorobiof* et al., Proc Am Soc Clin Oncol (1989)
DTIC 250 mg/m^2 i.v. Tg. 1–5 Wdh. Tg. 28	19	1	2	16	10	——	
DTIC 200 mg/m^2 i.v. Tg. 22–26 Wdh. Tg. 28, $\times$ 24	30	12	4	53	10	9 (TTF) –/–/–/17,6	*Falkson* et al., J Clin Oncol (1991)
IFNα 15 $\times$ 10^6 I.E./m^2 i.v. Tg. 1–5/3 Wo. 10 $\times$ 10^6 I.E./m^2 s.c. 3/Wo. versus	34	13	4	50	11	9 (TTF)	*Falkson* et al., Med Oncology (1995)
DTIC 200 mg/m^2 i.v. Tg. 1–5 Wdh. Tg. 21	34	2	5	20	10	2,5 (TTF)	
DTIC 200 mg/m^2 i.v. Tg. 22–26 Wdh. Tg. 28, $\times$ 24 IFNα 15 $\times$ 10^6 I.E./m^2 i.v. Tg. 1–5/3 Wo. 10 $\times$ 10^6 I.E./m^2 s.c. 3/Wo.	29	2	5	24	3	5,1 (TTF) –/–/–/8,9	*Tamm* et al., Oncology (1997)
DTIC 800 mg/m^2 i.v. Wdh. Tg. 28, $\times$ 6 IFNα 9 $\times$ 10^6 I.E. i.m. tgl.	62	4	13	27	—	–/–/6,6	*Sertoli* et al., Proc Am Soc Clin Oncol (1992)
oder 3 $\times$ 10^6 I.E. i.m. 3/Wo. versus	74	5	13	24	—	–/–/9	
DTIC 800 mg/m^2 i.v. Wdh. Tg. 21	67	3	8	16	—	–/–/2,6	
DTIC 800 mg/m^2 i.v. Wdh. Tg. 21, $\times$ 6 IFNα 3–9 $\times$ 10^6 I.E. i.m. tgl. esk. versus	76	6	15	28	—	10/8,4/8,4/– –/–/–/13	*Bajetta* et al., J Clin Oncol (1994)
DTIC 800 mg/m^2 i.v. Wdh. Tg. 21, $\times$ 6 IFNα 3 $\times$ 10^6 I.E. i.m. 3/Wo. versus	84	6	13	23	—	14/4,8/5,5/– –/–/–/11	
DTIC 800 mg/m^2 i.v. Wdh. Tg. 21	82	4	12	20	—	8,0/1,5/2,6	
DTIC 250 mg/m^2 i.v. Tg. 1–5 Wdh. Tg. 21	21	—	—	19	ND	ND	*Kirkwood* et al., J Natl Cancer Inst (1990)
IFNα 30 $\times$ 10^6 I.E. s.c. Tg. 1–5 Wdh. Tg. 21 versus							
DTIC 250 mg/m^2 i.v. Tg. 1–5 Wdh. Tg. 21 versus	24	—	—	21	ND	ND	
IFNα 30 $\times$ 10^6 I.E. Tg. 1–5 Wdh. Tg. 21	23	—	—	4	ND	ND	
DTIC 200–800 mg/m^2 i.v. esk. Wdh. Tg. 21	87	6	12	21	15	–/–/8,6/– –/–/7,6/–	*Thomson* et al., Melanoma Res (1993)
IFNα 3 $\times$ 10^6 I.E. s.c. Tg. 1–3 9 $\times$ 10^6 I.E. s.c. Tg. 4–70; 9 $\times$ 10^6 I.E. s.c. 3/Wo. versus							
DTIC 800 mg/m^2 i.v. Wdh. Tg. 21	83	2	12	17	18	–/–/9,6/–	

Abkürzungen: TTF = Zeit bis zum Therapieversagen; Wdh. = Wiederholung; esk. = eskalierend

Tabelle XIII. Kombinierte Behandlung des metastasierten Melanoms mit Zytokinen und Zytostatika, siehe (75).

Therapie	Pat.	CR	PR	OR (%)	RD (Mo.) (CR/PR)	ÜLZ (Mo. alle)	Autor
IFNα/IL-2	8–82[a]	6	14	0–56 (24[a])	16/7,5	19,5	[a]*Marincola* et al., J Clin Oncol (1995)
	66	CR+PR:	7	11	4,3	9,5	*Dillman* et al., Cancer (1993)
	7–25[a] s.c.	0	4	14–16[a]	ND	ND	[a]*Schwartsmann* et al., Ann Oncol (1994)
IFNα/IL-2/TIL/CTX	12	1	3	33	ND	ND	*Arienti* et al., Cancer Immunol Immunother (1993)
IFNα/IL-2/DTIC	10 s.c.	0	2	20	ND	ND	*Avril* et al., Melanoma Res (1993)
IFNα/IL-2/Cisplatin	52–57[a]	6	24	26–53[a]	24/5	6	[a]*Rixe* et al., Proc Am Soc Clin Oncol (1994)
IFNα/IL-2/Cisplatin/TAM	23	1	11	52	11/6	8	*Rixe* et al., Proc Am Soc Clin Oncol (1994)
IFNα/IL-2/Cisplatin/DTIC	12	3	7	83	ND	ND	*Hamblin* et al., Proc Am Soc Clin Oncol (1991)
IFNα/IL-2/Carboplatin/ DTIC	40 s.c.	3	11	35	19/8	ND	*Atzpodin* et al., Eur J Cancer (1995)
IFNα/IL-2/LAK/CTX/ Doxorubicin	40	0	8	20	3,5	ND	*Sznol* et al., J Natl Cancer Inst (1992)
IFNα/IL-2/Cisplatin/ DTIC/Vinblastin (seq.)	30	5	9	47	7	ND	*Legha* et al., Proc Am Soc Clin Oncol (1994)
Cisplatin/DTIC/Vinblastin/ IFNα/IL-2 (alt., seq., gz.)	39/30/52	2/9/6	11/13/27	33/73/63	8 seq.	12 seq.	*Legha* et al., Proc Am Soc Clin Oncol (1994)
Cisplatin/DTIC/Vindesin/ IFNα/IL-2/TAM	30	4	5	30	ND	ND	*de Braud* et al., Ann Oncol (1994)
IFNα/IL-2/Cisplatin/ DTIC/BCNU	42	10	14	55	9+/7	11,5 8,4 (NR)	*Richards* et al., J Clin Oncol (1992)
IFNα/IL-2/Cisplatin/ DTIC/BCNU/TAM	27–74[a]	11	30	57[a]	9,1	14	*Richards* et al., Proc Am Soc Clin Oncol (1992)

[a]die Studie mit den höchsten Patientenzahlen wird zitiert
Abkürzungen: alt. = alternierend; seq. = sequentiell; gz. = gleichzeitig

Tabelle XIVa. CVD/BIO-Therapie nach *Legha*.

CDDP, DTIC, Vinblastin, IFNα, IL-2 (*Legha* et al. 1992)

CDDP 20 mg/m² i.v. Tag 1–4
Vinblastin 1,6 mg/m² i.v. Tag 1–4
DTIC 800 mg/m² i.v. Tag 1, anschließend
IL-2 3 Mio. I.E./m²/24 h i.v. 4 Tage
IFNα 5 Mio. I.E. s.c. 5 Tage
Wdh. Tag 21

Ansprechrate:	73%
Überlebenszeit:	12 Monate
Remissionsdauer:	8 Monate

Tabelle XIVb. CVD/BIO-Therapie vs CVD vs IL-2 nach *Legha*.

CDDP, Vinblastin, DTIC, IFNα, IL-2 vs CVD vs IL-2 (*Legha* et al. 1998)

CDDP 20 mg/m² / Vinblastin 1,5 mg/m² / DTIC 800 mg/m²
IL-2 9 Mio. I.E./m²/24 h i.v. / IFNα 5 Mio. I.E./m² s.c.

	CVD/IFNα/IL-2	CVD	IL-2
Patienten	114[a]	285	268
CR	24 (21%)	15 (5%)	16 (6%)
DR[b]	12 (10%)[c]	4 (1,4%)	10 (4%)

[a]OR 60%
[b]dauerhafte Remission
[c]krankheitsfreies Überleben 3+ bis 6+ Jahre

Eine Behandlung mit Mehrfachkombinationen von Zytostatika und Zytokinen (Tabelle XIII), wie z.B. IFNα/IL-2/DTIC/Vinblastin/Cisplatin, ergab Ansprechraten von über 60% und erstmals komplette Tumorremissionen von über 20% mit langanhaltendem tumorfreiem Überleben von über sechs Jahren (Tabellen XIV a und b) (50). Dieses Therapieschema wird derzeit in den USA in einer multizentrischen Studie überprüft.

Tabelle XV. Schwierigkeiten in der Vergleichbarkeit von Therapieerfolgen.

Medikamente
- unterschiedliche Dosierung
- unterschiedlicher Verabreichungsweg (i.v., i.m., s.c.)
- unterschiedliche Verabreichungsart (Bolus-Therapie, Dauerinfusion)
- unterschiedliches Verabreichungsschema (eskalierend, intermittierend, kontinuierlich)
- unterschiedliche Gesamtdauer der Therapie

Patient
- unterschiedliche Patientenklientel
- »Responder« ungenügend definiert

Tabelle XVI. Abkürzungen: Was bedeuten sie?

DFI	= Disease free intervall	= CR
DFS	= disease free survival	= CR
MDFS	= median disease free survival	
PFS[a]	= progression free survival	= CR + PR (+SD?)
MPFS	= median progression free survival	
OS	= overall survival (mean or median)	= alle Patienten
MOS	= median overall survival	= alle Patienten
RD[a]	= remission (response) duration	= CR + PR (+SD?)
MRD	= median remission duration	
OMRD	= overall median remission duration	
LLR	= long lasting remission	
TTP[a]	= time to progression	= CR + PR (+SD?)
MTTP	= median time to progression	
TTTF[a]	= time to treatment failure	= CR + PR (+SD?)
TWIST	= time without symptoms and toxicity	= alle Patienten
OR(R)	= overall response (rate)	= CR + PR
DR	= durable response	= CR
NED	= no evidence of disease	= CR nach Operation?
CR	= complete response	
PR	= partial response	
SD	= stable disease	

[a]synonymer Gebrauch mit manchmal fraglicher Interpretation

Die Kombination des DBCT-Schemas mit IFNα/IL-2 ergibt keinen weiteren Vorteil (64).
Zur Zeit wird in einer multizentrischen Therapiestudie der European Organization for Research and Treatment of Cancer (EORTC) der Stellenwert von IL-2 im Rahmen einer Chemoimmuntherapie untersucht (Tabelle XVII).
Die ständige Weiterentwicklung von der Zytokin-Monotherapie zu Mehrfachkombinationen zwischen Zytokinen und Zytostatika (Abbildung 2) hat bisher zwei Aspekte für den Patienten: Hohe Ansprechraten von > 50% gehen im Vergleich zu einer Polychemotherapie auch mit einer Verlängerung der Überlebenszeit einher. Allerdings wird dieser Vorteil mit einer deutlich erhöhten Toxizität unter Einschränkung der Lebensqualität erzielt. Es bleibt abzuwarten, ob die Relation von Wirkung zu Nebenwirkung gewahrt ist.

Tabelle XVII. Derzeitige »Standardtherapie« und Studienprotokolle bei Patienten mit metastasiertem Melanom.

	Dosierung	Ansprechraten
Monochemotherapie		
Dacarbazin	250 mg/m^2 i.v. Tag 1–5 Wdh. Tag 21/28 oder 850 mg/m^2 i.v. Tag 1 Wdh. Tag 21/28	14–33%
Fotemustine	100 mg/m^2 i.v. Tag 1, 8 und 15 dann 5 Wochen Pause Wdh. Tag 21	10–47%
Polychemotherapie		
BHD-Schema	BCNU 150 mg/m^2 i.v. Tag 1, nur jeden 2. Zyklus Hydroxyurea 1.500 mg/m^2 p.o. Tag 1–5 DTIC 150 mg/m^2 i.v. Tag 1–5 Wdh. Tag 28–42	13–31%
BOLD-Schema	Bleomycin 15 mg i.v. Tag 1+4 Vincristin 1 mg/m^2 i.v. Tag 1+5 CCNU 80 mg/m^2 p.o. Tag 1 DTIC 200 mg/m^2 i.v. Tag 1–5 Wdh. Tag 28–42	4–46%
DVP-Schema	DTIC 450 mg/m^2 i.v. Tag 1+8 Vindesin 3 mg/m^2 i.v. Tag 1+8 Cisplatin 50 mg/m^2 i.v. Tag 1+8 Wdh. Tag 28 oder DTIC 250 mg/m^2 i.v. Tag 1–5 Vindesin 3 mg/m^2 i.v. Tag 1 Cisplatin 100 mg/m^2 i.v. Tag 1 Wdh. Tag 21	24–44%
DBCT-Schema	DTIC 220 mg/m^2 i.v. Tag 1–3 BCNU 150 mg/m^2 i.v. Tag 1 jeden 2. Zyklus Cisplatin 25 mg/m^2 i.v. Tag 1–3 Tamoxifen 2 × 10 mg p.o. täglich Wdh. Tag 21/28	28–55%
Chemoimmuntherapie		
Temozolomide, IFNα vs Temozolomide	Temozolomide 200 mg/m^2 p.o. Tag 1–5 IFNα 5 Mio. I.E./m^2 s.c. Tag 1–5, dann 3× pro Woche Wdh. Tag 28	laufendes Studienprotokoll (ADO 09/98)
DTIC+CDDP+IFNα vs. DTIC+CDDP+IFNα +IL-2	DTIC 250 mg/m^2 i.v. Tag 1–3 CDDP 30 mg/m^2 i.v. Tag 1–3 IFNα 10 Mio. I.E./m^2 s.c. Tag 1–5 IL-2 18 Mio. I.E./m^2/6 h i.v. Tag 4 18 Mio.I.E./m^2/12 h i.v. 18 Mio. I.E./m^2/24 h i.v. 4,5 Mio. I.E./m^2/24 h über 3 Tage Wdh. Tag 28	laufendes Studienprotokoll (EORTC 18951)

Abbildung 2

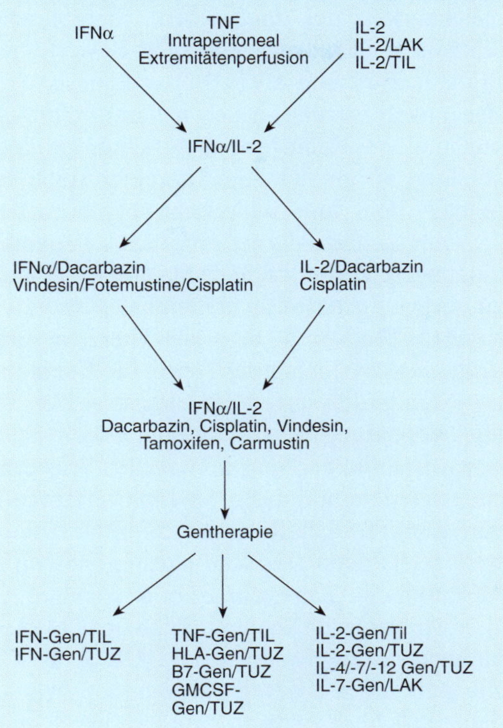

Zytokine in der Therapie des metastasierten Melanoms.

Zusammenfassung

Wenn wir den Standort der palliativen Therapie des metastasierten Melanoms definieren wollen, müssen wir feststellen, daß viele Maßnahmen noch auf Hypothesen oder Theorien beruhen, die zwar im Einzelfall zu verbesserter Lebensqualität und Lebensverlängerung jedoch nicht zu einem wirklichen therapeutischen Durchbruch geführt haben.
Die Wirksamkeit einer Chemotherapie bei Patienten mit metastasiertem Melanom steht außer Zweifel. Die Erfolge sind jedoch nicht zufriedenstellend: Entweder werden gut verträgliche, aber nur bei einem kleinen Teil der Patienten wirksame Medikamente eingesetzt oder es werden hohe Ansprechraten erzielt, die allerdings mit höherer Toxizität verbunden sind und die Überlebenszeit nicht entscheidend verlängern.
Um den Erfolg einer palliativen Therapie beurteilen zu können, ist es wichtig, das Therapieziel zu definieren (63, 71). Es stellen sich insbesondere zwei Fragen: 1. Wie ist Patientennutzen zu definieren (Tabelle I)

und 2. welche Optionen stehen uns zur Verbesserung von Therapieerfolgen zur Verfügung (Tabelle II)? Zusätzlich erschwert die fehlende Vergleichbarkeit der zahlreichen Therapieschemata aufgrund der unterschiedlichen Studiendesigns und Bewertungsmaßstäbe deren Beurteilung (Tabellen XV und XVI). Behandlungserfolge, die in der klinischen Routine erzielt werden, weichen häufig trotz gleichem Behandlungsschema von den im Rahmen von Studienprotokollen berichteten Ergebnissen ab. Dies ist ein für alle Therapieformen immer wiederkehrendes Phänomen, dem unterschiedliche Fehlerquellen zugrunde liegen dürften: 1. hauptsächlich die erforderliche Patientenselektion unter Studienbedingungen, 2. unterschiedliche (für eine statistisch relevante Auswertung zu geringe) Anzahl an Patienten, 3. mono- versus multizentrisch durchgeführte Studien, 4. First-line-Therapie versus vorbehandelte Patienten. Trotz dieser Widersprüche kann die Chemoimmuntherapie zur Zeit als eine »Standardtherapie« des metastasierten Melanoms angesehen werden. Die Aufklärung der Wirkmechanismen einer Chemoimmuntherapie und deren Beinflußbarkeit bleibt weiter Schwerpunkt der Forschung. Die Suche nach dem optimalen Therapieverfahren und der Patientengruppe, die eine bessere Überlebenschance durch eine bestimmte Therapie hat, geht weiter. Die psychologische Umsorgung von Patienten mit metastasiertem Melanom muß daher ein fester Bestandteil der ärztlichen Betreuung sein. Eine Annäherung an diese Idealvorstellung soll durch nationale und internationale Therapiestudien der EORTC, ECOG und ADO erreicht werden. Zur Zeit gilt es, die Balance zu finden zwischen geweckter Erwartung und dem tatsächlich Erreichbaren und Erreichten. Die Vielfalt an therapeutischen Möglichkeiten verdeutlicht das Dilemma: den »Goldstandard« in der Behandlung von Patienten mit metastasiertem Melanom gibt es derzeit nicht. Der wissenschaftliche Fortschritt führte zur Realisierung neuer Therapiekonzepte. Solche Hoffnungsträger haben verständlicherweise die höchste Publizität und Compliance: die Hybridomtechnologie ermöglichte die Herstellung humanisierter bispezifischer monoklonaler Antikörper. Weitere Therapieansätze sind die Gentherapie mit Effektor- und Tumorzellen, die Vakzinetherapie mit nativen oder modifizierten Tumorzellen, aufgereinigten Proteinen, synthetisierten Peptiden oder peptidbeladenen dendritischen Zellen. Trotz dieser breiten Palette von Therapieoptionen konnten wir bisher nur einen kleinen Teil unseres stetig wachsenden Wissens um die Biologie dieses Tumors wie Teile eines Puzzles in langfristige Therapieerfolge – und dies nur bei wenigen Patienten – umsetzen. Dennoch haben die Therapieergebnisse der letzten Jahre gezeigt, daß trotz aller Rückschläge in der klinischen Anwendung neue Technologien der Entwicklung neuer experimenteller Therapiekonzepte in der Dermato-Onkologie den Weg gebahnt haben, um die Spezifität und die Wirkung von Medikamenten zu erhöhen, ihre Toxizität zu senken, hohe Tumorremissionsraten zu erzielen, das krankheitsfreie Intervall und die

Überlebenszeit von Patienten zu verlängern, so daß kritischer Optimismus gerechtfertigt ist.

Literatur

1 Agarwala SS, Kirkwood JM (1996) Interferons in melanoma. Curr Opin Oncol 8: 167–174

2 Ahmann DL, Creagan ET, Hahn RG, Edmonson JH, Bisel HF, Schaid DJ (1989) Complete responses and long-term survivals after systemic chemotherapy for patients with advanced malignant melanoma. Cancer 63: 224–227

3 Ahn SS, Giuliano A, Kaiser L et al (1983) The limited role of BOLD chemotherapy for disseminated malignant melanoma. Proc Am Soc Clin Oncol 2: 228, C-893

4 Albino AP (1995) Genes involved in melanoma susceptibility and progression. Curr Opin Oncol 7: 162–169

5 Anderson CM, Buzaid AC, Legha SS (1995) Systemic treatments for advanced cutaneous melanoma. Oncology 9: 1149–1158

6 Atkins MB (1997) The treatment of metastatic melanoma with chemotherapy and biologics. Curr Opin Oncol 9: 205–213

7 Bajetta E, Di Leo A, Zampino MG, Sertoli MR, Comella G, Barduagni M, Giannotti B, Queirolo P, Tribbia G, Bernengo MG, Menichetti ET, Palmeri S, Russo A, Cristofolini M, Erbazzi A, Fowst C, Criscuolo D, Bufalino R, Zilembo N, Cascinelli N (1994) Multicenter randomized trial of dacarbazine alone or in combination with two different doses and schedules of interferon alpha-2a in the treatment of advanced melanoma. J Clin Oncol 12: 806–811

8 Berger W, Elbling L, Micksche M (1998) Chemoresistance of human malignant melanoma: cellular and molecular aspects. Onkologie 21: 105–110

9 Betticher DC, Lee SM, Morris C, Clemons M, Thatcher N (1995) Dacarbazine and interferon-α 2a in advanced malignant melanoma: high response rate and prolongation of response duration occur in different patient subpopulations. Melanoma Res 5: 277–282

10 Bizzari JP, Gerard B, Bertrand P (1993) Analysis of fotemustine chemotherapy in disseminated malignant melanoma (DMM): a review of 903 patients including 146 patients with cerebral metastases (CM). Melanoma Res 3: 35

11 Bleehen NM, Newlands ES, Lee SM, Thatcher N, Selby P, Calvert AH, Rustin GJ, Brampton M, Stevens MF (1995) Cancer research campaign phase II trial of temozolomide in metastatic melanoma. J Clin Oncol 13: 910–913

12 Borner M, Cerny T (1996) Pharmakokinetik, Pharmakodynamik und intrazelluläre Kinetik. In: Schmoll H-J, Höffken K, Possner K (Hrsg) Kompendium internistische Onkologie, Teil 1. Springer, Berlin Heidelberg New York, pp 435–443

13 Bröcker EB, Bohndorf W, Kämpgen E, Trcka J, Messer P, Tilgen W, Engenhart K, Flentje M (1996) Fotemustine given simultaneously with total brain irradiation in multiple brain metastases of malignant melanoma: report on a pilot study. Melanoma Res 6: 399–401

14 Bröcker EB, Tilgen W (1997) Supportive Therapie. In: Garbe C, Dummer R, Kaufmann R, Tilgen W (Hrsg) Dermatologische Onkologie. Springer, Berlin Heidelberg New York, pp 387–390

15 Buzaid AC, Bedikian A, Houghton AN (1998) Systemic chemotherapy and biochemotherapy. In: Balch CM, Houghton AN, Sober AJ, Soong S-J (eds) Cutaneous Melanoma. Quality Medical Publishing Inc, St. Louis, Missouri, pp 405–418

16 Chapmann PB, Parkinson DR, Kirkwood JM (1998) Biologic therapy. In: Balch CM, Houghton AN, Sober AJ, Soong S-J (eds) Cutaneous Melanoma. Quality Medical Publishing Inc, St. Louis, Missouri, pp 419–436

17 Cortes JE, Pazdur R (1995) Docetaxel. J Clin Oncol 13: 2643–2655

18 Cocconi G, Bella M, Calabresi F, Tonato M, Canaletti R, Boni C, Buzzi F, Ceci G, Corgna E, Costa P, Lottici R, Papadia F, Sofra MC, Bacchi M (1992) Treatment of metastatic malignant melanoma with dacarbazine plus tamoxifen. N Engl J Med 327: 516–523

19 Drings P, Brittinger G, Gaedicke G, Heimpel H, Hossfeld DK, Huber C, Meuer S, Wannenmacher M, Winkler K (1995) Die moderne Krebsbehandlung: Wissenschaftlich begründete Verfahren und Methoden mit unbewiesener Wirksamkeit. Onkologie 18: 158–162

20 Dummer R, Gore ME, Hancock BW, Guillou PJ, Grobben HC, Becker JC, Oskam R, Dieleman JP, Burg G (1995) A multi-center phase II clinical trial using dacarbazine and continuous infusion of interleukin-2 in metastatic melanoma: clinical data and immunomonitoring. Cancer 75: 1038–1044

21 Enk AH, Nashan D, Knop J (1997) Therapie von Lungenmetastasen des malignen Melanoms mit inhalativem IL-2. Hautarzt 48: 894–896

22 Eton O, Talpaz M, Lee KH, Rothberg JM, Brell JM, Benjamin RS (1996) Phase II trial of recombinant human interleukin-2 and interferon-alpha-2a. Implications for the treatment of patients with metastatic melanoma. Cancer 77: 893–899

23 Falkson CI (1995) Experience with interferon alpha 2b combined with dacarbazine in the treatment of metastatic malignant melanoma. Med Oncology 12: 35–40

24 Fathalla-Shaykh HM, Zimmerman C, Morgan H, Rushing E, Schold SC, Unwin DH (1996) Response of primary leptomeningeal melanoma to intrathecal recombinant interleukin-2. Cancer 77: 1544–1550

25 Fierlbeck G, Schreiner T, Rassner G (1995) Combination of highly purified human leukocyte interferon α and 13-*cis*-retinoic acid for the treatment of metastatic melanoma. Cancer Immunol Immunother 40: 157–164

26 Fraker DL (1998) Hyperthermic regional perfusion for melanoma of the limbs. In: Balch CM, Houghton AN, Sober AJ, Soong S-J (eds) Cutaneous Melanoma. Quality Medical Publishing Inc, St. Louis, Missouri, pp 281–300

27 Garbe C (1996) Verlängertes Überleben bei fernmetastasiertem Melanom und der Einfluß von Behandlungen. Hautarzt 47: 35–43

28 Garbe C (1995) Malignes Melanom. In: Seeber S, Schütte J (Hrsg) Therapiekonzepte Onkologie. Springer, Berlin Heidelberg New York, pp 674–702

29 Garbe C (1998) (Hrsg) Qualitätssicherung in der Onkologie 5.2. Diagnostische und therapeutische Standards in der Dermatologischen Onkologie. Zuckschwerdt, München Bern Wien New York.

30 Gundersen S (1987) Dacarbazine, vindesine, and cisplatin combination chemotherapy in advanced malignant melanoma: A phase II study. Cancer Treat Rep 71: 997–999

31 Hauschild A (1997) Neue Konzepte in der Chemotherapie des malignen Melanoms. Derm 3: 86–89

32 Ho RCS (1995) Medical management of stage IV malignant melanoma. Cancer 75: 735–741

33 Johnson TM, Yahanda AM, Chang AE, Fader DJ, Sondak VK (1998) Advances in melanoma therapy. J Am Acad Dermatol 38: 731–741

34 Keilholz U, Scheibenbogen C, Tilgen W, Bergmann L, Weidmann E, Seither E, Richter M, Brado B, Mitrou PS, Hunstein W (1993) Interferon-α and interleukin-2 in the treatment of metastatic melanoma. Comparison of two phase II trials. Cancer 72: 607–614

35 Keilholz U, Scheibenbogen C, Brado M, Georgi P, Maclachlan D, Brado B, Hunstein W (1994) Regional adoptive immunotherapy with interleukin-2 and lymphokine-activated killer (LAK) cells for liver metastases. Eur J Cancer 30A: 103–105

36 Keilholz U, Scheibenbogen C, Brossart P, Möhler T, Tilgen W, Hunstein W (1995) Interleukin-2-based immunotherapy and chemoimmunotherapy in metastatic melanoma. In: Garbe C, Schmitz S, Orfanos CE (eds) Recent Results Cancer Res 139: Skin cancer. Basic science, clinical research and treatment. pp 383–390

37 Keilholz U, Stoter G, Punt CJA, Scheibenbogen C, Lejeune F, Eggermont AMM (1997) Recombinant IL-2-based treatments for advanced melanoma: the experience of the EORTC Melanoma Cooperative Group. Cancer J Sci Am 3: S22–S28

38 Kirkwood JM (1992) Preclinical studies, experimental therapeutics, and clinical management of advanced melanoma. Curr Opin Oncol 4: 368–379

39 Kirkwood J M (1994) Systemic therapy of melanoma. Curr Opin Oncol 6: 204–211

40 Kleeberg UR (1986) Malignes Melanom. In: Voigt H, Kleeberg UR (Hrsg) Systemische Chemotherapie maligner Melanome. Springer, Berlin Heidelberg New York, pp 235–298

41 Kleeberg UR, Engel E, Israels P, Bröcker EB, Tilgen W, Kennes C, Gerard B, Lejeune F, Glabbeke MV, Lentz MA (1995) Palliative therapy of melanoma patients with fotemustine. Inverse relationship between tumour load and treatment effectiveness. A multicentre phase II trial of the EORTC-Melanoma Cooperative Group (MCG). Melanoma Res 5: 195–200

42 Kleeberg UR, Tilgen W (1996) Palliative und supportive Therapie von Melanomkranken. Onkologe 2: 465–472

43 Lakhani S, Selby P, Bliss JM, Perren TJ, Gore ME., McElwain TJ (1990) Chemotherapy for malignant melanoma: combinations and high doses produce more responses without survival benefit. Br J Cancer 61: 330–334

44 Lattanzi SC, Tosteson T, Chertoff J, Maurer LH, O'Donnell J, LeMarbre PJ, Mott L, DelPrete SA, Forcier RJ, Ernstoff MS (1995) Dacarbazine, cisplatin and carmustine, with or without tamoxifen, for metastatic melanoma: 5-year follow-up. Melanoma Res 5: 365–369

45 Lee SM, Betticher DC, Thatcher N (1995) Melanoma: chemotherapy. Br Med Bull 51: 609–630

46 Legha SS, Buzaid AC (1993) Role of recombinant interleukin-2 in combination with interferon-alfa and chemotherapy in the treatment of advanced melanoma. Sem Oncol 20 Suppl 9: 27–32

47 Legha S, Ring S, Bedikian A, Eton O, Plager C, Papadopoulos N, Ensign LG, Benjamin RS: (1993) Lack of benefit from Tamoxifen (T) added to a regimen of Cisplatin (C), Vinblastine (V), DTIC (D) and alpha interferon (IFN) in patients (PT) with metastatic melanoma (MM). Proc Am Soc Clin Oncol Vol 12: 1325

48 Legha SS, Gianan MA, Plager C, Eton OE, Papadopoulous NEJ (1996) Evaluation of interleukin-2 administered by continuous infusion in patients with metastatic melanoma. Cancer 77: 89–96

49 Legha SS (1997) The role of interferon alfa in the treatment of metastatic melanoma. Sem Oncol 24 (Suppl 4): 24–31

50 Legha SS (1997) Durable complete responses in metastatic melanoma treated with interleukin-2 in combination with interferon alfa and chemotherapy. Sem Oncol 24 (Suppl 4): 39–43

51 Lejeune FJ, Liénard D, Leyvraz S, Mirimanoff RO (1993) Regional therapy of melanoma. Eur J Cancer 29A: 606–612

52 Livingston P, Sznol M (1998) Vaccine therapy. In: Balch CM, Houghton AN, Sober AJ, Soong S-J (eds) Cutaneous Melanoma. Quality Medical Publishing Inc, St. Louis, Missouri, pp 437–450

53 MacFarlane MP, Yang JC, Guleria AS, White Jr RL, Seipp CA, Einhorn JH, White DE, Rosenberg SA (1995) The hematologic toxicity of interleukin-2 in patients with metastatic melanoma and renal cell carcinoma. Cancer 75: 1030–1037

54 Markman M (1993) Why does a higher response rate to chemotherapy correlate poorly with improved survival? J Cancer Res Clin Oncol 119: 700–701

55 McClay EF, McClay MET (1996) Systemic chemotherapy for the treatment of metastatic melanoma. Sem Oncol 23: 744–753

56 McClay EF, McClay M-ET, Jones Ja, Winski PJ, Christen RD, Howell SE, Hall PD (1997) A phase I and pharmacocinetic study of high dose tamoxifen and weekly cisplatin in patients with metastatic melanoma. Cancer 79: 1037–1043

57 Melanoma Session. Ann Congress ASCO. (1991–1998) Proc Am Soc Clin Oncol 10–17
58 Osieka R, Efferth T (1996) Antineoplastische Substanzen: Substanzklassen und Wirkmechanismen. In: Schmoll H-J, Höffken K, Possner K (Hrsg) Kompendium internistische Onkologie, Teil 1. Springer, Berlin Heidelberg New York, pp 413–434
59 Parmiani G, Rivoltini L (1991) Biological agents as modifiers of chemotherapeutic agents. Curr Opin Oncol 3: 1078–1086
60 Petit T, Borel C, Rixe O, Avril MF, Monnier A, Giroux B, Weil M, Khayat D (1996) Complete remission seven years after treatment for metastatic malignant melanoma. Cancer 77: 900–902
61 Pfreundschuh M (1996) Prinzipien der medikamentösen Tumortherapie. In: Schmoll H-J, Höffken K, Possner K (Hrsg) Kompendium internistische Onkologie, Teil 1. Springer, Berlin Heidelberg New York, pp 357–412
62 Philip AP, Flaherty L (1997) Treatment of malignant melanoma with interleukin-2. Sem Oncol 24, Suppl 4: S32–S38
63 Porzsolt F (1995) Ziele der palliativen Krebstherapie. Tumordiagn u Ther 16: 41–44
64 Richards JM, Mehta N, Ramming K, Skosey P (1992) Sequential chemoimmunotherapy in the treatment of metastatic melanoma. J Clin Oncol 10: 1338–1343
65 Rosenberg SA, Lotze MT, Yang JC, Topalian SL, Chang AE, Schwartzentruber DJ, Aebersold P, Leitman S, Linehan WM, Seipp CA, White DE, Steinberg SM (1993) Prospective randomized trial of high-dose interleukin-2 alone or in conjunction with lymphokine-activated killer cells for treatment of patients with advanced cancer. J Natl Cancer Inst 85: 622–632
66 Rosenberg SA, Yang JC, Topalian SL, Schwartzentruber DJ, Weber JS, Parkinson DR, Seipp CA, Einhorn JH, White DE (1994) Treatment of 283 consecutive patients with metastatic melanoma or renal cell cancer using high-dose bolus interleukin 2. JAMA 271: 907–913
67 Rosenberg SA, Yannelli JR, Yang JC, Topalian SL, Schwartzentruber DJ, Weber JS, Parkinson DR, Seipp CA, Einhorn JH, White DE (1994) Treatment of patients with metastatic melanoma with autologous tumor-infiltrating lymphocytes and interleukin 2. J Natl Cancer Inst 86: 1159–1166
68 Rusthoven JJ, Quirt IC, Iscoe NA, McCulloch PB, James KW, Lohmann RC, Jensen J, Burdette-Radoux S, Bodurtha AJ, Silver HKB, Verma S, Armitage GR, Zee B, Bennett K (1996) Randomized, double-blind, placebo-controlled trial comparing the response rates of carmustine, dacarbazine, and cisplatin with and without tamoxifen in patients with metastatic melanoma. J Clin Oncol 14: 2083–2090
69 Sarkany M, Dubois F (1994) Fotemustin-Therapie beim metastasierenden malignen Melanom. In: Macher E, Kolde K, Bröcker EB (Hrsg) Jahrbuch der Dermatologie 1994/1995 – Tumoren der Haut. Biermann, Zülpich, pp 267–274
70 Samlowski WE, Park K-J, Galinsky RE, Ward JH, Schumann GB (1993) Intrathecal administration of interleukin-2 for meningeal carcinomatosis due to malignant melanoma: Sequential evaluation of intracranial pressure, cerebrospinal fluid, cytology, and cytokine induction. J Immunother 13: 49–54
71 Schipper H, Goh CR, Wang TL (1995) Shifting the cancer paradigm: must we kill to cure? J Clin Oncol 13: 801–807
72 Thomson DB, Adena M, McLeod GRC, Hersey P, Gill PG, Coates AS, Olver IN, Kefford RF, Lowenthal RM, Beadle GF, Walpole ET, Boland K, Kingston D (1993) Interferon-α2a does not improve response or survival when combined with dacarbazine in metastatic malignant melanoma: results of a multi-institutional Australian randomized trial. Melanoma Res 3: 133–139
73 Tilgen W (1994) Therapie des malignen Melanoms: Derzeitiger Stand und Perspektiven. In: Macher E, Kolde G, Bröcker EB (Hrsg) Jahrbuch der Dermatologie 1994/1995 – Tumoren der Haut. Biermann, Zülpich, pp 123–150

74 Tilgen W (1995) Malignant Melanoma: Current therapeutic concepts. Onkologie 18: 534–547

75 Tilgen W, Seiter S, Uhl K (1997) Current therapy strategies for malignant melanoma with special regard to immunotherapy with cytokines. In: Aul C, Schneider W (eds) Interferons. Biological activities and clinical efficacy. Springer, Berlin Heidelberg New York, pp 165–195

76 Tilgen W, Uhl K, Bröcker EB (1997) Palliative Therapie des malignen Melanoms. In: Garbe C, Dummer R, Kaufmann R, Tilgen W (Hrsg) Dermatologische Onkologie. Springer, Berlin Heidelberg New York, pp 369–386

77 Uhl K, Tilgen W, Petzoldt D (1997) Fotemustine monochemotherapie in patients with advanced melanoma. In: Altmeyer P, Hoffmann K, Stücker M (eds) Skin cancer and UV-radiation. Springer, Berlin Heidelberg New York, pp 1250–1255

78 Vaglini M, Belli F, Santinami M, Arienti F, Parmiani G, Persiani L, Santoro N, Grazhia-Inglese M, D'Elia F, Cascinelli N (1995) Isolation perfusion in extracorporeal circulation with interleukin-2 and lymphokine-activated killer cells in the treatment of in-transit metastases from limb cutaneous melanoma. Ann Surg Oncol 2: 61–70

79 Verschraegen CF, Kleeberg UR, Mulder J, Rümke P, Truchetet F, Czarnetzki B, Rozencweig M, Thomas D, Suciu S (1988) Combination of cisplatin, vindesine, and dacarbazine in advanced malignant melanoma. Cancer 62: 1061–1065

80 Whittington R, Faulds D (1993) Interleukin-2 A review of its pharmacological properties and therapeutic use in patients with cancer. Drugs 46: 446–514

Spezifische Immuntherapie mit monoklonalen Antikörpern beim Malignen Melanom

H. Bender, M. T. Grapow, H. J. Biersack
Klinik und Poliklinik für Nuklearmedizin,
Rheinische Friedrich-Wilhelms-Universität, Bonn

Einführung

Zu den etablierten Therapiemöglichkeiten des malignen Melanoms gehören die chirurgische Exzision (Primärtumor, In-transit-Metastasen, lokale Lymphknotenmetastasen, solitäre Organmetastasen), die Strahlentherapie, Mono- bzw. Polychemotherapie und die Immuntherapie mit rekombinantem Interleukin und Interferon-alpha. Zusätzlich gibt es eine Reihe von experimentellen Ansätzen, die zum Teil im Rahmen kontrollierter, prospektiver Studien untersucht werden, wie beispielsweise Tumorzell-Vakzination bzw. Immunisierung mit attenuierten oder virustransfizierten Melanomzellen oder Zellextrakten, spezifische (melanomspezifische Antigene) und unspezifische (BOG) Immunmodulation oder gentherapeutische Ansätze.

Die Entwicklung eines Verfahrens von *Köhler* und *Milstein* 1975 (1), das es erlaubte, definierte, sogenannte monoklonale Antikörper (mAk) praktisch unbegrenzt herzustellen, hatte Hoffnungen geweckt, einerseits tumorspezifische Antigene zu identifizieren und somit andererseits tumorselektive Pharmazeutika entwickeln zu können.

Wenngleich es bisher nicht gelungen ist, tumorspezifische Antigene nachzuweisen, so wurde doch eine Reihe von tumor-assoziierten Antigenen beschrieben, die auf malignen Zellen, im Vergleich zu den Normalzellen, eine Überexpression oder eine Neuexpression zeigen können. Hierbei sind drei wesentliche Limitationen zu erwähnen: 1. tumorassoziierte Antigene können auch mit unterschiedlicher Ausprägung auf normalen Zellen oder Geweben exprimiert werden; 2. meist muß von einer beträchtlichen Heterogenität der Expression auf den Tumorzellen ausgegangen werden und zusätzlich 3. kann sich die Antigenexpression im Primärtumor von dessen Metastasen unterscheiden. Einigen Tumoren gelingt es, sich der »immunologischen Überwachung« zu entziehen, indem sie die Expression von MHC-Komplex reduzieren oder einstellen. MHC ermöglicht zytotoxischen T-Lymphozyten ein antigenspezifisches Erkennen von Zellen, beim Fehlen von MHC sind sie praktisch »blind«.

Melanom-assoziierte Antigensysteme

Im Bereich der Malignen Melanome wurden zahlreiche Antigensysteme beschrieben, von denen im wesentlichen vier Antigene, die auf der Zellmembran von Melanomzellen exprimiert werden, auch bezüglich ihres potentiellen diagnostischen und therapeutischen Nutzens detaillierter untersucht wurden:

1. das p97-Antigen, ein Glykoprotein mit 97-kD, das Sequenzhomologien mit dem Transferrin hat (2);
2. das High-Molecular-Weight Melanoma-Associated-Antigen (HMW-MAA), ein chondroitinsulfatiertes Proteoglykan-Glykoprotein, mit einem Molekulargewicht von mehr als 500 kD;
3. das Glykolipid GD3, das der Gruppe der Ganglioside zugerechnet wird und
4. das Gangliosid GD2, das sich vom GD3 nur durch das Vorhandensein von N-Azetyl-Galaktosamin-Zuckerresten unterscheidet (3).

Mechanismen der Immuntherapie

Passive Immuntherapie

Radionuklid- oder toxininduzierte Zytotoxizität

Bei der passiven Radioimmuntherapie wird der mAk nur als Träger eingesetzt, der das verwandte Radionuklid an die Zielzelle transportiert und nach Bindung an das Antigen dort zunächst verbleiben soll (Retention). Die im Rahmen des radioaktiven Zerfalls freigesetzte Strahlung (Alpha, Beta und/oder Gamma) soll dann lokal und spezifisch eine letale DNA-Schädigung der Tumorzellen bzw. der Antigen präsentierenden Zelle bewirken. Je nach Wahl des Radionuklids werden entweder nur die Antigen präsentierenden Zellen (z.B. Jod-125) oder auch antigennegative Zellen der näheren Umgebung (z.B. Jod-131, Yttrium-90) von der freigesetzten »therapeutischen« Strahlung getroffen. Analog dazu wird bei Immunkonjugaten das Radionuklid durch ein potentes Zellgift ersetzt.
Da die gewünschten zytotoxischen Wirkung des eingesetzten Radionuklids bzw. Toxins unabhängig vom Immunstatus des Patienten eintritt, spricht man hier von passiver Immuntherapie.

Antikörper-vermittelte Zytotoxizität

Antikörper können eine Reihe von direkten und indirekten Mechanismen induzieren, die einen direkten oder indirekten Einfluß auf den Tumor- bzw. das Immunsystem des Empfängers haben und hier nur kurz beschrieben werden können:

1. Verdrängung oder Antagonisierung von Faktoren bei Antigenen, die als Rezeptoren von Wachstums- oder Zellteilungsfaktoren dienen; hier sind beispielsweise mAk zu erwähnen, die an den epidermalen Wachstumsfaktor-Rezeptor (EGF-R) binden und mit den natürlichen Liganden EGF oder TGF um die Bindungsstelle konkurrieren, ohne selbst eine Zellteilung zu initiieren;
2. Induktion des natürlichen Zelltods (Apoptose); hier sind beispielsweise Agonisten des Somatostatinrezeptors (Octreotide, RC160) zu erwähnen, die sowohl EGF-induzierte Mechanismen blockieren, als auch eine Apoptose bewirken;
3. Aktivierung von Komplement nach Bindung an das Antigen, mit dem Ergebnis einer Zytolyse (CDC = complement-dependent cytotoxicity);
4. Aktivierung von zytotoxischen zellulären Elementen, den sogenannten Killerzellen (ADCC = antibody-dependent cell-mediated cytotoxicity) und
5. Aktivierung des idiotypischen Netzwerks; dieser Mechanismus ist wohl der aktiven Immunisierung zuzurechnen und ist nicht in allen Einzelheiten geklärt. Die Aktivierung erfolgt wahrscheinlich über die Bildung von anti-idiotypischen Antikörpern (anti-IDs = Ab2). Anti-IDs sind eine spezielle Fraktion der Antikörper, die als Reaktion auf Fremd-Antikörper gebildet werden und besser bekannt sind unter dem Namen HAMA (human anti-mouse antibodies) oder HAHA (human anti-human antibodies). Das typische Merkmal von anti-IDs ist die Eigenschaft, an die Bindungsstelle des applizierten Fremd-AK (Ab1) zu binden und gewissermaßen ein Spiegelbild der Bindungsstelle des Ab1 darzustellen (Schlüssel-Schlüsselloch-Prinzip). Gleichzeitig entspricht die Bindungsstelle des anti-IDs dem Antigen. Somit kann der Ab1 nicht zwischen Antigen und Ab2 unterscheiden.

Klinische Erfahrungen

Native Antikörperapplikation

Systemische Infusionen von hohen Dosen mit nativem Antikörper haben gezeigt, daß der Antikörper die Tumorzellen erreicht und eine Wirkung bei Antikörpern gegen DG2 und GD3 zu beobachten war. Im Gegensatz

dazu waren mAk gegen p97 und HMW-MAA wirkungslos (4, 5). Besonders intensiv sind anti-GD3-mAk in klinischen Phase-I-Studien untersucht worden (6–9). So konnte man bei etwa 10% der behandelten Patienten deutliche anti-Tumoreffekte beobachten und in Einzelfällen komplette Remissionen, selbst bei fortgeschrittenen Erkrankungsstadien (9). Die untersuchten anti-GD3-mAk aktivieren menschliches Komplement (CDC) und induzieren eine Zellzerstörung in Anwesenheit von menschlichen Lymphozyten (ADCC), was als Wirkungsmechanismus der beobachteten Ergebnisse angenommen wird. Häufig war nach systemischer mAk-Applikation eine entzündliche Reaktion in Tumorknoten zu beobachten, bei sonst milden bis moderaten Nebenwirkungen.
Auch bei anti-GD2-mAk konnten bei Phase-I-Studien anti-Tumoreffekte nachgewiesen werden (10). Infusionen dieser Antikörper führten in der Regel zu dosisabhängigen Schmerzzuständen, die wahrscheinlich Folge einer Reaktion von anti-GD2-mAk mit peripheren Nervenendigungen zurückzuführen ist (11).
Insgesamt ist der weitere klinische Einsatz dieser vielversprechenden, ersten Ergebnisse durch regulatorische Hürden übermäßig erschwert und dadurch die Herstellung und die klinische Anwendung deutlich eingeschränkt worden. Unabhängig davon hat man als logische Konsequenz dieser Untersuchungsergebnisse die Frage gestellt, ob nicht durch eine aktive Immunantwort gegen GD3 eine wesentlich bessere und langanhaltende therapeutische Wirksamkeit in GD3-positiven Tumoren zu erzielen wäre.

Radioaktiv-markierte Antikörper

Während im Tierexperiment an transplantierten Tiermodellen mit menschlichen Tumoren, mit radioaktiv-markierten mAk eine Wachstumshemmung bzw. Ablation von etablierten Tumoren demonstriert werden konnte, liegen unter klinischen Bedingungen an soliden Tumoren, einschließlich dem Malignen Melanom, bisher nur begrenzte Erfahrungen vor. So konnte in Pilotstudien in Einzelfällen eine Tumorremission nach Gabe von J-131-markierten mAk gegen p97 und HMW-MAA beobachtet werden (12, 13). Nachfolgestudien mit einer ausreichenden Patientenzahl wurden bisher noch nicht durchgeführt, wohl als Konsequenz einer nur begrenzten Wirksamkeit der eingesetzten Antikörperpräparationen. Neben einer unzureichenden Antikörperanreicherung im Tumorgewebe wird hierfür vor allem die Heterogenität der Antigenexpression sowohl in einer Tumormasse selbst als auch in den unterschiedlichen Lokalisationen einer Tumormanifestation (Lymphknoten, Leber, Lunge etc.) verantwortlich gemacht. Zusätzlich behindert die Bildung von HAMA die wiederholte Gabe von mAk. Auch die Anwendung von Fragmenten (Fab,

F[ab']2) oder humanisierten mAk hat bisher zu keiner wesentlichen Verbesserung dieser Ergebnisse geführt. Die Beobachtungen entsprechen im wesentlichen den Erkenntnissen, die im Rahmen diagnostischer Multicenterstudien mit mAk beim Malignen Melanom gemacht worden waren. So liegt die Detektionsrate je nach Studie bei nur 40–80% bei einer Bewertung der einzelnen Läsionen (14–16). Dies unterstreicht die noch vorhandenen Limitationen von mAk in der Diagnostik und Therapie maligner Tumoren.
Wesentliche Nebenwirkungen sind die (reversible) Knochenmarksdepression mit Thrombozytopenie und Neutropenie. Nach mehrfacher Applikation ist mit der Bildung von HAMA oder HAHA zu rechnen, die einerseits die Anreicherung des markierten mAk im Tumor durch intravasale Komplexbildung reduzieren oder verhindern und andererseits das Risiko einer allergischen Reaktion erhöhen. Hier ist besonders der anaphylaktische Schock gefürchtet, der aber letztendlich eine Rarität darstellt.

Toxin-konjugierte Antikörper

Es liegen insbesondere Erfahrungen mit der Substanz Ricin vor, die aus der Pflanze Ricinus communis extrahiert wird. Ricin ist ein potenter Proteinsyntheseinhibitor, der aus zwei Ketten (A und B) aufgebaut ist, die über eine Disulfidbrücke verbunden sind. Die A-Kette inhibiert die Proteinsynthese, die B-Kette ist für die Zellbindung verantwortlich.
Auch hier liegen nur wenige Pilotstudien an einer begrenzten Patientenzahl vor, die eine mögliche therapeutische Effektivität dieser Immunokonjugate demonstrieren (17–20). So konnten Tumorremissionen oder lang anhaltende Stabilisierungen der Erkrankung beobachtet werden. Untersuchungen mit größeren Patientenzahlen stehen allerdings noch aus.
Wesentliche Nebenwirkungen waren erkältungsähnliche Symptome und eine leichte Erhöhung von Leberenzymen. Auch hier wurde praktisch in allen Fällen nach mehrfacher mAk-Applikation die Bildung von HAMA beobachtet, so daß u.a. mit einer deutlichen Reduzierung der Wirksamkeit zu rechnen ist.

Aktive Immunisierung

Das Konzept einer aktiven Immunisierung basiert auf der Überlegung einer Reaktivierung des Immunsystems, eine seiner Aufgaben, nämlich das Erkennen und Vernichten von veränderten Zellen, wieder zu erfüllen. Dazu ist es notwendig, letztendlich die Toleranz gegen körpereigene Antigene zu durchbrechen. Da man davon ausgeht, daß die Antigenexpres-

sion auf Tumorzellen wesentlich höher liegt als in normalen Geweben und die Immunantwort dosisabhängig erfolgt, kann eine Elimination von Tumorzellen erfolgen, ohne daß davon normale Zellen betroffen sind. D.h., ein Durchbrechen der Toleranz muß nicht notwendigerweise zu einer Autoimmunerkrankung führen. Dies wäre die theoretisch ungünstigste Nebenwirkung einer aktiven Immunisierung, wurde aber bisher in Tumorpatienten nicht beobachtet.
Die Vorteile einer aktiven Immunisierung bestehen darin, daß eine wiederholte und von extern zugeführte Behandlung nicht notwendig ist und durch die kontinuierliche immunologische Überwachung Resttumorgewebe eliminiert sowie das Auftreten eines Tumorrezidivs verhindert wird. Prinzipiell stehen verschiedene Immunisierungsmöglichkeiten zur Verfügung: Immunisierung mit 1. dem Antigen selbst, 2. einem antigen-spezifischen Antikörper mit der Möglichkeit der Indukation von anti-IDs, 3. monoklonalen anti-IDs (als Antigenersatz) mit potentiell günstigeren Eigenschaften als das Antigen selbst oder 4. Peptide, die das Antigen imitieren. Alle vier Therapieansätze basieren auf der von *Jerne* 1974 (21) postulierten und später auch auf die T-Zellen erweiterten Netzwerktheorie und dem Nachweis, daß Antikörper tatsächlich fremde Antigene imitieren können.

Idiotypisches Netzwerk

Um die Regulationsmechanismen des Immunsystems besser verstehen zu können, postulierte *Jerne* (21) ein System von sich aktivierenden und inhibierenden Antikörpern. Die Regulation sollte dabei über die für die jeweilige antikörper-typische Bindungsstelle im Bereich der hypervariablen Region erfolgen. Das Antigen induziert die Bildung von spezifischen Antikörpern (Ab1), diese selbst induzieren Antikörper (Ab2), die ein Spiegelbild des Ab1 sind und der »Form der Bindungsstelle«, dem Antigen, gleichen. Der vom Ab2 induzierte Ab3 würde dementsprechend wieder dem Ab1 gleichen usw. Diese Induktion von sogenannten anti-idiotypischen Antikörpern (anti-IDs) ist dabei Teil eines Feedback-Mechanismus, der sowohl stimulatorische als auch inhibitorische Komponenten besitzt. Der interessante Aspekt dieses Konzeptes ist aber die Möglichkeit, daß über die Bildung von Ab2 (anti-IDs) auch eine Regulation der zellulären Anteile des Immunsystems (T-Zellen) erklärt werden kann. Rezeptoren von T-Zellen können nämlich nur Peptidstrukturen erkennen, die ihnen präsentiert werden, d.h. sie sind praktisch für alle Nicht-Peptidantigene oder auch lösliche Antigene (z.B. CEA) blind (22). Auf der anderen Seite können Ak ergo anti-IDs nicht nur Proteinantigene imitieren, sondern auch Polysaccharide, Glykolipide oder andere organische Verbindungen. Da es sich bei der Bindungsstelle des Ak um eine Aminosäuresequenz (Peptidabschnitt) handelt, kann diese letztendlich einer T-Zelle präsentiert werden, die dann auch das originäre Antigen erkennen und die antigen-positive Zelle vernichten kann. Hierbei geht man davon aus, daß zur Tumorabstoßung das T-Zellsystem notwendig ist, während das B-Zellsystem allenfalls eine untergeordnete Rolle spielt.

Aktivierung des idiotypischen Netzwerks

Wie oben schon angedeutet, kann das idiotypische Netzwerk praktisch an jeder Stelle der Kaskade (Ag, Ab1, Ab2) stimuliert werden. Der Einsatz des Antigens selbst zur Immunisierung setzt dessen Identifikation und die Möglichkeit einer Reinigung voraus. Bei Patienten mit malignen Tumoren muß darüber hinaus mit einer Toleranz gegenüber dem eigenen Ag gerechnet werden.
Im Gegensatz zum Antigen lassen sich Ab1 und Ab2 relativ einfach und theoretisch unbegrenzt herstellen, auch ohne genaue Identifikation oder Charaktersisierung des Antigens. Weiterhin können Ak, die selbst als relativ immunogen gelten, Kohlenhydratantigene oder Epitope imitieren, die als nur gering immunogen eingestuft werden. Dadurch scheint es möglich zu sein, die Toleranz gegen tumor-assoziierte Antigene zu durchbrechen, wie dies beispielsweise im CEA-System gezeigt werden konnte.

Klinische Bedeutung

Immunisierung mit Antigen

Die Erfahrungen mit Immunisierungsversuchen, die gereinigtes Antigen eingesetzt haben, sind aus den o.g. Gründen eher die Ausnahme. Erst die Entwicklungen im Bereich der Molekularbiolgie haben die Möglichkeit eröffnet, Antigene gentechnisch als sogenannte rekombinante Ag herzustellen. Klinische Studien dazu stehen noch aus.
Erfahrungen mit GD3-Antigen (als Lakton- oder KLH-Konjugate) zeigten in einer Pilotstudie bei keinem der behandelten Patienten eine Immunantwort, d.h. keine Entwicklung von Ab1 gegen GD3 (23), so daß auf den weiteren Einsatz verzichtet wurde.

Immunisierung mit nativem Antikörper (Ab1)

Vielversprechender dagegen waren Versuche mit Ab1 mit und ohne Adjuvans im GD3 und HMW-MAA System. *Helling* et al. (24) und *Livingstone* (25) berichten über eine gute Immunisierungspotenz von Ab1/Ad-

juvans gegen GM2-Gangliosid und eine verlängerte Überlebenszeit der so behandelten Patienten mit Melanomen im Stadium III.
Unsere eigenen Ergebnisse einer retrospektiven Studie mit Ab1 gegen das HMW-MAA (Tecnemab-K-1; Sorin) deuten ebenfalls auf eine therapeutische Potenz hin (26). Unsere Ergebnisse zeigen, daß die wiederholte Applikation von melanomspezifischen mAk-Fragmenten, wie sie bei der routinemäßigen Radioimmunszintigraphie eingesetzt werden, lebensverlängernd zu sein scheint (Abbildung 1). Dabei ist interessant, daß sowohl eine Niedrigdosierung (0,35 mg/Applikation) wie auch das Fragment effektiv sind. Da direkte zytotoxische Wirkungen des Fragments in Ermangelung der Fc-Region nicht zu erwarten sind, muß von anderen immunologischen Mechanismen ausgegangen werden. Wir nehmen an, daß multiple Applikationen dieser Fragmente das anti-idiotypische Netzwerk aktivieren und möglicherweise über die Induktion von spezifischen anti-IDs und zellulären Elementen eine zytotoxische/zytostatische Wirkung entfalten (27–30).

Abbildung 1

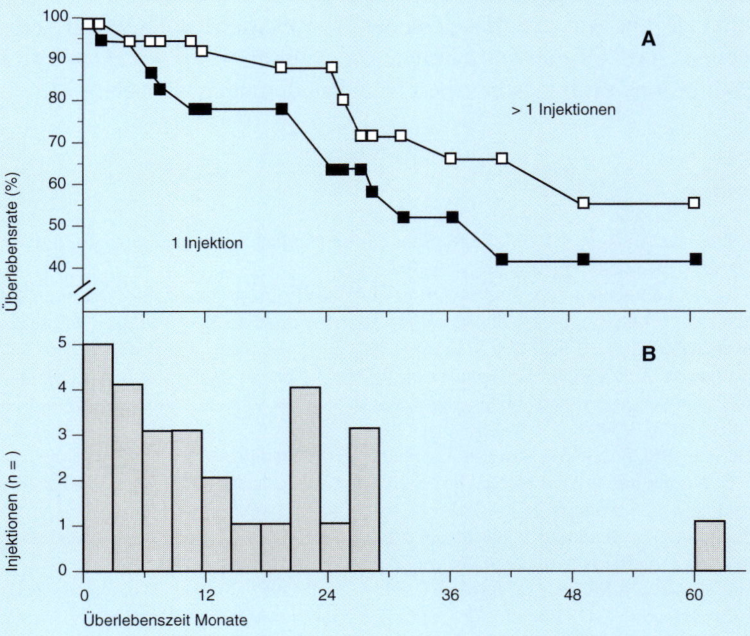

A. Überlebensrate (%) der Patienten nach der ersten mAk-Applikation (Diagnostik) über die Zeit. Eine Injektion (-■-) versus mehr als eine Injektion (-□-).
B. Anzahl an Injektion pro Zeitintervall (3 Monate) über den Untersuchungszeitraum; nach *Bender* et al. 1997 (27).

Immunisierung mit anti-idiotypischen Antikörpern (Ab2)

Unter der Annahme, daß Ab2 das Abbild des jeweiligen Antigens darstellen, wird es verständlich, daß die meisten Immunisierungsstudien sich mit dem Einsatz von Ab2 beschäftigen. So berichtet *Chapman* (31) über eine deutliche Lebensverlängerung nach Immunisierung mit nativem anti-GD3-ID. Dieser Effekt läßt sich noch durch die Anwendung eines Adjuvans verstärken, wobei ein positiver Zusammenhang zwischen der Immunogenität der eingesetzten Präparation und der Wirksamkeit besteht.
Über ähnliche Erfahrungen berichten *Mittelmann* et al. (30) im HMW-MAA System. Immunisierung mit nativem anti-ID führte nur bei ca. 47% der Patienten zur Bildung von anti-anti-IDs, während beim Einsatz von mAb-Adjuvans die Rate bei 70% lag. Eine positive Immunantwort war dabei mit einer signifikanten Lebensverlängerung verbunden. Alle anti-anti-ID-negativen Patienten waren nach 32 Wochen verstorben, während bei der anti-anti-ID-positiven Gruppe noch mehr als 30% der Patienten am Leben war. Zu erwähnen ist, daß praktisch bei allen Patienten ein Tumorprogreß zu beobachten war und nur in einzelnen Metastasen eine Remission beobachtet wurde. Dies ist wahrscheinlich darauf zurückzuführen, daß die induzierten anti-anti-IDs schlecht Komplement (CDC) und zelluläre (T-Zellen; ADCC) Elemente aktivieren (30) und somit der Haupteffekt in der Inhibition von metastatischen Neuabsiedelungen zu suchen ist.

Literatur

1 Köhler G, Milstein C (1975) Continuous cultures of fused cells secreting antibody of predefined, specificity. Nature 256: 459–497
2 Rose TM, Plowman GD, Teplow DB et al (1986) Primary structure of the human melanoma-associated antigen p97 (melanotransferrin) deducted from the mRNA sequence. Proc Soc Natl Acad Sci USA 83: 1261–1263
3 Houghton AN, Vadhan S, Wong G et al (1986) Clinical study of a mouse monoclonal antibody directed against GD3 ganglioside in patients with melanoma. Proc Am Soc Clin Oncol 5: 231–234
4 Oldham RK, Foon KA, Morgan AC et al (1984) Monoclonal antibody therapy of malignant melanoma: in-vivo localization in cutaneous metastases after intravenous administration. J Clin Oncol 2: 1235–1242
5 Godman GE, Beaumier P, Helistrom I et al (1985) Pilot trial of murine monoclonal antibodies in patients with advanced melanoma. J Clin Oncol 3: 340–352
6 Houghton AN, Mintzer D, Cordon-Cardo C et al (1985) Mouse monoclonal 19G3 antibody detecting GD3 ganglioside: a phase I trial in patients with malignant melanoma. Proc Natl Acad Sci USA 82: 1242–1249
7 Vadhan-Jaj S, Cordon-Cardo C, Carswell E et al (1988) Phase I trial of a mouse monoclonal antibody against GD3 ganglioside in patients with melanoma. Induction of an inflammatory response at tumor sites. J Clin Oncol 6: 1636–1641
8 Dippold WG, Berhard H, Dienes HP et al (1998) Treatment of patients with melanoma by monoclonal ganglioside antibodies. Eur J Cance Clin Oncol 21: S65

9 Minasian LM, Szatrowski TP, Rosenblum et al (1994) Hemorrhagic tumor necrosis during a pilot trial of tumor necrosis factor-a and anti-GD3 ganglioside monoclonal antibody in patients with metastasic melanoma. Blood 83: 56–64

10 Dow AI, Patek DR, Chao J et al (1993) Multi-probe fluorescence imaging for analysis of tumor-infiltrating lymphocyte phenotype and activation status during R24 antibody therapy of melanoma. Proc Am Assoc Cancer Res 34: 452–454

11 Yuki N, Yamada M, Tagawa Y et al (1997) Pathogenesis of the neurotoxicity with anti-GD2 antibody therapy. J Neurol Sci 149: 127–130

12 Carrasquillo JA, Krohn KA, Beaumier P et al (1984) Diagnosis of and therapy for solid tumors with radiolabeled antibodies and immune fragments. Cancer Treaty Rep 68: 317–328

13 Larson SM, Carrasquillo JA, McGuffin RW et al (1985) Use of 1-131 labeled murine Fab against a high molecular weight antigen of human melanoma: preliminary experience. Radiology 155: 487–492

14 Buraggi GL (1986) Radioimmunodetection of melanoma: preliminary results of a prospective study. Int J Biol Markers 1: 47–54

15 Paganelli G (1986) Improved immunoscintigraphy by subcutaneous injection of 99m-Tc or 111-In labelled F(ab')2 fragments of an anti-melanoma monoclonal antibody. Nucl Med Biol 13: 423–428

16 Siccardi AG (1986) Multicenter study of immunoscintigraphy with radiolabeled monoclonal antibodies in patients with melanoma. Cancer Res 46: 4817–4819

17 Spitler LE, del Rio M, Khentigan A et al 1987) Therapy of patients with malignant melanoma using a monoclonal antimelanoma antibody-ricin. A chain immunotoxin. Cancer Res 47: 1717–1723

18 Gonzales R, Salem P, Bunn PA et al.(1991) Single-dose murine monoclonal antibody ricin A chain immunotoxin in the treatment of metastatic melanoma: a phase I trial. Mel Biother 3: 192–196

19 Oratz R, Speyer JL, Wernz JC et al (1990) Antimelanoma monoclonal antibody-ricin A chain immunoconjugate plus cyclophosphamide in the treatment of metastatic malignant melanoma: results of a phase II trial. J Biol Response Mod 9: 345–354

20 Selvaggi K, Saria EA, Schwartz R et al (1993) Phase I/II study of murine monoclonal antibody ricin A chain immunoconjugate plus cyclosporin A in patients with metastastic melanoma. J Immunther 13: 201–207

21 Jerne NK (1974) Towards a network theory of the immune system. Ann Immunol 125C: 373–389

22 Babbitt BP, Matsueda G, Haber E et al (1986) Antigenic competition at the level of peptide-Ia binding. Proc Natl Acad Sci USA 83: 4509–4513

23 Livingstone PO (1993) Approaches to augmenting the IgG antibody response to melanoma ganglioside vaccines. In: Bystryn JC, Ferrone S, Livingston P (eds) Specific immunotherapy of cancer with vaccines. NY Academy of Sciences, New York, pp 204–213

24 Helling F, Adluri S, Calves M, Koganty RR et al (1993) Increased immunogenicity of GM2 conjugated to KLH and used with adjuvants in patients with melanoma. Proc Am Assoc Cancer Res 34: 491–495

25 Livingstone PC, Wong GYC, Adluri S et al (1994) Improved survival in stage III melanoma patients with GM2 antibodies: A randomized trial of adjuvant vaccination with GM2 ganglioside. J Clin Oncol 12: 1036–1044

26 Bender H, Grapow M, Schomburg A et al (1997) Effects of diagnostic application of monoclonal antibody on survival in melanoma patients. Hybridoma 16: 65–68

27 Herlyn D, Sears HF, Iliopoulos D et al (1986) Anti-Idiotypic antibodies to monoclonal antibody C017-1A. Hybridoma 5: S51-S58

28 Wettendorff M, Iliopoulos D, Tempero M et al (1989) Idiotypic cascades in cancer patients treated with monoclonal antibody C017-1A. Proc Natl Acad Sci USA 86: 3787–3789

29 Ferrone S (1993) Anti-Idiotypes in melanoma. Hybridoma 12: 509–514

30 Mittelmann A, Wang X, Matsumoto K, Ferrone S (1995) Antiidiotypic response and clinical course of the disease in patients with malignant melanoma immunized with mouse antiidiotypic monoclonal antibody MK2-23. Hybridoma 14: 175–181
31 Chapman PB (1997) Clinical studies with anti-idiotypic monoclonal antibody BEC2 that mimics GD3 ganglioside. In: Schoenfeld Y, Kennedy RC, Ferrone S (eds) Idiotypes in medicine: autoimmunity, infection and cancer. Elsevier, New York, pp 517–521

Gentherapeutische Ansätze zur Behandlung des Malignen Melanoms

D. Schadendorf
Klinische Kooperationseinheit für Dermatoonkologie (DKFZ) an der Hautklinik des Klinikums Mannheim, Universität Heidelberg, Mannheim

Einleitung

Das Maligne Melanom ist im fortgeschrittenen Krankheitsstadium durch seine ausgeprägte Therapieresistenz gekennzeichnet. Konventionelle Behandlungsstrategien einschließlich der Chirurgie, Radiatio oder der Chemotherapie haben keinen signifikanten Einfluß auf den Krankheitsverlauf der betroffenen Patienten. Fortschritte in der Tumorimmunologie im allgemeinen und beim Melanom im besonderen haben dazu geführt, daß jetzt eine Reihe von melanom-assozierten Tumorantigenen, die durch spezifische T-Lymphozyten erkannt werden, identifiziert wurden. Darüber hinaus sind die immunologischen Mechanismen der spezifischen Tumorzellerkennung und -vernichtung gut untersucht. Aus diesen neuen Erkenntnissen entwickeln sich jetzt eine Reihe interessanter, experimenteller Therapieansätze für das Melanom, wie u.a. der Zytokin-Gentransfer, der sich z.Z. bereits in der klinischen Erprobung befindet. Der vorliegende Übersichtsartikel versucht die grundlegenden tumorimmunologischen Daten und die bereits vorliegenden ersten klinischen Ergebnisse zusammenzufassen.

Prinzip der Tumorerkennung durch das Immunsystem

Konventionelle Formen der Tumortherapie sind nur bei wenigen Tumorentitäten kurativ wirksam, während sie speziell im fortgeschrittenen Stadium von soliden Tumoren dem betroffenen Patienten keine Heilung mehr bringen können. Auch das Maligne Melanom in seinem fortgeschrittenen Krankheitsstadium ist gekennzeichnet durch eine hohe Mortalität, die vor allem durch seine hohe Resistenz gegenüber konventionellen Therapiestrategien bedingt ist. Daher ist es beim Melanom besonders kritisch, diesen Tumor früh zu diagnostizieren und chirurgisch frühzeitig zu eliminieren (1–4).
Die destruktive Kraft des immunologischen Systems wird am einfachsten und am deutlichsten sichtbar im Verlaufe von Autoimmunerkrankungen

oder bei der Transplantatabstoßung. Eine bereits ältere Vision der Tumorimmunologen ist es, diese Kraft zu nutzen, um damit auch Tumorzellen zu vernichten. Den großen Impferfolgen gegen virale Erkrankungen folgend besteht der Traum, gegen Tumoren impfen zu können. Basierend vor allen auf den Entdeckungen der Pioniere *Gross*, *Foley* und *Prehn*, die bereits in den 40er und 50er Jahren Inzuchtmäuse durch Vakzination vor chemisch induzierten Sarkomen schützen konnten, ist dieses Konzept weiterverfolgt worden. Durch diese Ergebnisse gewann die Tumorimmunologie mehr und mehr an Unterstützung (Übersicht in Referenz 5, 6).
Es wird allgemein akzeptiert, daß die spontane maligne Transformation von Zellen ein normales Geschehen ist, daß das Immunsystem jedoch durch seine strikte Immunüberwachung für die Entdeckung und frühzeitige Eliminierung dieser Zellen verantwortlich ist. Eine Reihe von klinischen Beobachtungen am Malignen Melanom deuten auf eine besonders heftige immunologische gegen den Tumor gerichtete Abwehrreaktion hin (7–9). Diese in Tabelle I zusammengefaßten Beobachtungen – aber auch anekdotische und klinische Berichte über Tumorregressionen im Anschluß an bakterielle Infektionen oder mehr spezifischen, immunologischen Interventionen – deuten darauf hin, daß das Maligne Melanom möglicherweise ein besonders gutes Modell wäre, die unterschiedlichen immunologischen Strategien detailliert zu evaluieren (5–7). So waren die letzten Jahrzehnte geprägt durch eine Vielzahl von Bemühungen, durch eine unspezifische Stimulation des Immunsystems, insbesondere durch BCG, Levamisol, Corynebacterium parvum, Interferone und viele andere Substanzen, den klinischen Verlauf des Malignen Melanoms zu beeinflussen. Im großen und ganzen waren all diese Bemühungen bei kontrolliert-randomisierter Überprüfung jedoch enttäuschend (Übersicht in Referenz 6, 7).

Tabelle I. Immunphänomene bei Melanompatienten (zusammengefaßt aus Ref. 7–11).
Spontane Regressionen von Primärtumoren (auch partiell)
Spontane Regression von (einzelnen) Melanommetastasen
Vitiligo
Halo-Nävi
Uveitis
Entzündliche Begleitreaktion um den Tumor mit lympho-histozytärer Infiltration

Spezifische tumorimmunologische Strategien können vielfältig ausgerichtet sein: sie beinhalten tumorreaktive Antikörper, den adoptiven Transfer von immunkompetenten Zellen, wie z.B. Lymphokine-aktivierte Killer-(LAK-)Zellen oder T-Lymphozyten, aber auch sog. Tumorvakzine, entweder bestehend aus tumorassoziierten Antigenen oder Peptiden bzw. Tumorzellextrakten oder auch bestehend aus gesamten Tumorzellen (autolog – allogen; modifiziert – nicht-modifiziert). Um eines dieser verschiedenen therapeutischen Konzepte optimieren zu können, ist ein verbessertes Verständnis der zugrunde liegenden Mechanismen jedoch essentiell. Die intensive Suche nach »tumorspezifischen« Antigenen mittels serologischer Reagenzien oder auch monoklonaler Antikörper erwies sich jedoch nach jahrelangem Suchen als erfolglos, da sich die entdeckten Antigene meist nicht als tumorspezifisch erwiesen. In den letzten Jahren wurde es zunehmend klar, daß möglicherweise T-Lymphozyten eine besonders kritische Rolle in der antitumorösen Immunabwehr und Überwachung spielen könnten (5, 6, 9).

Identifikation von Tumorantigenen beim humanen Melanom

Es sprechen eine Reihe neuerer wissenschaftlicher Erkenntnisse dafür, daß verschiedene der beim Melanom beobachteten Immunphänomene durch eine spezifische Immunantwort des Patienten gegen melanom-assoziierte Antigene bedingt sind: dafür sprechen 1. die Stärke des lymphozytären Infiltrates um das Melanom herum, das auch ein wichtiger diagnostischer Parameter ist (12), und 2. ist es gelungen, aus sich in Regression befindenden Melanomläsionen sog. tumorinfiltrierende Lymphozyten zu isolieren, die eine eindeutige T-Zellrezeptor-Oligoklonalität aufwiesen (13, 14). Dies deutet darauf hin, daß tatsächlich nur wenige spezifische Antigene erkannt werden. Darüber hinaus konnten 3. zytotoxische T-Lymphozyten von verschiedenen Patienten isoliert werden, die ein identisches Antigen abhängig vom HLA-Typ und unter Benutzung eines äußerst limitierten T-Zellrezeptor-Repertoires erkannten (15). Außerdem gelang es 4., aus Melanomläsionen oder dem peripherem Blut T-Lymphozyten zu isolieren und in vitro zu expandieren, die dann nach Reinfusion zu eindrucksvollen Tumorregressionen bei den betroffenen Patienten in vivo führten (16, 17). Diese Phänomene sowie die Verfügbarkeit spezieller tumorspezifischer T-Zellklone führte in den letzten Jahren zu deren Charakterisierung und zu einer Identifikation verschiedener Tumorantigene. Zwei verschiedene Strategien, zum einen der sog. »genetic approach«, zum anderen der »peptide elution approach« wurden angewandt, um derartige Tumorantigene zu identifizieren. Mittels des »genetic approach« gelang es *Boon* und Mitarbeitern, durch Transfektion von cDNA-Genbanken aus Melanomzellen in HLA-identische Empfängerzellen und nachfolgender Analyse der Transfektanten durch spezifische CTL-Klone mehrere tumorassoziierte Antigene, die MAGE-Familie, zu isolieren (18, 19). Der sog. »peptide elution approach« basiert auf der Elution aller an das HLA-Molekül gebundener Peptide durch eine Säurebehandlung und auf einer anschließenden Analyse dieser Peptide mittels Massenspektrometrie (20). Mit beiden Ansätzen gelang es so, mehrere melanomassoziierte Antigene anhand der charakteristischen Peptide zu identifizieren, die nachfolgend in zwei große Kategorien zu unterteilen waren:

1. die Gruppe der sog. Differenzierungsantigene, die auch in normalen Melanozyten zu finden sind, wie die Tyrosinase gp100/Pmel 17, gp75/TRP-1 sowie das Melan A/MART-1 und
2. eine Gruppe von Antigenen, die sowohl in Melanomen exprimiert werden als auch in anderen epithelialen Karzinomen, jedoch nicht in normalen Geweben mit Ausnahme des Hodens (21–23).

Diese zweite Kategorie umfaßt auch die bekannte MAGE-Genfamilie (Tabelle II). Für die meisten der oben erwähnten Antigene konnten bislang ein oder zwei Peptide mit jeweils neun bis zehn Aminosäuren identifiziert werden, die durch spezifische, vornehmlich CD8+ T-Zellklone, in Abhängigkeit vom HLA-Molekül erkannt werden (24). CD8-positive T-Lymphozyten erkennen physiologischerweise kurze acht bis zehn Aminosäuren lange Peptide, die im Rahmen der intrazellulären Proteolysen in jeder Zelle von jedem Protein entstehen und mit Hilfe verschiedener Transportmoleküle dann in Assoziation mit einem HLA Klasse I an die Zelloberfläche gelangen. Nach dem heutigen Stand der Kenntnis glaubt man, daß CD8-positive T-Lymphozyten durch die Erkennung eines Selbst-Petides nicht aktiviert werden, jedoch durch die Erkennung eines Fremd-HLA-Moleküls oder eines körpereigenen HLA-Moleküls in Kombination mit einem mutierten oder fremden Peptid die Lyse der betroffenen Zelle triggern (25). Dieser spezifische Lyseakt des zytotoxischen T-Lymphozytenklones bedarf jedoch zuvor eines Lernprozesses, auch »priming« naiver CTL-Vorläuferzellen genannt (26). Für dieses »priming« naiver T-Zellen ist die alleinige Präsentation des Peptids in Verbindung mit dem HLA-Molekül nicht ausreichend, sondern führt vielmehr zur sog. Anergie und Toleranz der T-Lymphozyten. Es ist zumindest ein zweites co-stimulatorisches Signal, wie z.B. die Expression verschiedener Adhäsionsmoleküle (u.a. CD54, CD58 oder B7), notwendig, um ein effizientes »priming« der naiven T-Zellen zu gewährleisten. Darüber hinaus kann auch die Sekretion bestimmter Zytokine als ein co-stimulatorisches Signal wirken. So ist bekannt, daß Interleukin-12 oder Interferon gamma speziell die Generation eines sog. T_{H1}-Antwort mit Bildung von zytotoxischen T-Zellen begünstigen (26).

Tabelle II. Melanomassoziierte Antigene, die in Abhängigkeit eines HLA-Klasse-I-Moleküls von CTL erkannt werden.

Tumorantigene	HLA-Molekül	Erkanntes Peptid	Gewebeverteilung
MAGE-1	HLA-A1 HLA-Cw16	EADPTGHSY SAYGEPRKL	Antigene nachweisbar in Melanomen und anderen Tumoren. Kein Nachweis in normalen Geweben mit Ausnahme des Hoden. (Cancer-Testis-Antigene)
MAGE-3	HLA-A1 HLA-A2 HLA-B44	EVDPIGHLY FLWGPRALV MEVDPIGHLY	
BAGE	HLA-Cw16	AARAVFLAL	
GAGE	HLA-Cw6	YRPRPRRY	
	HLA-A2	YMNGTMSQV	
pMel-34/Tyrosinase	 HLA-A24, HLA -B44 HLA-A1 and HLA- class II	MLLAVLYCL AFLPWHRLF SEIWRDIDF KCDICTDEY	Differenzierungsantigene – ausschließlich in melanozytären Zellen exprimiert
TRP-1/gp75	HLA-A31	MSLQRQFLR	
TRP-2	HLA-A31	LLGPGTPYR	
pMel-17/gp100	HLA-A2	VLYRYGSFSV KTWGQYWQV YLEPGPVTA LLDGTATLRL SLADTNSLAV ITDQVPFSV (A)MLGTHTMEV	
	HLA-A24	VYFFLPDHL	
	HLA-A3	ALLAVGATK	
Melan-A/ MART-1	HLA-A2	ILTVILGVL (E)AAGIGILTV GIGILTVL GILTVILGV ALMDKSLHV	
PRAME	HLA-A24	LYVDSLFFL	exprimiert in verschiedenen Geweben
N-Acetylglucos-aminyl-Transferase V	HLA-A2	VLPDVFIRC	
p15	HLA-A24	AYGLDFYIL	
β-Catenin	HLA-A24	SYLDSGIH*F*	*mutierte* Genprodukte, die folglich einmalige T-Zellepitope generieren
SR-2	HLA-A3	KIFSEVT*L*K	
MUM-1	HLA-B44	EEKL*I*VVLF	
CDK4	HLA-A2.1	A*C*DPHSGHFV	

Zytokin-Gentherapie

Modellüberlegungen und Tierexperimente

Anfang der 90er Jahre war klar, daß die alleinige Infusion von in vitro aktivierten Lymphozyten oder die Applikation von IL-2 alleine nicht ausreichend waren, um Melanompatienten zu heilen. Vielmehr wurde zunehmend deutlich, wie wichtig das komplizierte interagierende Zytokinnetz und speziell die lokale Zytokinkonzentration selbst für die Regulation der T-Zellfunktion waren. Darüber hinaus gelang es, verschiedene Untergruppen von CD4+ T-Zellen anhand ihres unterschiedlichen Zytokinsekretionsmusters zu unterscheiden (26): Die eine T-Zelluntergruppe, auch T_{H1}-Zelle genannt, war charakterisiert durch die Sekretion von Interferon gamma, TNF alpha und GM-CSF, während T_{H2}-Zellen charakterisiert waren durch die Sekretion von IL-2, IL-4, IL-5, IL-10 und IL-13. Auch wurde klar, daß die Entwicklung der richtigen T_H-Untergruppe von kritischer Bedeutung für den gewünschten T-Zelleffekt war. So ist heute zu vermuten, daß eine falsche T-Helferantwort nicht zu einer Zytolyse von Tumorzellen, sondern eher zu einer weiteren Tumorprogression führen könnte. Ein wichtiges Ziel der therapeutischen Applikation von Zytokinen scheint es daher zu sein, eine T_{H1}-Antwort zu induzieren, die nachfolgend zu einer zellmediierten verzögerten Hypersensitivitätsreaktion und CTL-Induktion führt (26).
Wir wissen darüber hinaus, daß die defizitäre zelluläre Immunantwort gegenüber Melanomzellen durch verschiedene weitere Faktoren bedingt sein kann. Dazu zählt eine Hemmung der antitumorösen Immunantwort durch das Fehlen co-stimulatorischer Moleküle, die Herabregulation oder der Verlust von HLA-Molekülen auf den Melanomzellen, aber auch die Sekretion von immunsuppressiven Mediatoren wie TGF-β und IL-10 durch den Tumor (27–30). TGF-β und IL-10 sind beides Zytokine, die in großen Mengen von humanen Melanomzellen produziert werden und die die Antigenpräsentation und T-Zellaktivierung stark negativ beeinflussen können (31).
Zusammengefaßt läßt sich feststellen, daß unter physiologischen Bedingungen Zytokine die wichtigsten lokalen Mediatoren in der komplexen Interaktion von Wirtsorganismus und Tumorzelle und von außerordentlich kritischer Bedeutung für die Regulation der zellmediierten Antitumorimmunantwort sind. Daraus ergibt sich, daß durch die genaue Kenntnis dieses Zytokinnetzwerkes eine Modulation durch eine selektiv veränderte Zytokinkonzentration um den Tumor herum zu einer veränderten Immunogenität des Tumors führen kann. Dies eröffnet damit einen neuen vielleicht mehr erfolgversprechenden Weg zur Induktion einer systemischen Immunantwort gegenüber dem Tumor.

Eine Reihe von Tiertumormodellen konnte die Bedeutung der Zytokine für die nachfolgende Tumorabstoßung gut dokumentieren (32–38). Überraschenderweise ließ sich mit einer Vielzahl von Zytokinen eine wirksame Tumorabstoßung herbeiführen. Jedoch waren gewisse Zytokine nur in bestimmten Tiertumormodellen wirksam, in anderen jedoch nicht (Übersichten 34–38). Der genaue Mechanismus, der der Tumorabstoßung zugrunde liegt, ist derzeit nicht klar. Eine durch den Gentransfer veränderte und erhöhte Immunogenität ist ein möglicher Mechanismus, eine andere Erklärungsmöglichkeit für eine Wachstumsverlangsamung ist die veränderte Tumorzellumgebung infolge der Zytokinsekretion durch die Tumorzellen. Unterschiede in der Transfektionseffizienz und unterschiedliche Zytokinspiegel nach Transfektion erklären möglicherweise divergierende Resultate. Zusätzlich scheinen Lebendtumorzellvakzine, die in den meisten Tiertumormodellen Verwendung fanden, im Gegensatz zu Tumorzellvakzinen, die zuvor bestrahlt oder mit Mitomyzin behandelt worden sind, eine deutliche höhere Immunogenität zu besitzen.
Basierend auf diesen experimentellen Tiertumormodellen scheint die potente, tumorinhibierende Wirkung vieler Zytokine nach deren Transfektion in Tumorzellen erwiesen. Bevor die Frage jedoch beantwortet werden kann, ob zytokin-gentransfizierte Tumorzellen als Vakzine eine sinnvolle Therapiealternative für das Melanom darstellen kann, müssen eine Reihe von Limitationen und Problemen der experimentellen Modelle noch sorgfältiger ausgearbeitet werden. So liegen bislang nur wenige Studien vor, die detailliert die Induktion einer systemischen und protektiven Antitumorimmunantwort analysieren. Darüber hinaus sind nur wenige Berichte publiziert, die den eigentlichen Wert des Zytokin-Gentransfers für die Induktion einer antitumoralen Immunität im Tiermodell zeigen (37–40). Aus diesen Studien läßt sich schließen, daß Tumorimmunität in diesen Tiermodellen kritisch assoziiert war mit der Replikationsfähigkeit der zytokin-gentransfizierten Zellen, da nur lebende Zellen einen protektiven Effekt im Tiertumormodell zeigten (40). Strahlenabgetötete oder mit Mitomyzin behandelte Zellen waren nur in einem kleinen Prozentsatz der behandelten Mäuse (10–30%) effektiv. Diese Ergebnisse werden, wenn sie von anderen Arbeitsgruppen bestätigt werden können, sicherlich Einfluß auch auf die zukünftigen Vakzinierungsstrategien beim Menschen haben.
Unabhängig davon ist ein weiterer kritischer Punkt der beschriebenen Tiertumormodelle der nahezu ausschließliche Gebrauch retroviraler Expressionsvektoren. Es ist nicht auszuschließen, daß die Expression weiterer viraler Proteine zusätzlich zu dem Zytokin einen co-stimulatorischen Effekt haben könnte, der für die Auflösung des systemischen Antitumoreffektes im Tiermodell von kritischer Bedeutung ist (37). Auch die optimale Impfdosis ist z.Z. nicht bekannt. So macht eine vor kurzem publizierte Studie von *Blankenstein* und Mitarbeitern deutlich, daß das Mi-

schen von Tumorzellen mit dem klassischen Adjuvants Corynebacterium parvum genauso effektiv war, eine systemische Tumorimmunität zu induzieren, wie die Zytokin-Gentransfektion in Tumorzellen (39). Berichte der gleichen Arbeitsgruppe deuten darauf hin, daß, obwohl verschiedene Zytokine gar nicht oder nur gering synergistische Effekte nach Zytokin-Gentransfer zeigten (40), doch die Kombination einzelner Zytokin-Gene (wie z.B. das IL-7) mit co-stimulatorischen Molekülen (wie B7) zu einer deutlichen, signifikanten Steigerung des antitumorösen Effektes führen kann (41).
Zusammenfassend läßt sich sagen, daß die bisherigen Ergebnisse aus den tumorexperimentellen Tiertumormodellen darauf hindeuten, daß zytokin-genmodifizierte Tumorzellen in der Lage sind eine lang andauernde Tumorimmuninität zu induzieren. Diese Ergebnisse sind insofern ermutigend, als daß sie die prinzipielle Möglichkeit und Durchführbarkeit eines derartigen Behandlungsansatzes auch beim Menschen zeigen.

Stand des Wissens in der Anwendung beim Menschen

Zur Zeit (12/97) sind etwa 250 verschiedene Gentherapieprotokolle weltweit aktiviert worden (seit 1988) (42, 43). Bis Ende 1996 wurden über 2000 Patienten weltweit in Gentherapiestudien behandelt, davon etwa 15% mit einem Marker-Gen (43). Die Mehrzahl (68%) der Studien hatte die Behandlung von Tumoren zum Ziel, gefolgt von der Behandlung von AIDS-Patienten (18%) (43). Nahezu 40% aller behandelten Patienten waren Melanompatienten und knapp 30% aller Patienten wurden mit zytokin-gentransfizierten Tumorzellen immunisiert (42, 43). Besonderer Beliebheit erfreuten sich IL-2, IFNγ und GM-CSF (43). Vier derartige Gentherapieprotokolle waren auch in Deutschland aktiviert (44–47), wobei das eine ihren Schwerpunkt in der Behandlung von Patienten mit metastasierten Nieren- und Kolonkarzinomen hat (44), während die anderen eine verbesserte Therapie des Malignen Melanoms zum Ziele hatten (45–47). Zwei dieser vier klinischen Gentherapieprotokolle benützten das IL-2-Gen für die Zelltransfektion (46, 47), während die zwei übrigen das IL-7 und das IL-12 für den Gentransfer einsetzten (44, 45).

Prinzip des Zytokin-Gentransfer

Die dem Zytokin-Gentransfer zugrundeliegende Idee ist, daß ein lokales Zytokin-Milieu über eine gewisse Zeit für die Induktion einer spezifischen Immunantwort von kritischer Bedeutung ist. Durch den Gentransfer eines Zytokin-Genes in die patienteneigenen (autologen) Tumorzellen wird durch diese das Zytokin in niedriger Konzentration sezerniert (Abbildung 1A). Dadurch kommt es nach der subkutanen Immunisierung mit diesen gen-modifizierten Zellen zum Einstrom immunkompetenter Zellen, wie NK-Zellen, Makrophagen, T-Zellen und Granulozyten (auch abhängig vom gewählten Zytokin) (Abbildung 1B), die nachfolgend aktiviert werden und zu intensiven Kontakt mit den Tumorzellen (und -antigenen) kommen. Eine Destruktion und Abräumung der »Impfzellen« ist die Folge der Einwanderung von antigen-präsentierenden Zellen in den Lymphknoten (Abbildung 1C), den Ort, in dem die eigentliche Immunantwort generiert wird. Die Hoffnung besteht nachfolgend, daß die im Lymphknoten generierten spezifischen Lymphozyten in der Lage sind, eine sytemische Antitumor-Immunantwort zu etablieren, bei der diese spezifischen T-Lymphozyten im Organismus befindliche Mikrometastasen zerstören (Abbildung 1D). Die Vakzinierung zielt auf eine Induzierung einer T-zellvermittelten Zytotoxizität und Tumorimmunität hin.

Ergebnisse des Zytokin-Gentransfers bei der Therapie des fortgeschrittenen Melanoms

Im Rahmen dieser Studie wurden autologe (= patienteneigene) Melanomzellen durch genetische Manipulation so verändert, daß die Hoffnung besteht, immunkompetente Zellen anzulocken und eine systemische Antitumorimmunität beim Patienten zu induzieren. Hierzu wurden Melanommetastasen von Patienten, die zuvor auf andere Therapien kein

Abbildung 1

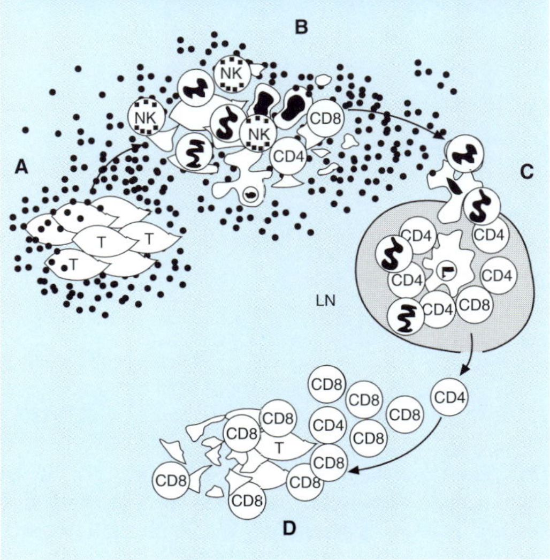

Wirkprinzip des Zytokin-Gentransfers.
A. Sekretion von Zytokinen durch die gen-modifizierten Tumorzellen.
B. Einstrom immunkompetenter Effektorzellen.
C. Einwanderung antigen-präsentierender Zellen in den Lymphknoten.
D. Zerstörung von Mikrometastasen durch systemisch-wirkende, tumorspezifische T-Lymphozyten.

Ansprechen gezeigt hatten, chirurgisch entfernt und diese gewonnenen Melanomzellen in vitro expandiert (Abbildung 2). Anschließend erfolgte die Transfektion der autologen Melanomzellen mit einem vollständig kodierenden IL-7-Gen bzw. den beiden Ketten des IL-12 Gens. Die Patienten wurden danach subkutan mit 5×10^6 bis 5×10^7 autologen Zellen in den Behandlungswochen 1, 2, 3 und 6 geimpft (Abbildung 2). Parallel zu den Vakzinierungen erfolgte eine Überprüfung der DTH-Reaktivität sowie ein extensives immunologisches Monitoring, das durchflußzytometrische Untersuchungen, Überprüfungen der NK- und LAK-Aktivität sowie eine CTL-Analyse einschloß. Zusätzliche Serumuntersuchungen sowie histologische Analysen von entnommenen Hautproben rundeten die umfangreichen Begleituntersuchungen dieser klinischen Phase-I-Studie ab. Es wurde zu diesem Zeitpunkt nicht damit gerechnet, bei den massiv vorbehandelten und weit in ihrer Krankheit fortgeschrittenen Patienten mit der Gentherapie einen Durchbruch (Heilung) zu erreichen. Vielmehr sollten erste Hinweise und Einsichten über die prinzipielle Durchführbarkeit, Effektivität und mögliche toxische Nebeneffekte dieses somatischen Gentherapieansatzes geprüft werden (45).
Die Ergebnisse der ersten zehn mit IL-7-genmodifizierten Tumorzellen immunisierten Patienten entsprachen den Erwartungen (48). Die Impfung erwies sich als gut verträglich, wenngleich bei diesem weit fortgeschrittenen Patientenkollektiv kein klinisch relevantes Therapieanspre-

Abbildung 2

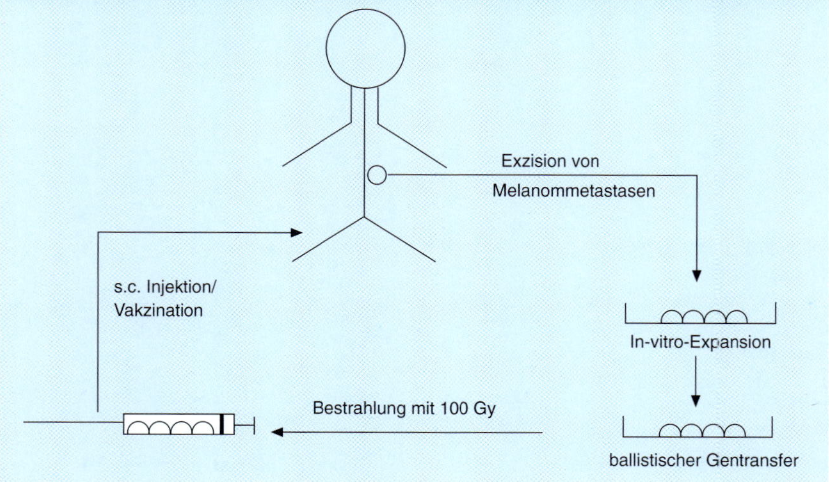

Durchführungsschema des Zytokin-Gentransfers. Exzision von Melanommetastasen und nachfolgende Tumorzellexpansion in vitro. Nachfolgender Zytokin-Gentransfer durch ballistischen Transfer, Inaktivierung mittels Bestrahlung (100 Gray) und fraktionierte, subkutane Applikation der nun gen-modifizierten Zellen.

chen zu beobachten war. Die immunologische Aufarbeitung von acht dieser Patienten zeigte jedoch eine deutliche Stimulation der unspezifischen Immunantwort, und zwar als gesteigerte NK- und LAK-Aktivität nach dreimaliger Immunisierung sowie auch als erhöhte Frequenz von tumorreaktiven T-Zellen nach Immunisierung (Tabelle III). Dabei schien diese Steigerung der Frequenz von tumorreaktiven T-Lymphozyten korelliert zu sein mit dem Zustand des Patienten, der vor der Therapie als Karnofsky-Index (größer/kleiner 70%) und DTH-Reaktivität gegen herkömmliche Recall-Antigene (Multitest-Merieux) (48) gemessen wurde. Bei eingehender Analyse der generierten T-Zell-Klone bei Patient 1 nach der Immunisierung zeigte sich, daß die generierten T-Zellen HLA-Klasse-I-abhängig Melanomzellen vernichteten. Die erkannten HLA-Restriktionselemente waren HLA-B61 und HLA-Cw3, von denen bislang nicht vermutet wurde, daß melanomassoziierte Antigene von ihnen präsentiert werden. Daher ist davon auszugehen, daß in diesem System bislang verborgene Tumorantigene detektiert werden. Darüber hinaus gelang es, für einen der zytotoxisch aktiven T-Zellklonen, der aus dem peripheren Blut nach Immunisierung generiert wurde, zu zeigen, daß es zu einer Anreicherung in einer inguinalen Metastase kam (49). Das Generieren von CTL mit Tumorspezifität, die in vivo zum Tumor penetrieren, muß das Ziel einer derartigen Impfstrategie sein.

Tabelle III. Frequenzanalyse (mittels LDA) von tumorreaktiven T-Zellen im Blut von Melanompatienten vor und nach der dritten Impfung mit IL-7 gen-modifizierten Tumorzellen, mit deutlichen Anstieg der Zytotoxizität in Patient 8 und 10 (48).

Patient	Proliferative T-Zellantwort		Gesamte lytische Aktivität[a]	
	vor	nach	vor	nach
1	1/3 987	1/3 677	1/8 959	1/8 345
2	1/3 458	1/3 032	1/323 413	1/140 119
3	1/4 671	1/3 325	1/59 173	1/47 595
7	1/24 058	1/9 883	[b]	[b]
8	1/8 351	1/1 452	1/135 065	1/5 381
10	1/3 970	1/3 342	1/29 176	1/7 114

[a]lytische Aktivität gegen autologe (= patienteneigene) Melanomzellen oder K562-Zellen
[b]keine lytische Aktivität generierbar

Darüber hinaus sind weitere sechs Patienten mit autologen Melanomzellen immunisiert worden, die mit beiden Ketten des IL-12 modifiziert worden waren (50). Auch hier war die Verträglichkeit hervorragend, ohne daß Toxizität beobachtet wurde. Zwei Patienten entwickelten im Verlauf der Impfung eine kutane DTH-Reaktion auf ihre eigenen Tumorzellen, während auch einzelne (kutane) Metastasen verschwanden. Leider war die Progression der Tumorerkrankung bei allen sechs weit fortgeschritte-

nen Erkrankungen insgesamt jedoch nicht aufzuhalten. Immunologisch zeigte sich erneut eine unspezifische Stimulation von NK- und LAK-Aktivität und zwei der sechs untersuchten Patienten wiesen nach Impfung eine erhöhte Zahl tumorreaktiver und zytotoxischer T-Lymphozyten im peripheren Blut auf (50).
Zusammenfassend läßt sich jedoch feststellen, daß der Zytokin-Gentransfer als Therapiemodalität gut durchführbar ist und auch in Anbetracht der Erfahrungen der Gesamtheit aller in Gentherapiestudien behandelter Patienten sicher zu sein scheint. Die generierten zellulären Effekte sind jedoch nicht so stark, daß es zu einer kompletten Tumorvernichtung in diesen intensiv vorbehandelten Patienten mit ausgedehnter Metastasierung kommt. Verglichen mit anderen immunologischen Strategien zur Behandlung von Tumorpatienten, wie z.B. der Anwendung von monoklonalen Antikörpern bei Kolonkarzinompatienten oder auch beim Melanom, die einen Überlebensvorteil in ersten Studien zeigten (51, 52), scheint die Vakzinierung mit genmodifizierten Tumorzellen speziell im adjuvanten Bereich mit niedriger Tumorlast am aussichtsreichsten für den Patienten zu sein.
Die Zytokin-Gentherapie beim Malignen Melanom steckt sicher noch in den Kinderschuhen und in der jetzigen Form sind dem Fortschritt dieser Therapieform Grenzen gesetzt sind. So werden eine Reihe anderer alternativer Versuchsansätze derzeit in vitro und in Tiermodellen getestet. Dazu zählen die Entwicklung neuer bzw. alternativer, molekularbiologischer Vektorsysteme, die Anwendung der nackter Plasmid-DNA, die antigene Peptide kodiert, oder die Verwendung von gewebespezifischen genregulatorischen Einheiten in Kombination mit zytotoxischen Molekülen.

Immunmodulierende Gentherapie mittels »nackter DNA«

Wie die ex vivo Gentherapie mit zytokin-gentransfizierten Tumorzellen hat der im folgenden beschriebene Ansatz das Ziel, die Waffen des körpereigenen Immunsystem des Patienten spezifisch gegen den Krankheitsherd zu richten. Während jedoch der Zytokin-Gentransfer vermutlich über antigenpräsentierende Zellen indirekt immunologisch wirksam wird, gelingt es bei der Anwendung von »nackter« DNA sowie liposomalverkapselter Nukleinsäure z.B. zytotoxische T-Lymphozyten (CTL) direkt und gezielt zu induzieren (Übersicht in 53). Dabei werden beim Melanom beispielsweise molekularbiologische Vektoren konstruiert, die nur die genetische Information für tumor-spezifische, antigene Peptide, wie z.B. Tyrosinase, MART-1 oder MAGE, kodieren, welche bekanntermaßen in Kombination mit spezifischen HLA-Molekülen von CTL erkannt werden (Tabelle II) (18, 19). Dieses molekularbiologische Konstrukt wird nun als »nackte« DNA intramuskulär appliziert, so daß diese Peptide über längere Zeit von der Muskelzelle produziert werden und zu einer starker T-Zellantwort führen (Abbildung 3) (54, 55). Da bereits eine Reihe tumorspezifischer Peptide beim Melanom identifiziert worden sind (siehe auch Tabelle II), sind Vakzinierungsprotokolle, die eine derartige Strategie beim Malignen Melanom verfolgen, eine äußerst interessante Therapieoption. Bei Infektionen mit Influenza-Viren oder auch bei Malaria-Infektionen hatte diese Strategie bereits Erfolg und ist in der Lage, die Infektion zu bekämpfen oder den Ausbruch der Erkrankung im Tiermodell zu verhindern (53–55).

Neben den Möglichkeiten, die aus der Anwendung »nackter« DNA resultieren, werden in der Grundlagenforschung weitere Therapieansätze für die Klinik vorbereitet. Die meisten dieser Therapieansätze zielen ebenso wie die derzeitigen ex vivo Gentherapieversuche auf die Induktion einer starken Immunantwort, insbesondere auf die Induktion von CTL. Dazu zählt die Anwendung von Vaccinia-Viren, von attentuierten Shigellen oder Listeria monocytogenes als Vehikel, um Tumorantigene wie MART-1, Tyrosinase oder gp100 in den Organismus des Patienten zu

Abbildung 3A

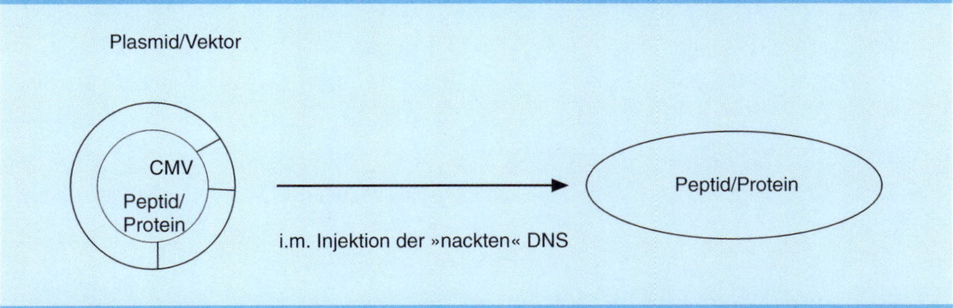

Abbildung 3B

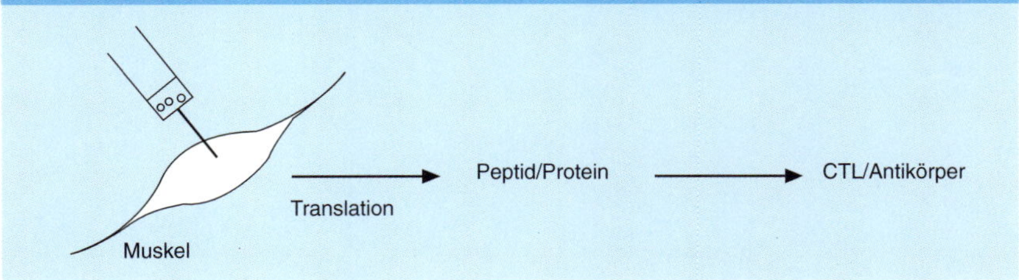

Prinzip der Immunisierung mit »nackter« DNS.

A. Einbringen eines tumor-assozierten Antigens bzw. Peptids in ein molekularbiologisches Konstrukt (= Plasmid/Vektor), dessen Genexpression durch einen starken Genregulator (= Promotor des Cytomegalie-Virus/CMV) reguliert wird.

B. Nach Injektion der reinen DNS in den Muskel erfolgt dort die Umschreibung in das Protein bzw. Peptid. Die immunologische Erkennung des Genproduktes bedingt eine Bildung von Antikörpern und/oder zytotoxischen T-Lymphozyten, die generalisiert wirksam werden können.

schleusen. Sowohl das Vaccinia-Virus als auch die Listerien sind dadurch charakterisiert, daß sie mit hoher Effizienz ihre Antigene in den MHC-Klasse-I-Komplex positionieren können, so daß nachfolgend eine adäquate Antigenprozessierung und Prävention erfolgen kann, die dann zu einer sehr starken, protektiven, CD8-positiven CTL-Immunität führen kann (Übersicht in 56).

Prodrug-aktivierende Enzymtherapie und Suizid-Gene

Diese Form der Gentherapie wird derzeit in einigen klinischen Studien bereits erprobt. Das Prinzip beruht nicht auf einem immunologischen, sondern auf einem direkt toxischen Effekt (Übersicht in 57). Der therapeutisch verwendete Vektor beinhaltet daher zumeist die Geninformation für

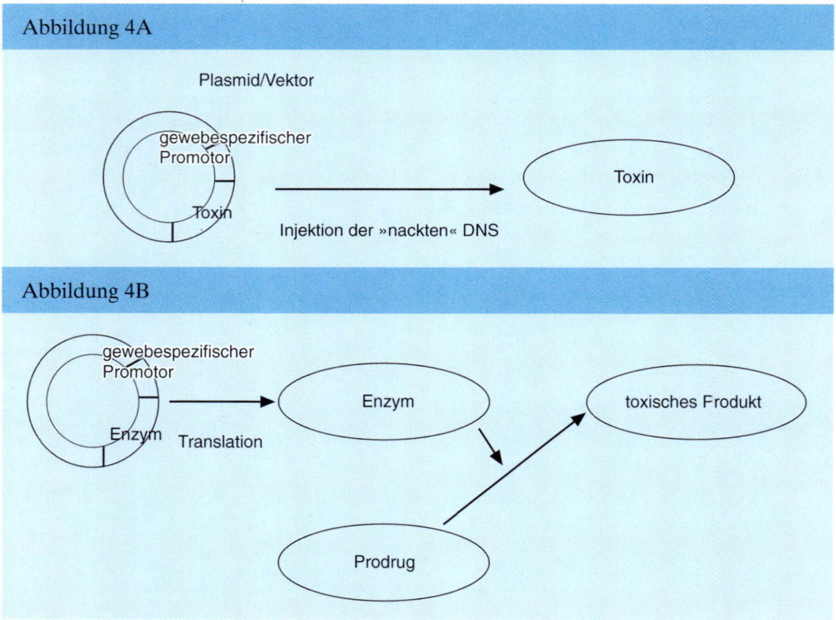

Prinzip der Suizid-Gentherapie mit »nackter« DNS.
A. Einbringen eines direkt wirksamen bakteriellen/viralen Toxin, z.B. Exotoxin, in ein molekularbiologisches Konstrukt, dessen Genexpression durch einen gewebespezifischen Promotor reguliert wird. Nur in den Zellen, in denen dieser Genregulator aktiviert werden kann, kommt es zu der Produktion des Toxins, das zum direkten Zelltod führt.
B. Einbringen eines bakteriellen oder viralen Enzyms in das Plasmid, das die Fähigkeit besitzt, am Ort der Synthese des Enzyms ein ansonsten ungiftiges Pharmakon (= Prodrug) durch Umsetzung in einen »giftigen« Metaboliten hohe Zytotoxizität zu entwickeln. Die Kombination mit einem gewebespezifischen Promotor erlaubt es, die Genexpression selektiv zu steuern.

ein obligates Zellgift (Abbildung 4A), wie z.B. das Diphtherie-Toxin oder die Information für ein bakterielles oder virales Enzym (Abbildung 4B). Wird die eingebrachte zusätzliche genetische Information am Applikationsort abgelesen, entsteht entweder das Toxin mit der Folge des sofortigen Zelltodes der transfizierten Zellen und der benachbarten Zellumgebung (By-stander-Effekt) oder das mikrobielle Enzym. Derzeit häufig verwandte Enzymmoleküle sind das virale Thymidinkinase- sowie das bakterielle Cytosindeaminase-Gen. Beide stellen eine zusätzliche Sicherheitsstufe dar, da sie selbst nicht toxisch sind. Erst die zusätzliche Verabreichung eines selbst ebenfalls nicht toxischen Pharmakons wie des Gancyclovir, das von der viralen Thymidinkinase in ein toxisches Endprodukt überführt wird, oder von 5-Fluorocytosin, das durch die Cytosindeaminase in 5-Fluorouracil metabolisiert wird, führt am Ort der Synthese zu erheblichen toxischen Effekten und By-stander-Effekten, die dann in der Lage sein sollen Tumorwachstum zu kontrollieren (Übersicht in 57).
Das Problem bei diesem Therapieansatz besteht in der fehlenden Zellspezifität, so daß die z.Z. durchgeführten klinischen Protokolle, z.B. bei der Behandlung von Hirntumoren, die direkte Injektion des molekularbiologischen Konstruktes vorsehen. Mittels molekularbiologischer Techniken ist es möglich, durch Verwendung von gewebe-spezifischen, genregulatorischen Einheiten (= Promotoren) die Gewebespezifität zu erhöhen. Bei Melanomzellen, die durch ihre Fähigkeit zur Melanogenese gekennzeichnet sind, ist die Analyse von selektiven genregulatorischen Einheiten verschiedener Pigmentgenen, wie der Tyrosinase, TRP-1 und TRP-2 weit fortgeschritten. Erste Versuche, diese Einheiten für eine therapeutische Intervention einzusetzen, waren in vitro und im Mausversuch außerordentlich ermutigend (58, 59). Die Stärke der Promotoren ist jedoch bislang nicht ausreichend, um eine Anwendung beim Patienten als erfolgversprechend erscheinen zu lassen. Derzeit laufen Versuche, durch molekularbiologische Veränderungen die Promotorstärke zu erhöhen ohne die Zellspezifität zu verlieren. Möglicherweise wird die Entwicklung der bereits erwähnten gewebespezifischen genregulatorischen Einheiten in Kombination mit diesen zytotoxischen Gentechniken eine gezielte Therapie auch beim Melanom erlauben.

Ausblick und Zusammenfassung

Derzeit scheint sicher zu sein, daß gentherapeutische Strategien unter Verwendung zytokin-gentransfizierter Tumorzellen einen deutlichen Einfluß auf die immunologischen Wechselwirkungen von Tumorzelle und Wirt haben. Diese Wechselwirkungen werden jedoch zumeist nicht genügend beeinflußt, so daß es zu keiner kompletten Tumorvernichtung kommt, v.a. nicht bei meist mehrfach vorbehandelten Patienten mit ausgedehnter Metastasierung. Vergleichbar mit anderen immunologischen Strategien zur Behandlung von Tumorpatienten, wie z.B. der Anwendung von monoklonalen Antikörpern bei Kolonkarzinompatienten oder auch beim Melanom, die in ersten Studien einen Überlebensvorteil zeigten (51), scheint die Vakzinierung mit gen-modifizierten Tumorzellen speziell im adjuvanten Bereich oder bei niedriger Tumorlast am aussichtsreichsten für den Patienten zu sein.

Wenngleich die Gentherapie beim Malignen Melanom noch in den Kinderschuhen steckt, werden z.Z. eine Reihe verschiedener Ansätze in ersten Pilotstudien getestet. Weitere alternative Strategien sind darüber hinaus im Entstehen. Dazu zählen die Entwicklung neuer molekularbiologischer Vektorsysteme, die Anwendung »nackter« Plasmid-DNA, die in der Lage ist, antigene Peptide zu kodieren, die Verwendung von gewebespezifischen genregulatorischen Einheiten in Kombination mit zytotoxischen Molekülen oder auch die spezifische Induktion von zellulären immunologischen Antitumormechanismen mittels dendritischer Zellen. Für die Optimierung dieser verschiedenen Strategien und für ihre Anwendung in der Klinik wird die enge Kooperation zwischen Grundlagenwissenschaftlern und Klinikern von außerordentlicher und kritischer Bedeutung sein.

Danksagung

Ein wesentlicher Teil der Arbeiten wurden großzügigerweise unterstützt durch Sachmittelbeihilfen der DFG (Scha 422/3-2 und Scha 422/6-1). Darüber hinaus bin ich meinen Kollegen *B. Wittig*, *P. Möller* und *Y. Sun* für die tatkräftige Unterstützung und Mitarbeit dankbar.

Literatur

1 Ahmann DL, Creagan ET, Han RG, Edmonson JH, Bisel HF, Schaid DJ (1989) Complete responses and long-term survivals after systemic chemotherapy for patients with advanced malignant melanoma. Cancer 63: 224

2 Ho VC, Sober AJ (1990) Therapy of cutaneous melanoma: an update. J Am Acad Dermatol 22: 159

3 Schadendorf D, Worm M, Algermissen B, Kohlmus CM, Czarnetzki BM (1994) Chemosensitivity testing of human melanoma cells – retrospective analysis of clinical response and in vitro drug sensitivity. Cancer 73: 103

4 Schadendorf D, Makki A, Stahr C, Van Dyck A, Wanner R, Scheffer GL, Flens MJ, Scheper R, Czarnetzki BM (1995) Membrane transport proteins associated with drug resistance expressed in human melanoma. Am J Pathol 147: 1545

5 Old LJ (1981) Cancer Immunology: The search for specificity – G.H.A. Clowes Memorial Lecture. Cancer Res 41: 3 65

6 Oettgen HF, Old LJ (1991) The history of cancer immunotherapy. In: DeVita VT, Helman S, Rosenberg SA (eds) Biologic therapy of cancer, principles and practice. JB Lippincott & Co, Philadelphia, pp 87

7 Parkinson DR, Houghton AN, Hersey P, Borden EC (1992) Biologic therapy for melanoma. In: Balch CM, Houghton AN, Milton GW, Sober AJ, Soong SJ (eds) Cutaneous Melanoma. JB Lippincott & Co, Philadelphia, pp 522
8 Hersey P (1994) Melanorna vaccines – current status and future prospects. Drugs 47: 373
9 Ferrone S (1994) Melanoma, immune surveillance, and immunotherapy. J Clin Invest 93: 1351
10 Schneeberger A, Koszik F, Stingl G (1995) Immunologic host defense in melanoma: delineation of effector mechanisms involved and of strategies for the augmentation of their efficacy. J Invest Dermatol 105: 110S
11 Poppema S, Bröcker EB, DeJeij L, Terback D, Visscher T, Terhaar A, Macher E, The TH, Sorg C (1983) In situ analysis of the mononuclear cell infiltrate in primary malignant melanoma of the skin. Clin Exp Immunol 51: 77
12 Soong SJ (1992) A computerized mathematical model and scoring system predicting outcome in patients with localized melanoma. In: Balch CM, Houghton AN, Milton GW, Sober AJ, Soong SJ (eds) Cutaneous Melanoma. JB Lippincott & Co, Philadelphia, pp 200
13 Mackensen A, Carcelain G, Viel S, Raynal M-C, Michalaki H, Triebel F, Bosq J, Hercend T (1994) Direct evidence to support the immunosurveillance concept in a human regressive melanoma. J Clin Invest 93: 1391
14 Sensi M, Traversari C, Radrizzani M, Salvi S, Maccalli C, Mortarini R, Rivoltini L, Farina C, Nicolini G, Wölfel T, Brichard V, Boon T, Bordignon C, Anichini A, Parmiani G (1995) Cytotoxic T-lymphocyte clones from different patients display limited T-cell-receptor variable region usage in HLA-A2-restricted recognition of the melanoma antigen Melan A / MART-1. Proc Natl Acad Sci USA 92: 5674
15 Rivoltini L, Barracchini KC, Viggiano V, Kawakami Y, Smith A, Mixon A, Restifo NP, Topalian SL, Simonis TB, Rosenberg SA, Marincola FM (1995) Quantitative correlation between HLA class I allele expression and recognition of melanoma cells by antigen cytotoxic T lymphocytes. Cancer Res 55: 3149
16 Robbins PF, EI-Gamil M, Kawakami Y, Rosenberg SA (1994) Recognition of tyrosinase by tumor-infiltrating lymphocytes from a patient responding to immunotherapy. Cancer Res 54: 3124
17 Kawakami Y, Eliyahu S, Delgado CH, Robbins PF, Sakaguchi K, Appella E, Yannelli JR, Adema GJ, Miki T, Rosenberg SA (1994) Identification of a human melanoma antigen recognized by tumor-infiltrating lymphocytes associated with in vivo tumor rejection. Proc Natl Acad Sci USA 91: 6458
18 Maeurer MJ, Storkus WJ, Kirkwood JM, Lotze MT (1996) New treatment options for patients with melanoma: review of melanoma-derived T-cell epitope-based peptide vaccines. Melanoma Res 6: 11
19 Boon T, Gajewski TF, Coulie PG (1995) From defined human tumor antigens to effective immunization. Immunol Today 16: 334
20 Cox AL, Skipper J, Chen Y, Henderson RA, Darrow TL, Shabanowitz J, Engelhard VH, Hunt DF, Slingluff CL Jr (1994) Identification of a peptide recognized by five melanoma-specific human cytotoxic T cell lines. Science 264: 716
21 Houghton AN (1994) Cancer antigens: immune recognition of self and altered self. J Exp Med 180: 1
22 Parmiani G (1993) Tumor immunity as autoimmunity: tumor antigens include normal self proteins which stimulate anergic peripheral T cells. Immunol Today 14: 536
23 Pardoll DM (1994) A new look for the 1990s. Nature 369: 357
24 Rammensee HG, Falk K, Rötzschke O (1993) Peptides naturally presented by MHC class I molecules. Ann Rev Immunol 11: 213
25 Sherman LA, Chattopadhyay S (1994) The molecular basis of allorecognition. Ann Rev Immunol 11: 385
26 O'Garra A, Murphy K (1994) Role of cytokines in determining T-lymphocyte function. Curr Opin Immunol 6: 458

27 Columbo MP, Maccalli C, Mattei S, Melani C, Radrizzani M, Parmiani G (1992) Expression of cytokine genes, including IL-6, in human malignant melanoma cell lines. Melanoma Res 2: 181
28 Albino AP, Davis BM, Nanus DM (1991) Induction of growth factor RNA expression in human malignant melanoma: markers of transformation . Cancer Res 51: 4815
29 Ruiter DJ, Mattijssen V, Bröcker E-B, Ferrone S (1991) MHC antigens in human melanomas. Semin Cancer Biol 2: 3 5
30 Krüger-Krasagakes S, Krasagakis K, Garbe C, Schmitt E, Hüls C, Blankenstein T, Diamantstein T (1995) Expression of interleukin 10 in human melanoma. Brit J Cancer 70: 1182
31 Beissert S, Hosoi J, Grabbe S, Asahina A, Granstein R (1995) D. IL-10 inhibits tumor antigen presentation by epidermal antigen-presenting cells. J Immunol 154: 1280
32 Tepper RI, Pattengale PK, Leder P (1989) Murine interleukin 4 displays potent anti-tumor activity in vivo. Cell 57: 503
33 Fearon ER, Pardoll DM, Itaya T, Golumbek P, Livitsky HI, Simons JW, Karasuyama H, Vogelstein B, Frost P (1990) Interleukin-2 production by tumor cells bypasses T helper function in the generation of an antitumor response. Cell 60: 397
34 Pardoll DM (1993) Cancer vaccines. TIPS 14: 202
35 Blankenstein T, Rowley DA, Schreiber H (1991) Cytokines and cancer: experimental systems. Curr Opinion Immunol 3: 694
36 Colombo MP, Forni G (1994) Cytokine gene transfer in turnor inhibition and tumor therapy: where are we now? Immunol Today 15: 48
37 Blankenstein T (1994) Increasing tumour immunogenicity by genetic modification. Eur J Cancer 30A: 1182
38 Bruyns C, Gerad C, Velu T (1994) Cancer escape from immune surveillance: how can it be overcome by gene transfer? Eur J Cancer 30A: 1176
39 Hock H, Dorsch M, Kunzendorf U, Überla K, Qin Z, Diamantstein T, Blankenstein T (1993) Vaccinations with tumor cells genetically engineered to produce different cytokines: effectivity not superior to a classical adjuvant. Cancer Res 53: 714
40 Allione A, Consalvo M, Nanni P, Lollini PL, Cavallo F, Giovarelli M, Forni M, Gulino A, Colombo MP, Dellabona P, Hock H, Blankenstein T, Rosenthal FM, Gansbacher B, Bosco MC, Musso T, Gusella L, Forni G (1994) Immunizing and curative potential of replicating and nonreplicating murine mammary adenocarcinoma cells engineered with interleukin (IL)-2, IL-4, IL-6, IL-7, IL-10, tumor necrosis factor α, GM-CSF, and gamma-interferon gene or admixed with conventional adjuvants. Cancer Res 54: 6022
41 Cayeux S, Beck C, Aicher A, Dörken B, Blankenstein T (1995) Tumor cells cotransfected with interleukin-7 and B7.1 genes induce CD25 and CD28 on tumor-infiltrating T lymphocytes and are strong vaccines. Eur J Immunol 25: 2325
42 Möller P, Schadendorf D (1997) Somatic gene therapy and its implication for melanoma treatment. Arch Dermatol Res 289: 71
43 Marcel T, Grausz JD (1997) The TMC worldwide gene therapy enrollment report, end 1996. Hum Gene Ther 8: 775
44 Schmidt-Wolf IGH, Neubauer A, Finke S, Csipai M, Wittig B, Huhn D (1994) Interleukin-7 gene transfer in patients with metastatic colon carcinoma, renal carcinoma, melanoma or with lymphoma. Hum Gene Therapy 5: 1161
45 Schadendorf D, Czarnetzki BM, Wittig B (1995) Clinical Protocol – Interleukin-7-, interleukin-12-, and GM-CSF gene transfer in patients with metastatic melanoma. J Mol Med 73: 473
46 Stingl G, Bröcker EB, Mertelsmann R, Wolff K, Schreiber S, Kämpgen E et al (1996) Phase I study to the immunotherapy of metastatic malignant melanoma by a cancer vaccine consisting of autologous cancer cells transfected with the human IL-2 gene. Hum Gene Ther 7: 551

47 Mertelsmann R, Lindemann A, Böhm T, Brennscheidt U, Franke B, Kulmburg P, Lahn M, Mackensen A, Rosenthal FM, Veelken H (1995) Pilot study for the evaluation of T-cell-mediated tumor immunotherapy by cytokine gene transfer in patients with malignant tumors. J Mol Med 73: 205
48 Möller P, Sun YS, Dorbic T, Möller H, Makki A, Jurgovsky K, Schroff M, Henz BM, Wittig B, Schadendorf D (1998) Vaccination with IL-7-gene modified autologous melanoma cells can enhances the anti-melanoma lytic activity in peripheral blood of advanced melanoma patients – A clinical phase I study. Brit J Cancer 77: 1907
49 Sun Y et al (1999) In vivo selective expansion of a tumor-specific cytotoxic T-cell clone derived from peripheral blood of a melanoma patient after vaccination with gene-modified antologous tumor cell. Immunol (in press)
50 Sun Y, Jurgovsky K, Möller P, Alijagic S, Dorbic T, Georgieva J, Wittig B, Schadendorf D (1998) Vaccination with Il-12-gene modified autologous melanoma cells – preclinical results and a first clinical phase I study. Gene Ther 5: 481
51 Riethmüller G, Schneider-Gädicke E, Schlimok G, Schmiegel W, Raab R, Höffken K, Gruber R, Pichlmaier H, Hirche H, Pichlmayr R, Buggisch P, Witte J (1994) Randomised trial of monoclonal antibody for adjuvant therapy of resected Dukes'C colorectal carcinoma. Lancet 343: 1177
52 Livingston PO (1991) Active specific immunotherapy in the treatment of patients with cancer. Immunol Allergy Clin North Am 11: 410
53 Pardoll DM, Beckerleg AM (1995) Exposing the immunology of naked DNA vaccines. Immunity 3: 165
54 Wolff JA, Malone RW, Williams P, Chong W, Ascadi G, Jani A, Felgner PL (1990) Direct gene transfer into mouse muscle in vivo. Science 247: 1465
55 Ulmer JB, Donnelly JJ, Parker SE, Rhodes GH, Felgner PL, Dwarki VJ, Gromkowski SH, Deck RR, De Witt CM, Friedman A, Hawe LA, Leander KR, Martinez D, Perry HC, Shiver JW, Montgomery DL, Liu MA (1993) Heterologous protection against influenza by injection of DNA encoding a viral protein. Science 259: 1745
56 Schadendorf D (1997) Alternative Strategien in der Therapie des malignen Melanoms. Zeitschr H+G 72: 175
57 Huber BE, Richards CA, Austin EA (1994) Virus-directed enzyme/prodrug therapy (VDEPT). Ann NY Acad Sci 716: 104
58 Vile RG, Hart IR (1993) Use of tissue-specific expression of the herpes simplex virus thymidine kinase gene to inhibit growth of established murine melanomas following direct intratumoral injection of DNA. Cancer Res 53: 3860
59 Artuc M, Nümberg W, Czarnetzki BM, Schadendorf D (1995) Characterization of gene regulatory elements for selective gene expression in human melanoma cells. Biochem Biophys Res Comm 213: 699

Schmerztherapie beim metastasierten Malignen Melanom

M. Zimmermann
Zentrum für Anästhesiologie und Wiederbelebung, Johann Wolfgang Goethe-Universität, Frankfurt/M.

In Mitteleuropa wird die Inzidenz des Malignen Melanoms mit 10–12 Neuerkrankungen pro 100 000 Einwohner angegeben. Ist eine Metastasierung klinisch nachweisbar, so hat die Therapie immer palliativen Charakter. Die Bösartigkeit des Malignen Melanoms besteht nicht allein im lokalen Wachstumsverhalten, sondern in der frühzeitigen Metastasierung (8). In Abhängigkeit von den betroffenen Strukturen können Schmerzen bereits frühzeitig auftreten, zum Teil aber auch erst in einem späten Stadium. Im fortgeschrittenen Stadium geben 60–70% der Patienten Schmerzen als Symptom der Tumorprogression an (1). Neben der kausalen und palliativen Therapie durch Chirurgie, Chemotherapie und Strahlentherapie sollte beim Auftreten von Schmerzen eine medikamentöse Schmerztherapie eingesetzt werden. Hierbei hat sich das Vorgehen nach dem Stufenplan der WHO bewährt. In den Industrieländern läßt sich dieses Schema durch den Einsatz von invasiven Methoden erweitern. Die Medikamente und Verfahren der Schmerztherapie werden abhängig von der Ursache und nach genauer Anamnese ausgewählt (9). Zu den Schmerztypen, die beim metastasierten Melanom auftreten, gehören Weichteilschmerzen, neuropathische Schmerzen und viszerale Schmerzen, die bei abdomineller lymphatischer Metastasierung mit Koliken einhergehen können. Thoraxschmerzen können bei pleuranahen Metastasen auftreten und zu atemabhängigen Beschwerden führen. Radikuläre Schmerzen werden bei ossärer Metastasierung in die Wirbelkörper oder bei medullärer Infiltration beobachtet. Bei Knochenmetastasen des Melanoms steht die operative Therapie im Vordergrund (3). Im fortgeschrittenen Stadium treten häufig zerebrale Metastasen auf. Zu den führenden Symptomen gehören Kopfschmerzen, Übelkeit, Erbrechen, sowie fokale und generalisierte Krampfanfälle (1).
Hierbei wird neben der rein symptomatischen Schmerztherapie eine Behandlung zur Senkung des Hirndruckes durch Co-Analgetika und ggf. eine antikonvulsive Therapie eingeleitet.

WHO-Stufenschema

Die Weltgesundheitsorganisation hat 1986 Empfehlungen zum Einsatz von Analgetika bei Tumorschmerzen vorgestellt (11), die sich seither als sehr wirksam erwiesen haben. Hierbei werden drei Gruppen von Analgetika, nämlich Nichtopioide, schwache und starke Opioide systematisch eingesetzt. Das Grundprinzip besteht in der regelmäßigen Einnahme der Medikamente nach einem Zeitschema und in der Auswahl der Substanzen nach dem Stufenschema (4, 5, 11) (Tabelle I).

Tabelle I. Übersicht der Analgetika, die im WHO-Stufenschema eingesetzt werden, mit Einzeldosierung (in mg/70 kg).

	WHO-Stufe	Wirkstärke	Oral	Rektal	i.v./transdermal	i.m./s.c.	Dosierungsintervall (Std.)
Antipyretische Analgetika							
Acetylsalicylsäure	I	+	500–1000		500–1000	500–1000	4–6
Diclofenac	I	++	50 100 (Retard)	50–100		75	6–12
Ibuprofen	I	++	200–600	500			4–6
Metamizol	I	++	500–1000	1000	1000 (bei Koliken: 2500 sehr langsam i.v.)	1000	6
Paracetamol	I	+	500–1000	1000			4–6
Opioid-Agonisten							
Tramadol	II	++	50–100	100	50–100	50–100	4–6
DHC	II	++	60–120				8–12
Morphin	III	+++ (BTMVV)	10 30–60 (Retard)	10–30	5–10	10–15	4–6 8–12
Fentanyl TTS (Pflaster)	III	+++ (BTMVV)			25–100 µg/h		(48–)72
Opioid-Agonisten/Antagonisten							
Tilidin/Naloxon	II	++	50–100				4–6
Buprenorphin	III	+++ (BTMVV)	0,2–0,4		0,3	0,3	6–8

WHO Stufe I

In die erste WHO Stufe gehören die Nichtopioid-Analgetika. Typische Vertreter dieser Gruppe sind das Paracetamol, die Acetylsalicylsäure und andere saure Analgetika, sowie das Metamizol. Die Analgetika dieser

Gruppe 4 können bei konsequenter Anwendung eine sehr gute Analgesie bewirken (Tabelle II). Dies betrifft insbesondere die analgetischen Säuren (ASS, Diclofenac) bei ossärer Metastasierung. Der Wirkmechanismus besteht in der Prostaglandinsynthesehemmung (7). Ulkus oder gastrointestinale Blutungen sind die häufigsten Nebenwirkungen bei Daueranwendung. Daher sind als Co-Medikation ggf. Antazida und H_2-Blocker notwendig.

Tabelle II. Wirkungseigenschaften der Nichtopioid-Analgetika.

	Metamizol	ASS	Paracetamol
Analgetisch	+	+	+
Antipyretisch	+	+	+
Antiphlogistisch	+	+	–
Spasmolytisch	+	–	–

Metamizol hat eine geringere antiphlogistische Wirkung, ist jedoch hinsichtlich der antipyretischen, analgetischen und spasmolytischen Wirkung sehr gut wirksam. Zu den sehr seltenen Nebenwirkungen der Substanz zählt die Agranulozytose. Sie wird mit einer Inzidenz von 1:1 Million angegeben. In der Tumorschmerztherapie hat Metamizol aufgrund seiner guten Verträglichkeit und der starken analgetischen Wirkung nach wie vor einen festen Stellenwert. Paracetamol hat eine gering ausgeprägte antiinflammatorische Wirkung, aber analgetische und antipyretische Eigenschaften, die zufriedenstellend sind. Als Nebenwirkung sind Leberzellschäden möglich, insbesondere bei Vorschädigung und bei Alkoholabusus. Gastrointestinale Nebenwirkungen oder eine Beeinträchtigung der Thrombozytenfunktion sind nicht bekannt.

WHO-Stufe II

In der zweiten Stufe werden die schwachen Opioide eingesetzt. Sie haben den gleichen pharmakologischen Angriffspunkt wie die starken Opioide, unterscheiden sich aber in der Intensität ihrer Wirkung. Ihre Wirkung wird über die Opiatrezeptoren vermittelt, die in besonders hoher Dichte im Rückenmark und im ZNS vorkommen. Für die Analgesie und die spezifischen Nebenwirkungen haben der μ-, κ- und δ-Rezeptor eine entscheidende Bedeutung (2).
Codein ist ein typischer Vertreter der schwachen Opioide. In der Leber wird die Substanz zu Morphin und Norcodein metabolisiert. Codein hat eine Wirkdauer von 3–6 Std. und ist in dieser Gruppe das Medikament, das bereits eine deutliche Obstipation verursacht.

Tramadol hat eine Wirkstärke, die in etwa 10% der Intensität von Morphin entspricht. Es ist mittlerweile in jeder galenischen Anwendungsform erhältlich. Tramadol hat eine Wirkdauer von 4–6 Std. und in retardierter Form von 8–12 Std. Als Nebenwirkung wird Übelkeit häufig beschrieben. Tilidin wird in Kombination mit Naloxon zubereitet, um das vorhandene Sucht- und Mißbrauchspotential herabzusetzen. Es besitzt im Vergleich zu Morphin etwa 10–20% der Wirkstärke und hat ein Dosierungsintervall von 2–4 Std. Die Nebenwirkungen sind opioidspezifisch. Es liegt als Tablette und oder als Lösung vor. In retardierter Form kann die Einnahme auf 2–3 Tabletten pro Tag reduziert werden. Zur Injektion ist Tilidin ohne Naloxonzusatz erhältlich, unterliegt aber der BTMVV.
Die Medikamente dieser Gruppe werden mit den Analgetika und Co-Analgetika der WHO Stufe I kombiniert.

WHO-Stufe III

Sind die schwachen Opioide nicht ausreichend wirksam, so werden sie unter Beibehaltung der Co-Analgetika durch starke Opioide ersetzt (2). Die bekannteste Substanz dieser Gruppe ist das Morphin. Es wird zur Charakterisierung aller Opioide als Standard mit der analgetischen Potenz 1 eingesetzt. Morphin wirkt als reiner Agonist insbesondere an den μ-Rezeptoren. Es steht in allen galenischen Formen zur Verfügung. Morphin hat eine Wirkdauer von 4 Std. In retardierter Form ist es 8–24 Std. wirksam. In der Leber findet die Metabolisierung von Morphin-3-glukuronid zu dem analgetisch aktiven Morphin-6-glukuronid statt.
Bei der Anwendung von Opioiden sind die bedeutendsten Nebenwirkungen Übelkeit, Sedierung, Juckreiz, Atemdepression und Obstipation. Insbesondere in der Einstellungsphase können diese Symptome in Erscheinung treten. Nach einer Gewöhnungsphase verlieren sich die Nebenwirkungen in aller Regel mit Ausnahme der Obstipation. Deshalb muß bereits mit dem Beginn einer Morphintherapie eine Laxanstherapie eingeleitet werden.
Fentanyl ist ein reiner μ-Agonist, der ausschließlich zur parenteralen Applikation vorliegt. Als transdermales System ist die Substanz, die bisher überwiegend in Anästhesie und Intensivmedizin eingesetzt wurde, auch zur Behandlung von Tumorschmerzen verfügbar. Fentanyl zeichnet sich in der transkutanen Applikationsform durch sehr konstante Plasmaspiegel, eine hohe Compliance, sowie durch eine geringere Nebenwirkungsrate hinsichtlich der gastrointestinalen Nebenwirkungen aus. Das Auftreten einer möglichen Atemdepression ist wie bei allen anderen Opioiden insbesondere in der Einstellungsphase genau zu überwachen. In dieser Phase muß die lange Eliminationszeit von 3–12 Std. und damit das langsame Abklingen bei zu hoher Dosierung besonders berücksichtigt werden.

Buprenorphin ist ein partieller Agonist, mit starker Bindung an die Rezeptoren. Die Wirkdauer ist mit 6–8 Std. lange. Die Substanz hat stark lipophile Eigenschaften und liegt zur sublingualen und zur parenteralen Applikation vor. Aufgrund des partiellen Agonismus an den Opioidrezeptoren tritt ein Ceilling-Effekt ein, d.h., ab einer Tagesdosis von 4–5 mg nimmt die analgetische Wirkung nicht mehr zu, während die Nebenwirkungen steigen.

Analgetische Begleitmedikation

Eine analgetische Begleitmedikation dient der Vermeidung von opioidbedingten Nebenwirkungen. Gegen Übelkeit hat sich der Einsatz von Metoclopramid (Paspertin®) (3 × 20 Tr.) oder Haloperidol (Haldol®) (3 × 5 Tr.), bewährt. Die Wirkung wird durch Dimenhydrinal (Vomex A®) ausgelöst (10).
Zur Obstipationsprophylaxe werden fakultativ in der WHO Stufe II und obligatorisch in der WHO Stufe III Laxantien eingesetzt. Hier stellt Laktulose als osmotisch wirksame Substanz das Mittel der Wahl dar. Weitere Laxantien, die eingesetzt werden, sind Bisacodyl- und Sennaepräparate, die irritativ wirksam sind. Klysmen können über ihre salinische Wirkung eine Obstipation beseitigen.
In besonders hartnäckigen Fällen hat sich Naloxon oral bewährt. Es werden derzeit für Naloxon Dosisfindungsstudien durchgeführt (6).

Co-Analgetika

Zu dieser Gruppe werden Medikamente gezählt, die von Ihrer Zulassung her nicht zu den Analgetika gehören, die aber in Kombination mit anderen Substanzen oder aber alleine eine Schmerzlinderung bewirken. Bei neuropathischen Schmerzen zeigen trizyklische Antidepressiva eine eigenständige analgetische Wirkung. Hierbei handelt es sich um Schmerzzustände, die als brennend und mit Parästhesien beschrieben werden. Sie gehen auf eine direkte Schädigung des Nervengewebes zurück. Hier ist in der Behandlung eine einschleichende Dosierung empfehlenswert (10).
Neuroleptika können in niedriger Dosis die Opioidwirkung steigern und die Schmerzschwelle anheben.
Antikonvulsiva stabilisieren die Nervenmembran. Sie haben sich bei neuropathischen Schmerzen bewährt. Bei Langzeitanwendung sollten regelmäßig Laborkontrollen durchgeführt und die Plasmaspiegel bestimmt werden.
Benzodiazepine werden in der Schmerztherapie zur Anxiolyse, Sedierung und zur Muskelrelaxation eingesetzt. Eine weitere Anwendung liegt im Bereich der Krampfprophylaxe.

Kortikoide können das Ödem bei intrakraniellen Tumoren oder bei Nervenkompression vermindern. Bei Lebermetastasten, die mit Kapselschmerz einhergehen, können diese Beschwerden gemindert werden. Bisphosphonate hemmen die Osteoklastenaktivität und können hierdurch dem Knochenabbau entgegenwirken.

Invasive Verfahren

Ist durch die erwähnten Medikamente keine ausreichende Schmerzlinderung möglich oder treten therapierefraktäre Nebenwirkungen auf, so können invasive Verfahren zur Schmerztherapie eingesetzt werden. Hierzu zählt die kontinuierliche subkutane oder intravenöse Infusion mittels Port. Durch elektrische oder mechanische Pumpen können die Opioide kontinuierlich zugeführt werden (5). Die Bewegungsfreiheit wird hierdurch nicht eingeschränkt. Die Neubefüllung der Pumpe kann über den Hausarzt oder nach Einweisung auch über den ambulanten Pflegedienst erfolgen.

Bei starken Schmerzen in der unteren Körperhälfte stellt die kontinuierliche rückenmarksnahe Opioidapplikation eine weitere Alternative dar (5). Hiermit können insbesondere Schmerzen durch Knochenmetastasen oder durch Nervenkompression gut gelindert werden. Die Medikamente werden über einen Katheter entweder in den Epiduralraum oder direkt in den Spinalkanal gegeben. Der Katheter kann an einen subkutanen Port angeschlossen werden. Über diesen werden entweder einzelne Injektionen appliziert oder mit einer externen Pumpe kontinuierlich Medikamente zugeführt. Wird der Periduralkatheter transkutan ausgeleitet, so kann ohne Portpunktionen über eine externe Pumpe eine kontinuierliche Opioidinfusion erfolgen (12). Die tragbaren Pumpen haben Reservoire mit einem Füllvolumen von bis zu 180 ml. Die Vorteile der rückenmarksnahen Opioidapplikation liegen in der besseren Analgesiequalität, der geringeren Dosis und infolgedessen in geringerer Sedierung und der schwächer ausgeprägten Obstipation. Wirkort sind die Opiatrezeptoren in der Substantia gelatinosa des Rückenmarkes, zu denen das Opioid mit der Liquorzirkulation gelangt. Durch die rezeptornahe Applikation ist eine wesentlich geringere Dosis im Vergleich zur systemischen Wirkung erforderlich. Hierdurch wird erklärlich, daß die opioidspezifischen Nebenwirkungen seltener auftreten. Falls sie in Erscheinung treten, kommen sie bevorzugt in der Einstellungsphase vor. Zu den Nebenwirkungen der rückenmarksnahen Opioidanalgesie gehören der Pruritus, die Harnretention und die späte Atemdepression. Im Verlaufe der Behandlung kann als technisches Problem die Katheterdislokation auftreten, die sich durch einen Wirkungsverlust bemerkbar macht. Durch eine erneute Katheteranlage kann dann die begonnene Schmerztherapie fortgeführt werden. Bei

der Umstellung von einer systemischen Morphin-Therapie auf ein rückenmarksnahes Verfahren muß das Auftreten einer Entzugssymptomatik berücksichtigt werden.
Mit der Neurolyse des G. zöliakus steht eine weitere invasive Therapiemöglichkeit bei tumorbedingten abdominellen Schmerzen zur Verfügung. Unter Durchleuchtung oder mit CT-Steuerung wird der Plexus zöliakus lokalisiert. Durch ventralen oder dorsalen Zugang kann mit einer Feinbiopsienadel der Plexus erreicht werden. Nach erfolgreicher Blockade mit einem Lokalanästhetikum erfolgt die Neurolyse. Hierbei sind die Kreislaufreaktion und bei Patienten mit Opioidmedikation eine mögliche Atemdepression zu überwachen.
Die resultierende Schmerzlinderung kann für Wochen und Monate andauern. Dies zeigt sich in Schmerzfreiheit, einem reduzierten Analgetikabedarf oder in einer effektiven Schmerztherapie mit schwächeren Medikamenten (9). Zu den möglichen Nebenwirkungen und Komplikationen gehören Blutdruckabfälle, Blutungen oder Infektionen im Punktionsbereich, die im Rahmen eines stationären Aufenthaltes überwacht werden sollten.

Literatur

1 Bröker EB, Tilgen W (1997) Supportive Therapie. In: Garbe C, Dummer R, Kaufmann R, Tilgen W (Hrsg) Dermatologische Onkologie. Springer, Berlin Heidelberg New York, pp 387–390

2 Grond S, Zech D (1997) Systemische medikamentöse Schmerztherapie. In: Aulbert E, Zech D (Hrsg) Lehrbuch der Palliativmedizin. Schattauer, Stuttgart, pp 446–471

3 Höffken K (1997) Systemische Behandlung der Knochenmetastasen. In: Böttcher HD, Adamietz IA (Hrsg) Klinik der Skelettmetastasen. Zuckschwerdt, München Bern Wien New York, pp 46–51

4 Kloke M, Höffken K (1995) Medikamentöse Therapie des Tumorschmerzes. Onkologe 1: 303–313

5 Larsen B, Macher-Hanselmann F (1996) Medikamentöse Behandlung von Tumorschmerzen. Internist 37: 425–440

6 Latasch L, Zimmermann M, Eberhard B, Juran I (1997) Aufhebung einer morphininduzierten Ostipation durch orales Naloxon. Anaesthesist 46: 191–194

7 Mutschler E (1996) Arzneimittelwirkungen. Wissenschaftliche Verlagsgesellschaft, Stuttgart, pp 182–220

8 Pichlmaier H, Krüger I (1997) Palliative allgemeinchirurgische Eingriffe. In: Aulbert E, Zech D (Hrsg) Lehrbuch der Palliativmedizin. Schattauer, Stuttgart, pp 178–194

9 Schug S, Zech D (1997) Prinzipien der Schmerztherapie. In: Aulbert E, Zech D (Hrsg) Lehrbuch der Palliativmedizin. Schattauer, Stuttgart, pp 427–430

10 Striebel HW (1997) Therapie chronischer Schmerzen. Schattauer, Stuttgart

11 WHO (1988) Therapie tumorbedingter Schmerzen. AMV AV-Kommunikation und Medizin-Verlag, München

12 Zimmermann M (1997) Epidural morphine and bupivacaine administration via a percutaneus (i.v.) catheter. The international Monitor 9, 3: 193

Synopsis

Diagnostik und Therapie des metastasierten Malignen Melanoms

H. D. Böttcher
Klinik für Strahlentherapie und Onkologie,
Klinikum der Johann Wolfgang Goethe-Universität, Frankfurt/M.

In der Bundesrepublik Deutschland erkranken gegenwärtig 10 bis 12 von 100 000 Einwohnern neu an einem Malignen Melanom. Man kann davon ausgehen, daß sich die Häufigkeit des Auftretens etwa alle zehn Jahre verdoppelt, wobei die Mortalität aufgrund der besseren Früherkennung abnimmt. Bei einer Tumordicke von 0,75 mm liegt nämlich die 10-Jahresüberlebensrate bei 97%. Ist der Tumor dicker als 4 mm, sinkt sie auf 40% ab. Liegen Lymphknotenmetastasen vor, liegt sie nur noch bei 20%, und beim Vorliegen von Organ- und Haut-Fernmetastasen sinkt sie auf ca. 3% ab.

80% aller Metastasen treten innerhalb von drei Jahren nach der Erstdiagnose auf. Je früher die Metastasen auftreten, um so ungünstiger ist die Prognose.

Präformierende Faktoren für die Entstehung sind die genetische Disposition, Umwelteinflüsse (UV) und immunologische Faktoren. Das Maligne Melanom metastasiert über direkte Ausdehnung, durch lymphogene und gleichzeitig durch hämatogene Aussaat. Die Prädilektionsstellen der Metastasierung sind die Lymphknoten (70%), die Lunge (70%), die Leber (60%), das ZNS (45%), das Skelett (45%), die Nebennieren (45%) und der Gastrointestinaltrakt (45%).

Die gegenwärtig beste nicht invasive Methode zur Diagnose von Lymphknotenmetastasen und Lungenmetastasen ist die Computertomographie. Lebermetastasen bleiben bedauerlicherweise zu 30 bis 50% in der Computertomographie unentdeckt. Die Kernspintomographie ist der Computertomographie offensichtlich hier nicht überlegen. Die CT-Portographie sollte bei Verdacht als ergänzendes allerdings invasives Verfahren hinzugezogen werden.

Knochenmetastasen sind zu 98% osteolytisch. In der Hälfte der Fälle sind bereits pathologische Frakturen nachweisbar. Mit dem Knochenszintigramm besteht hier die Möglichkeit, durch eine Untersuchung das gesamte Skelett abzubilden. Das Knochenszintigramm ist allerdings weniger spezifisch als die Kernspintomographie, in der die Knochenmetastasen ein charakteristisches abnormes Knochenmarksignal zeigen, lange bevor die Computertomographie Veränderungen entdecken kann.

Bei abdomineller Symptomatik sollten Dünndarm-KM-Passagen im Doppelkontrast sowie retrograde KM-Einläufe im Doppelkontrast durchgeführt werden. Wenn diese Untersuchungen bei Metastasenverdacht negativ verlaufen, sollte eine computertomographische Untersuchung angeschlossen werden.
Melanotische Metastasen zeigen im Kernspintomogramm einen eigenen paramagnetischen Effekt. Das Kernspintomogramm zeigt hier eine hohe Spezifität, kann melanotische von amelanotischen und hämorrhagische von nicht-hämorrhagischen Metastasen unterscheiden.
Zum Staging von Patienten mit hohem Metastasierungsrisiko oder mit bereits bekannten Metastasen eines Malignen Melanoms wird die Ganzkörper-Positronen-Emissionstomographie empfohlen. Sie hat eine hohe Sensitivität von bis zu 92% und eine Spezifität von bis zu 77%.
Hautmetastasen treten als Satellitenmetastasen (pT4b) auf. Das bedeutet, daß sie maximal innerhalb von 2 cm Entfernung vom Tumorrand auftreten. In-transit-Metastasen (N2b) sind mehr als 2 cm vom Primärtumor entfernt. Sie liegen aber nicht jenseits der regionalen Lymphknotenstationen. Alle übrigen Metastasen sind als Fernmetastasen (M1a) definiert.
Als besonders prognostisch ungünstig gelten:

1. das frühzeitige Auftreten von Hautmetastasen nach Ersttumordiagnose,
2. ein junges Patientenalter,
3. eine subkutane Ausbreitung und
4. das histologische Fehlen einer Stromareaktion.

Im Rahmen der Staging-Untersuchungen nach Erstdiagnose und bei der Tumornachsorge-Diagnostik ist die Suche nach Haut-, Weichteil- und Lymphknotenmetastasen fester Bestandteil einer jeden Untersuchung (z.B. mit Ultraschall). Die Abklärung der anderen Metastasenzielorgane (z.B. ZNS oder Skelett) erfolgt dagegen nur bei bestimmten Hochrisiko-Konstellationen oder bei einer klinischen Symptomatik, die metastasenverdächtig ist. Hier kann die Positronen-Emissionstomographie nützlich sein. Eine histologische Sicherung kann durch Feinnadelaspirationszytologie oder durch Biopsie erfolgen. Ob bei Organmetastasen eine bioptische Sicherung erfolgen muß, hängt im wesentlichen von den therapeutischen Optionen ab, die noch zur Verfügung stehen; denn hier handelt es sich bereits um ein fortgeschrittenes Stadium der Melanomerkrankung.
Bei regionaler Metastasierung beträgt die 5-Jahresüberlebensrate 60%, beim Vorliegen von Fernmetastasen sinkt sie auf ca. 16%.
Der klinische Verlauf ist sehr unterschiedlich und verlangt eine individuelle Indikationsstellung zur Therapie für jeden Patienten. Die Metastasenchirurgie ist in aller Regel palliativ. Die Entfernung solitärer Metastasen kann jedoch zu jahrelanger Tumorfreiheit führen. Isolierte Metasta-

sen werden aber leider häufig durch die systematischen Vor- und Nachuntersuchungen nicht entdeckt. Das ist besonders bedauerlich, weil die Zeitspanne zwischen der Entdeckung einer isolierten Organmetastase und der diffusen Aussaat äußerst kurz ist.
Die medianen Überlebenszeiten nach Metastasenresektion aus einzelnen Organen liegen zwischen 15 und 23 Monaten. Aus diesem Grunde muß der Einsatz chirurgischer Maßnahmen in Bezug auf Nutzen und Risiko für den Patienten (Operationstrauma, Hospitalisierung, Schmerzen etc.) wohl überlegt sein.
Beim metastasierten Malignen Melanom ist die Therapieplanung immer ein interdisziplinäres Konzept, das unter der Führung der Dermatologen mit Chirurgen, Hämatoonkologen und Strahlentherapeuten festgelegt werden muß. Palliative Maßnahmen, die bisher generell zu wenig Beachtung finden, spielen beim metastasierten Malignen Melanom eine wesentliche Rolle. Die Risikofaktoren der Erkrankung, die Multimorbidität des Patienten und seine verbleibende Lebensqualität sind bei der Entscheidung zu therapeutischen Maßnahmen von großer Bedeutung.
Besonders aus diesem Grunde ist, wie bereits gesagt, die histologische Sicherung von Metastasen eines Malignen Melanoms diagnostisch nur sinnvoll, wenn sich daraus therapeutische Optionen ergeben.
Bedauerlicherweise gibt es bis heute noch keinen Tumormarker in der Routine, der eine Bedeutung für die Einleitung von diagnostischen Staging-Untersuchungen oder einer Therapiestrategie hätte. Lediglich das kalziumbindende Protein S100B scheint eine relativ hohe Sensitivität und Spezifität für eine Metastasierung des Malignen Melanoms zu haben. Zwar gelingt hier keine Entdeckung von Mikrometastasen, aber die S100B-Bestimmung könnte in die Nachsorge von Hochrisiko-Melanompatienten integriert werden. S100B korreliert offenbar mit der Tumorlast der Patienten.
Noch besser korrelieren offensichtlich erhöhte Serumspiegel eines kleinen Proteins MIA (Melanoma-inhibitory Activity) mit dem klinischen Verlauf des metastasierten Malignen Melanoms, und zwar bezüglich Progression und Remission. Die Untersuchungen hierzu befinden sich allerdings noch im Experimentierstadium. Ergebnisse mit großen Patientenzahlen stehen noch aus.
Die elektive Lymphknotendissektion ist sinnvoll bei männlichen Patienten mit Melanomen, die eine Tumordicke zwischen 1,5 und 4 mm aufweisen, sowie bei weiblichen Patienten mit Melanomen mit einer Tumordicke zwischen 2,5 und 4 mm. Ist die Tumordicke geringer als 1,5 bzw. 2,5 mm, ist die Prognose so gut, daß eine elektive Lymphknotendissektion nicht notwendig erscheint. Bei einer Tumordicke größer als 4 mm ist die Prognose so schlecht, daß durch eine elektive Lymphknotendissektion der Verlauf der Tumorerkrankung nicht mehr beeinflußt werden kann.

Ziel der plastischen Chirurgie ist die Entfernung des Primärtumors, evtl. auch die Entfernung von Organmetastasen. Die palliative chirurgische Versorgung hat das Ziel, Beschwerden zu lindern, ausgedehnte Rezidivtumoren zu entfernen, die Tumorlast zu mindern, Radio-Ulzera oder stark nekrotisch zerfallende Tumoren zu beseitigen und damit die Lebensqualität der Patienten zu verbessern. Bei einer solchen symptomorientierten Behandlung tritt die Reduktion metastasenbedingter Beschwerden in den Vordergrund.
Bedauerlicherweise gibt es bis heute kein adjuvantes Therapieregime, das bei lymphknoten-positiven Melanompatienten oder Patienten mit Fernmetastasen als gesichert erfolgreich anzusprechen ist. Trotz vieler Studien ist bisher keine systemische Standardtherapie gefunden worden, weder für das Maligne Melanom im Stadium III noch für das im Stadium IV. Ausgedehnte regionale chirurgische Interventionen sind als adjuvante Therapie nutzlos. Sie haben aber, wie bereits erwähnt, ihren Stellenwert in der Behandlung symptomatischer Metastasen.
Bei der Operation des Primärtumors sind tumorfreie Exzisionsränder von 1 cm Breite ausreichend für Maligne Melanome, die dünner als 2 mm sind. 2 cm breite Exzisionsränder reichen für die Entfernung von Malignen Melanomen jeder darüberliegenden Größe aus.
Die hämatogene Aussaat läuft parallel zur lymphogenen Aussaat. Deshalb verbessert die regionale Lymphknotendissektion auch die Überlebensraten nicht, sondern ist heute als wichtiger prognostischer Faktor zu werten.
Bei einer Vielzahl von metastasenbedingten Symptomen ist die Strahlentherapie eine etablierte und effektive Behandlungsmaßnahme, die auch kausal gegen die Tumorerkrankung wirkt. Tumorgesamtdosen von 30 bis 40 Gy bei einer Fraktionierung mit Einzeldosen zwischen 2 und 3 Gy sind hier angemessen. Im Einzelfall muß die Wahl von Dosierung und Fraktionierung angepaßt werden an die Lokalisation und Ausdehnung der zu behandelnden Tumormanifestation ebenso wie an die Strahlenempfindlichkeit des jeweils umgebenden Gewebes.
Klinische Notfallsituationen für die Strahlentherapie sind eine Querschnittssymptomatik bei rückenmarksnaher Tumorbildung sowie die obere Einflußstauung. Hier ist die sofortige Strahlentherapie unerläßlich.
Eventuelle Akutnebenwirkungen der Strahlentherapie wie z.B. Übelkeit und Erbrechen bei Mitbestrahlung des Gastrointestinaltraktes müssen durch wirksame supportive Maßnahmen wie Antiemetika frühzeitig und effektiv behandelt werden. Die genannten 30 bis 40 Gy Herddosen sind in aller Regel für die Besserung schmerzhafter Knochenmetastasen ausreichend. Bei schmerzhaften Weichteilmanifestationen kann die Schmerzreduktion längere Zeit dauern. Hier sind häufig höhere Gesamtdosen von 45 bis 54 Gy notwendig.

Die singuläre Hirnmetastase bei sonst kontrollierter Tumorerkrankung sollte, wenn möglich, operiert werden. Bei multipler Hirnmetastasierung steht die alleinige Strahlenbehandlung im Vordergrund der Therapie. 30 Gy HD in zwei Wochen führen zum Rückgang der neurologischen Symptomatik bei 60 bis 80% der Patienten. Einzelne große Metastasen können mit einer zusätzlichen Boost-Bestrahlung – umschrieben auf 50 Gy Herddosis – aufgesättigt werden.

Gegenwärtig wird versucht, mit alleiniger stereotaktischer oder Gamma-Knife-Bestrahlung und einer hohen Einzeitdosis von 15 bis 25 Gy die Operation oder Ganzhirnbestrahlung zu ersetzen. Damit würde sich die Therapiedauer und Hospitalisierungszeit auf ein bis zwei Tage verkürzen. Was den Erfolg betrifft, müssen noch größere so behandelte Patientenzahlen ausgewertet werden.

Eine Monochemotherapie (Ansprechrate 20%) wird heute zugunsten der Chemoimmuntherapie nur noch selten eingesetzt. Die Polychemotherapie gilt als Second-line-therapy. Eine lang anhaltende Lebensverlängerung bei erhaltender Lebensqualität ist nur bei wenigen Patienten im fortgeschrittenen Tumorstadium zu erreichen. Das gelingt nur dann, wenn eine komplette Tumorremission erreicht werden konnte (etwa 10% der Fälle). Die schlechten Ansprechraten weisen auf eine primäre Resistenz der Tumorzellen hin. Empfindlichkeitsverluste sprechen für eine zusätzliche sekundäre Resistenz.

Mit der Polychemotherapie sind die Ansprechraten zwar höher, eine Verlängerung der mittleren Überlebenszeit der Patienten mit metastasiertem Malignen Melanom konnte jedoch bisher nicht erreicht werden. Sie liegt unverändert bei ca. sechs Monaten. Lediglich nach kompletter Tumorremission werden auch hier langjährige Überlebenszeiten beobachtet.

Kombinationsbehandlungen mit Chemotherapie und Hormontherapie – hier Tamoxifen – zeigen widersprüchliche, meist enttäuschende Resultate. Die Kombination von Chemotherapie und Strahlentherapie erscheint vielversprechender. Sie wird gegenwärtig in multizentrisch kontrollierten Therapiestudien überprüft.

Neben den etablierten Therapiemöglichkeiten des metastasierten Malignen Melanoms, wie der chirurgischen Exzision, der Strahlentherapie, der Mono- bzw. Polychemotherapie, die alle bedauerlicherweise keinen signifikanten Einfluß auf den Krankheitsverlauf und das Überleben der betroffenen Patienten haben, sowie der Immuntherapie mit rekombinantem Interleukin und Interferon-alpha, gibt es eine Reihe von vielversprechenden experimentellen Ansätzen. Hier seien die Tumorzell-Vakzination bzw. die Immunisierung mit attenuierten oder virus-transfizierten Melanomzellen, Zellextrakten und die spezifische und unspezifische Immunmodulation sowie gentherapeutische Ansätze genannt. Keiner dieser Ansätze hat bisher Eingang in die Routinetherapie gefunden.

Die multimodale Chemoimmuntherapie ist gegenwärtig Hoffnungsträger bei der Therapie des metastasierten Malignen Melanoms. Sie erzielt hohe Remissionsraten, verlängert das krankheitsfreie Intervall und die Gesamtüberlebenszeit der Patienten. Die biologischen Hintergründe für diesen Erfolg sind bis dato noch spekulativ. Die Behandlung mit Mehrfachkombinationen von Zytostatika und Zytokinen mit Ansprechraten von über 60% und kompletten Tumorremissionen von über 20% mit tumorfreiem Überleben von über sechs Jahren wird gegenwärtig in einer Multizenterstudie in den USA überprüft. Hier zeigt sich allerdings auch eine erhöhte Toxizität mit Einschränkung der Lebensqualität für die Patienten.
Tumormetastasen werden in der Leber arteriell perfundiert. Aus diesem Grunde ist die arterielle Chemoperfusion, z.B. mit Fotemustine 30mal, mit 5-FU 50mal und mit FUdR 100mal lokal an der Leber wirksamer als die gleiche systemische Chemotherapie. Mit Fotemustine wurden mediane Überlebensraten von 12 bis 18 Monaten erzielt.
Satelliten- und In-transit-Metastasen im Bereich der Extremitäten kann man mit einer hyperthermen Zytostatika-Perfusion behandeln. Die Extremitätenperfusion mit einer Kombination von Melphalan und Tumornekrosefaktoren zeigt Ansprechraten von fast 100%, lokale Vollremissionen von 65 bis 90%.
Offensichtlich haben gentherapeutische Strategien unter Verwendung von zytokin-gentransfizierter Tumorzellen einen deutlichen Einfluß auf die immunologischen Wechselwirkungen von Tumorzelle und Wirt. Impfungen mit patienteneigenen Tumorzellen, die zytokin-gentransfiziert sind (z.B. mit IL-2 oder IFNα) nennt man Zytokin-Gentherapie. Diese Behandlungsmethoden sind gut verträglich, sind jedoch noch in der Entwicklung.
Andere Therapieansätze wie die immunmodulierende Gentherapie mittels »nackter DNA« zielen auf die Induktion einer starken Immunantwort und haben ebenfalls noch experimentellen Charakter. Diese neuen Methoden sind jedoch in vitro und im Tierexperiment so vielversprechend, daß man erwarten kann, daß sie eines Tages in die Standardtherapie des metastasierten Malignen Melanoms aufgenommen werden.
Heute gibt es jedoch bedauerlicherweise, wie bereits im Vorwort zu diesem Buch erwähnt, keine erfolgreiche Standardtherapie für das metastasierte Maligne Melanom.